厦门文献志

陈　峰 编著
厦门市图书馆 编

图书在版编目（CIP）数据

厦门文献志 / 陈峰编著；厦门市图书馆编. -- 厦门：厦门大学出版社，2023.6
ISBN 978-7-5615-9015-7

Ⅰ.①厦… Ⅱ.①陈… ②厦… Ⅲ.①地方文献－汇编－厦门 Ⅳ.①K295.73

中国版本图书馆CIP数据核字(2023)第103216号

出 版 人	郑文礼
责任编辑	林　灿　薛鹏志
美术编辑	张雨秋
技术编辑	朱　楷

出版发行　**厦门大学出版社**
社　　址　厦门市软件园二期望海路39号
邮政编码　361008
总　　机　0592-2181111　0592-2181406(传真)
营销中心　0592-2184458　0592-2181365
网　　址　http://www.xmupress.com
邮　　箱　xmup@xmupress.com
印　　刷　厦门市明亮彩印有限公司

开本　787 mm×1 092 mm　1/16
印张　16
插页　2
字数　315 千字
版次　2023 年 6 月第 1 版
印次　2023 年 6 月第 1 次印刷
定价　72.00 元

本书如有印装质量问题请直接寄承印厂调换

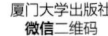
厦门大学出版社
微信二维码

厦门大学出版社
微博二维码

厦门文献志

编委会

主　　编：林丽萍

副主编：张肖回　付　虹　薛寒秋　曾兴德

编　　委：林丽萍　张肖回　付　虹　薛寒秋　曾兴德
　　　　　叶雅云　吴克芝　池莲香　蓝玫晖　苏　华
　　　　　林志军　林少杰　赖素琴　徐春华　张元基

厦门文献志编辑组

编　　著：陈　峰

审　　校：吴辉煌　张元基　李跃忠

目 录

凡 例 / 001

第一章 厦门文献概述 / 001
第一节 厦门文献的滥觞与兴起 / 001
第二节 厦门文献的初步繁盛 / 004
第三节 厦门文献的持续发展 / 007
第四节 厦门文献的近代转型 / 010
第五节 厦门文献的当代发展 / 013

第二章 哲学宗教文献 / 015
第一节 哲 学 / 016
第二节 宗 教 / 033

第三章 社会科学文献 / 041
第一节 政治、社会、法律、军事 / 042
第二节 经 济 / 060
第三节 文化、教育、体育 / 066
第四节 语言、文字 / 078

第四章 文学艺术文献 / 087
第一节 文 学 / 088
第二节 艺 术 / 165

第五章 历史地理文献 / 171
第一节 历代史籍 / 172

第二节　人物传记　　　　　　　　　　　　／ 190
　　第三节　地　理　　　　　　　　　　　　／ 197

第六章　自然科学文献　　　　　　　　　　／ 205
　　第一节　总论性文献　　　　　　　　　　／ 205
　　第二节　专科类文献　　　　　　　　　　／ 206

附录：现代厦门地方文献目录　　　　　　　／ 217

后　记　　　　　　　　　　　　　　　　　／ 246

凡　例

一、此书系统地记述厦门地区自唐代至民国各历史时期的地方文献之发展，及发展过程中各类文献的状态，故采用志书"纵写史实、横排门类"的形式，于第一章概述厦门文献的兴起与发展历史，其后各章则以学科分类为编排原则，揭示各门类之种种厦门文献，纵横互补，相辅相成，以全面反映厦门文献的概貌，为厦门地方文献之研究保存可供查考的资料。

二、此书所称"厦门文献"，乃指唐代厦门开发以来，厦门地方人士之著述以及涉及厦门地方政治、经济、文化、历史诸方面的典籍文章；其"厦门地区"的概念，指历史上隶属于同安县、思明县、厦门市的辖地；其"厦门地方人士"的概念，包括厦门籍人士以及在厦门有一定影响的寓居人士。

三、此书所录文献，以独立刊行者及丛书中之单独成卷者为依据。其载体类型除传统的图书、族谱外，还包括年刊、年鉴、辞典、名录、指南、会刊、报告书等出版物。报纸、杂志不在此书收录范围。

四、此书所录文献的时期归类，以文献的写作时间为主要依据，如作于前一时代但刊刻于下一时代的，归入前一时代。写作时间不明者，则以出版时间为依据。同时代文献，大致按著者生平时序编排；同一人之著，虽作于不同期而仍列于一处，以免支离；一无可考者，附于各期之末。

五、此书著录的文献款目，主要采用叙录体提要的形式，即每部文献著录书名、卷数、时代、著者、出版单位、出版时间、版本、存佚情况和提要诸项。其中，时代项采用"（　）"标识，著录于作者名称之前。存佚情况主要著录尚存文献，尽可能注明馆藏，以提供收藏信息，通行之本则不赘；未见或已佚的文献，仅著录其存目出处。提要项主要著录该书的著者生平与内容概况或评价。所录著者生平必择其关乎著述之事迹，地志中已繁详之史料，不再重复。其中有多部著述，于列前者的提要中著录著者生平，紧随其后者则略之，而在不同章节中出现者，采用"里居、阅历见第×章第×节之《××》"的参见方法给予标识。已佚文献的内容概况原则上从简，但条件可及者，当尽力搜罗原著序跋及前人评议之语，以为后人"辩章学术"之参考资料。

六、中华人民共和国成立后，厦门地方著述进入一个崭新的历史时期。尤其是改革开放四十多年以来，厦门文献生产增长迅速，数量激增，文献数量之庞大，已至近乎无法搜罗殆尽之地步。为了反映民国之后的现代厦门文献发展之趋势，特编辑《现代厦门地方文献目录》附于书后，以供比较。此《目录》仅收录1949年至2005年出版的、内容涉及厦门地区政治、经济与社会发展诸方面的地方文献，其文献只著录书名、著者、出版单位、出版时间，各条文献款目仍旧依文献内容的学科分类排列。

第一章　厦门文献概述

朱熹曰："文，典籍也；献，贤也。"古代之称文献，即指典籍与宿贤。因此，历代贤哲为表述自身对宇宙万物、社会人生的认知、感知而形诸文字、传之于世的各种典籍及见闻、言论等文章即统称之为"文献"。厦门文献，则专指厦门地区的典籍文章，它包括自唐代厦门开发以来厦门地方人士之著述以及涉及厦门地方政治、经济、文化、历史诸方面的典籍文章。其"厦门地区"的概念，指历史上曾隶属于同安县、思明县、厦门市的辖地；其"厦门地方人士"的概念，包括厦门籍人士以及在厦门有一定影响的寓居人士。

作为特定时空、人文精神之载体，厦门文献是厦门文化的一种象征与标志，它涵盖了厦门地区自然科学、社会科学和哲学各个领域的记忆与思维，反映着厦门历史的风云变幻，折射出厦门文化的发展轨迹，足可令后来者彰往考来而视为珍贵之历史文化遗产。因此，对厦门文献进行梳理与阐发，无疑有利于加深对厦门文化丰富内涵的认识，从而知古鉴今，对推进厦门的文化繁荣与学术发展具有重要的意义。

第一节　厦门文献的滥觞与兴起

厦门地处东南之滨，远离中原，秦汉之际乃荒蛮僻域，文化生态今已无从稽考。魏晋南北朝时期，中原士民不堪战祸频起、田园荒芜之苦，陆续南迁入闽避乱，其中不少移民渐次徙迁厦门，使这片荒蛮之地得以开发。史料上记载的"南陈北薛"和"东黄西石"，即是唐代开发厦门嘉禾屿和大同场的四大望族。

随着厦门的开发，华夏文化亦始于斯地传播。唐朝统治者承续汉朝"教化南方"之政策，在福建提倡儒学，以经训民、科举取士，使福建文化开始崛起，"缦胡之缨，化为青衿"。唐代神龙二年（706年），福建长溪（今福安）的薛令之以诗赋登第，为闽人进士及第之第一人。相传薛令之致仕归乡后，率子孙徙迁厦门，居鹭岛薛岭之北，故厦门地方志书视其为本地寓贤。薛令之著有《明月先生集》和《补阙集》两部著作，《厦门志·艺文略》和《同安县志·艺文志》

皆将其著述收录其中。然因缺乏考古佐证，薛令之迁居厦门之史实存有异议，而史料可征的厦门地方文献之问世，乃于唐代晚期。

唐代中晚期，泉南儒学兴起。其时主政泉州的地方官员，如泉州刺史薛播以及后来的姜公辅、席相等人，提倡儒学，兴建学校，奖掖后进，大开泉南闭塞风气。唐贞元八年（792年），泉州欧阳詹首登进士榜，赢得"文章华国"之盛誉。此事刺激了温陵士子，于是，"比户业儒""竞劝于学"，读书习文之风盛起，惇礼尚义之士渐出，泉州辖下的东南海隅小岛嘉禾屿，也有读书之人出现。

唐贞元十九年（803年），朝廷析南安县地置大同场，开始有了厦门之政区建制，也差不多在这个时候，厦门有了文献之滥觞。在开发厦门岛的"南陈"望族中，有一名叫陈黯的士子，崛起于东南海隅。他与泉州的王肱、萧枢、林颢，漳浦的赫连韬，福州的陈蔇、陈发、詹雄，并称"晚唐福建八贤"，名扬闽中。

陈黯，字希儒，号昌晦，约生于唐永贞元年（805年），卒于唐乾符四年（877年）。其祖籍莆田，后迁居清源郡南安县大同场嘉禾屿（今厦门岛）。陈黯自小聪明过人，十岁能诗。十三岁献清源牧诗，名闻乡里。尽管如此，陈黯在科场上却不如意。从唐会昌五年（845年）起，十八次参加进士科考试，然屡举不第，年过花甲仍无功名，遂自号"场老"，"隐同安之嘉禾屿，读书笃志终其身"。

陈黯一生诗文甚多，但多毁于兵火。后人曾将其遗稿辑佚汇编，即今史志书目中所存的《颖川先生集》五卷与《裨正书》三卷。清道光《厦门志·艺文略》收有唐代莆田黄滔和余杭罗隐为其《颖川先生集》所作之序，还收有宋代朱熹校刊《裨正书》时所作之序，乃唐代厦门文献存目中记载最详者。在《全唐诗》中，还载有其献清源郡守之诗《咏河阳花》；在《唐文粹》中，收有陈黯的《禹诰》等遗文十一篇，其文采风范可窥一斑，故可称得上"厦门文献第一人"。

继陈黯之后，古代厦门地区的第一位进士谢修，以《谢升之集》接踵而出。谢修，字升之，南安县大同场青礁村（今属厦门海沧区海沧街道）人，唐文德元年（888年）进士。唐末藩镇割据，遁迹不仕。《清源文献》称其著述"自蒲寿庚之变，概遭兵火，无复遗者"。

陈黯、谢修及其著作，导厦门文献之先河。其后，厦门文化渐为开发，开学兴教之风日盛，文献勃勃兴起、源源不断。故厦门文献之滥觞，始于晚唐。

唐末五代时期，中原动荡加剧，北方移民南下规模更大，闽南人口大幅增长。割据福建的王审知兄弟采取保境安民之策略，泉州太守王审邽"以道义为自任，开学育才"，大力招揽文学之士，"作招贤院礼之"，一时名士济济，文风袭袭。在王氏兄弟影响下，各级官吏重视文学成为风气，促进了闽南地方文教的发展。后唐长兴四年（933年），朝廷正式建置同安县，辖境包括今厦门市的绝大部分和龙海市的一部分地区以及金门县。首任同安县令陈洪济始建县学于同安城登龙坊，"兴学教士，为王氏循吏之冠"，这是有明确记载的闽南地区最早建立的县学。五代时期厦门虽未见文献传世，然兴教之风无疑为宋代文献之兴起奠定基础。

两宋时期乃厦门文献兴起之关键，"正简流风、紫阳过化"铸就厦门"海滨邹鲁、文教昌明"的声名文物之邦，促进厦门古代文献之勃勃兴起。

北宋时期，社会重教兴学，厦门文教渐盛。北宋庆历四年（1044年），朝廷通令诸州、县立学；熙宁年间（1068—1077年），又发起了大规模的兴学运动。在兴学风气日盛的时代背景下，同安知县林渎于宋熙宁元年（1068年）重兴县学，同时创建起厦门地方最早的官学藏书——同安官书。这些举措，无疑推动了厦门地区的教育发展。宋朝选举制度比之唐代有较大变化，即其官员多为进士出身，科举取士的数量倍增，此举更激发各地士子奋发苦读，学优入仕者日益见多。北宋一百六十七年，同安进士及第者三十有二，其中多为书香世家，如苏氏一门五代十人连捷南宫，石氏家族三代五人进士及第。

文风兴则文献出。北宋时期，厦门文士的著述陆陆续续问世，今书目可查考者，有苏绅、苏颂、苏象先、苏玼、石赓、石亘、许权、林棐等人的著述近二十部，其内容涉及历史、文学、天文、医学、科技等，然而，这些著述大部分今已失佚，只有苏颂的《新仪象法要》《苏魏公文集》及其长孙苏象先的《魏公谭训》存世。

苏颂（1020—1101年），字子容，同安县在坊里人。宋庆历二年（1042年）进士，官至尚书右仆射兼中书侍郎，卒谥"正简"，赐司空魏国公。苏颂自幼勤奋，学贯诸子百家、经史九流之说，以博学洽闻而名重天下。其著述涵盖多个领域，著有宋、辽关系的外交档案资料汇编《华戎鲁卫信录》、断代类史籍《迩英要览》等书。而其最大的建树则在于科学研究，任馆阁校勘时，曾编撰《本草图经》等医药著作；授刑部尚书时，尝主持研制"水运仪象台"，并撰有《新仪象法要》，是中国天文史上具有重大意义的名著。今尚存世的《苏魏公文集》《新仪象法要》等著作，是厦门存世文献中年代最早的文献。

南宋是厦门文教的振兴时期。随着全国政治经济文化中心的南移，泉州地区经济繁荣、社会稳定，促进了文风教化的蓬勃发展。作为泉州属下的同安县，无疑也受到了很大的影响。南宋绍兴二十三年（1153年），理学宗师朱熹仕同安县主簿，兼职学事。在任期间，建正简祠，推崇魏公，弘扬先贤文风；复兴县学，力兴教化，"建尊经阁，藏书九百余卷，立教思堂，日与邑人讲论正学"。紫阳过化同安，兴文风科举，一定程度上推动了厦门地区著述活动的开展。他的门人陈利用汇集了朱熹任同安主簿时"与门人发明性理之学暨名山胜水、公署私室、记序题咏"之诗文，编为一书，题作《大同集》。该书今尚有元明递修本存世，明代理学家林希元称"于是见考亭之学与吾乡先哲之学焉"。

朱熹在同安开理学之宗，追随朱子学者不乏其人，故南宋时期之厦门地方文献，多发明濂洛之学。紫阳始教高第许升、王力行等，深得其旨，皆有著述问世。许升著有《孟子说》《礼记解》；王力行著有《文公语录》《朱氏传授支派图》。三传弟子吕大奎"得紫阳道学之传"，著有《易经集解》《论语集解》等七部理学著述，今尚有《春秋或问》《春秋五论》存世。吕大奎的弟子邱葵，亦"志于紫阳之学"，著有《四书日讲》《易解疑》等八部理学著述，"然其书悉被元人取去，今已无传，仅存者惟《周礼补亡》及其诗集"。《周礼补亡》一书今收入《四库全书存目丛书》。

除了理学著作外，文学方面有黄万顷、薛舜俞、陈洽、陈必敬、许衎、许衍、苏洞、邱葵等人的诗文集传世，而古代厦门极为罕见的农学文献，南宋时期则有许伯诩的《便民录》。但在这些文献中只有邱葵的《钓矶诗集》存世，苏洞《泠然斋集》则是《四库全书》馆臣从《永乐大典》中采辑而成。

两宋时期的厦门古代文献，当今诸志艺文与书目典籍中可查得存目者，约有50多部，而留存于世的只有10余部。经历千年历史沧桑，有此遗存，已是不易。

第二节　厦门文献的初步繁盛

宋、明之间的元代，厦门文献经历了一个中落时期。蒙古贵族建立元王朝之后，在政治上实行民族歧视政策，南人被视为四大等级中最低的一等；在文化方面则极力抑制汉族文化的弘扬，长期弃置科举不用，原本视为社会上层的士人，此时沦落为娼丐之列的"九儒"。因此，元代厦门地方科举不兴，文风剧衰，终元之世近百年，进士及第者仅有两人，而文坛则平寂萧然，未见文献传世。

明初，统治者为了达到天下大治，实行了从武化到文治的政策调整，一方面恢复农业生产，一方面力倡尊孔重儒之风，推行科举取士之策，营造出经济繁荣、文化昌盛的社会环境。在同安，官员仰承朝廷旨意，重建文庙，兴办县学，整饬学风，为著述活动提供了较好的文化基础。一时士笃诗书，敦尚礼义，贤才君子接踵而出，经济文章源源问世。厦门文献从元代的萧然之中复苏，并很快地走向其初步繁盛的时期。有明二百七十六年，诸志艺文与书目典籍中可查得的厦门文献存目有250余部。

明代厦门文献，理学著述仍占有不小的比例。可查的存目中，经部文献约占四分之一，其中绝大部分为理学著述。

明中叶以后，程朱理学受王阳明心学的冲击，在全国范围内几乎陷入了一个奄奄一息的时代，而本来十分强调个性解放和人文多元的闽南地区，却在朱子学与心学的辩难过程中，反而出现理学研究的高潮。他们坚持以程朱理学为宗，释书解经，析疑辩难，矢志坚守阵地，创造性地发扬朱子的性命之学，令学脉延绵不断。在此独特的历史背景下，厦门理学研究亦蓬勃发展，据诸志艺文著录，有吴聪、林希元、李如玉、周佑、林应、刘汝楠、黄文炤、林玖、张应星、许獬、洪受、叶明元、陈荣选、陈如松、蔡献臣、黄继冕、刘梦潮、杨期演、康亮、林添筹、王高立、杨朝干、叶后诏、阮旻锡等人的诸多著述问世，蔚为壮观。这些文献大多已佚，其思想观点与版式原貌难以考究，只能从史料中了解当时理学研究的发展轨迹。硕果仅存的只有林希元、许獬以及郑得潇的理学著述。

林希元（1481—1565年），字茂贞，号次崖，同安县山头村（今属翔安区新店）人。明正德十一年、十二年（1516年、1517年）联捷进士，历仕数十年，屡起辄踬。林希元自幼师承蔡清，笃志圣贤之学，归田后更精研理学。其学说"远宗程朱，近取《蒙引》"，始终坚守程朱理学阵地，被旌表为"理学名宦"，是明代中期福建最具有代表性的朱子学者之一，与陈琛、张岳并称泉郡"理学三狂"。其所著《易经存疑》《四书存疑》，海内家传户诵，今尚有明、清时期的多种版本存世。

许獬（1585—1621年），字子逊，号钟斗，同安县后浦（今属金门）人。明万历二十九年（1601年）会试居榜首，殿试二甲第一名，授翰林院庶吉士，旋改翰林院编修。因病告假还乡，卒时年仅三十七岁。其存世作品《四书合喙鸣》，以朱子学说为宗，撷先儒传注及诸家讲说，对朱熹的"四书"传注进行释义补略、剖疑稽考，是一部集各"四书"传注之大成的巨作。其理学著述存世的还有《四书崇熹注解》，而《丛青轩易解》和《丛青轩小题秘旨》则已佚。

郑得潇，字慕生，号蓬鯂，同安县在坊里池仔人。一生沉酣经史，年九十余，仍手不释卷。明亡，遁居海滨，自号"海滨遗佚"，于书斋定云楼内，钻研易理之学。著述颇丰，有《五经通义》《文字指南》《古文信好编》等十种，俱未刊行。民国十一年（1922年），同安陈延香搜得其遗著抄本，将其中稍为完全的《我见如是》《易研》《周礼挈领》《大学定本》《广孝经》等五部著作整理刊刻，名《定云楼遗集》，得以传世。

除此之外，还值得一提的是朱熹学派的理学传人、"布衣先生"黄文炤。黄文炤（1556—1651年），字丽甫，又字季弢，号毓源，明末同安县金柄人，寓居泉州，万历中诸生。黄文炤自幼卓志性学，不意仕途，潜心钻研理学，以朱子晚年之理论，调和理学诸家学说，自成一统，著述颇丰，有《理学经纬》《太极图解》《道南一脉》等。他晚年隐居同安轮山，有"品高嵩岱，学溯关闽"之誉。可惜所作著述，今皆无传世。其学术思想，只能从叶向高为其《两孝经》所作的序中略窥一斑。

明代厦门文献中，所占比例最大的还是别集文献，在可查的存目中，别集文献有120多部，占了半壁江山。明代正是个人文集大为兴盛之时，诸多名宦循

吏、文人墨客皆好著书立传，故别集文献花团锦簇，蔚为大观。

明代是厦门举业的繁盛时期，据《同安县志》记载，自有科举以来，同安县出过文进士175人，其中明代达92人，占一半以上，名宦循吏接踵而出。他们精敏吏治，为政唯勤，且宏才硕学，所作文章多崇论宏议，慷慨谈天下事，切中时弊，赤诚报国之心，见诸笔端。故明代厦门别集文献的一个特点就是多见政治论述。南雄知府黄伟、南京大理寺丞林希元、湖广提学刘汝楠、广东副使刘存德、刑部左侍郎洪朝选、南光禄寺少卿蔡献臣、南吏部左侍郎蒋孟育、衢州知州林应翔、御史总督蔡复一、翰林院编修许獬、太仓知州陈如松等人的文集，多收有奏疏、檄文、策问等仕宦之作。其中，林希元的《林次崖先生文集》中的《新政八要》《荒政丛言》诸疏，"蒿目忧世，抗论勇为"，被视为救世之作而耸动中外；洪朝选的《洪芳洲先生文集》，所作类其人，刚正不阿，巍然气岸；蔡复一的《遯庵全集》，多有经略五省之策，其苦心运筹跃然纸上。蔡献臣序其文集称"书牍奏议之文，慷慨谈天下事，切劘豪贵，披吐肝胆，无所避忌"。这些文献为我们描述了明代中后期中国社会政治、经济等方面的现状，为明代史研究提供了珍贵的史料。

除了仕宦之作外，这些别集文献更多的是留下了明代同安的地方资料。现今存世的文献如刘存德的《结氁堂遗稿》、洪朝选的《洪芳洲先生文集》、陈如松的《莲山堂文集》、许獬的《许钟斗文集》、蔡献臣的《清白堂稿》、蔡复一的《遯庵全集》、池显方的《晃岩集》等，所收录的序、记、传、墓志、祭文、行状等文章，记载着大量的同安风土人情，具有较高地方史料价值。

明代厦门的诗坛十分活跃，名宦循吏、文人墨客或以诗交友，相吟唱和；或托诗明志，表抒情怀，因此，诗词作品十分丰富。然而，单独结集刊行的并不多，大略有邵应魁、蔡复一、陈廷佐、傅钥、池显方、蔡谦光、蔡甘光等人的诗集，这些诗集却多散佚，只有蔡复一的《遯庵诗集》尚留存于世。更多人的诗作是汇辑于个人文集之中，如上述的《晃岩集》《结氁堂遗稿》等存世文集中，均收有作者的大量诗作。这些诗作或触事感时，或放情山水，衔华佩实，为厦门诗坛留下美文佳篇。

明代厦门的史地志书，有学者范方、林志远、纪文畴等的史评著作和黄文焌、张日益等的志书文献，今尚存世的有许獬的《评选战国策文髓》、林希元的《南京大理寺志》《永春县志》《钦州志》三部、黄文焌的《九日山志》、林应翔的《衢州府志》、洪受的《沧海纪遗》和卢若腾的《浯洲节烈传》《方舆互考》。其中，《沧海纪遗》和《浯洲节烈传》记录了金门的人文地理、历史沧桑，后人编修的《金门志》莫不以之为蓝本，可称为金门地方志之始祖。成化年间所修的《大同志》，则开厦门地区修志之先河，为明、清两代十一部厦门地方志书之起源。续之而起的又有正德、隆庆和万历年间编修的《同安县志》。可惜这四部明代编修的地方志均已佚失，所幸清乾隆《同安县志》书后附有各志之旧序及部分门目之小引，使后人对其能略知大概。

明崇祯十七年（1644年），清军铁骑入关，击败农民军，略地中原，继而挥师南下，相继攻灭南明弘光、隆武及监国鲁王等政权。民族英雄郑成功焚青衣、举义旗，据东南沿海，起兵抗清。诸多退入福建之抗清义士、南明遗臣，或寄寓郑氏，隐图再起，或遁迹金厦，徜徉以终。此时，金厦两岛，忠臣义士与骚人墨客云集，一腔亡国遗恨，非啸歌何以展其情？因此，明郑时期的厦门涌现出众多的诗集。以原松江几社成员徐孚远为首的南明遗民在厦门创立了"海外几社"，继续以诗文砥砺气节。时称"几社六君子"的徐孚远、张煌言、陈士京、卢若腾、沈佺期、曹云龙和徐孚远之追随者叶后诏、曾世衮、纪文畴、纪许国、林霍、庄潜，以及杨期演、骆亦至、许而鉴、卢君常、杨秉机等一大批寓厦的海上志士，经常在金、厦两岛寻幽选胜，肆意诗酒，于是有了充满悲宕激壮之情的作品问世。从今尚存世的卢若腾《岛噫集》、张煌言《奇零草》、阮旻锡《夕阳寮诗稿》等诗集中，皆可感受到那股强烈的故国情思。

南明时期的那一段历史，亦在厦门文献中留下印迹。纪文畴的《圣安实录》《复书》、骆亦至的《岛史》和林霍的《续闽书》等，记录的皆为南明的人与事，可惜多数失佚，只有《续闽书》存世。而今尚存世的阮旻锡《海上见闻录》、杨英《从征实录》等，据事直书，详记郑成功抗清驱荷之史事，使英雄业绩，流芳百世。

第三节 厦门文献的持续发展

清代是厦门文献持续发展的时期。有清二百六十七年，史料可查的厦门地方文献有450多部，几乎为明代的两倍。

清初，满汉民族矛盾尖锐激烈，部分知识分子耻于事清，隐入山林，而闽南沿海厉行迁界，厦门地区人口锐减，经济萧条，在一定程度上也影响了厦门的著述环境。但是，这种环境旋即改观。台湾统一之后，清廷实行复界，百姓得以回归，生产迅速发展。文化政策方面，在对知识分子的讲学、著书进行钳制和禁毁的同时，采用怀柔拉拢策略，尽可能地吸取、提倡汉族文化，把程朱理学推崇为治国大纲，并使之与八股取士相结合，以诱导知识分子的顺服。

在既须回避文字狱浩劫，又要继承汉族传统文化的特定历史背景下，清代厦门的著述活动首先体现为程朱理学上的复兴，"朴学"的兴起，即注重对古文经学的字句训诂和解释。清代厦门的理学文献主要集中在康熙至乾隆这段时期，有陈重琳、林鹏扬、池其绳、高一挥、黄江、刘天泽、林翼池、林丰玉、郭迈、刘先登、陈皋、林为洛、刘兰、叶寿晟、黄成振、周奠邦、郭道本、詹毅莕等人的著述，种数不亚于明代。但著述内涵已缺新创之意，大都立足于对《周易》、"四书"的训诂考据，并无太多的义理阐发。故清代的经学文献传世不多，只有张星徽评注的《四传管窥》，郭迈撰、刘先登修订的《重编周易求义》，黄涛撰的《质疑集》存世。到了清代后期，清王朝内外交困，风雨飘摇，知识分子的目光逐渐转移到革除弊政、抵御外敌的现实之上。为此，理学研究由盛而衰，理学著述也就寥寥无几了。

清代的厦门文献最为突出的是海洋文献的崛起。从明末闽南人的海上贸易开始，处于海疆边陲的厦门，就一直在上演着以海洋为主题的历史大戏：郑成功割据金厦举义抗清和驱荷复台；施琅挥师征台，一统版图；李长庚等水师将领驰骋海上，征剿海盗；甲午战争期间的厦台关系以及鸦片战争时期的抗英斗争，这一连串的历史风云，无不在厦门文献中呈现出来，产生了以海洋文化为主题的各种文献。记述台海问题的有江日升的《台湾外纪》、夏琳的《闽海纪要》、施琅的《靖海纪事》、吴英的《清威略将军吴英事略》，林豪的《东瀛纪事》、杨浚的《岛居随录》等；载述海疆形势与海防要略的有陈伦炯的《海国闻见录》、李增阶的《外海纪要》、窦振彪的《厦门港纪事》、李廷钰的《海疆要略必究》和《靖海论》、林郡升的《舟师绳墨》、吴必达的《水师要略》、许温其《防海蠡测》和林树梅的《闽海握要图说》《闽安记略》等；而《同安县志》等地方志书以及林豪编纂的《淡水厅志》《澎湖厅志》等，也多记录闽海历史风云。这些文献，除《水师要略》和《闽安记略》已佚外，其余均存于世，为我们留下十分宝贵的海疆文献。

清代厦门文献引人注目的另一方面，就是别集作品如雨后春笋，层见叠出。上至公卿，下至庠生，皆好以文集传世。在450多部文献存目中，个人文集就有230多部，占了一半以上。许多学者不仅在经史方面颇有造诣，在文学方面亦有成就，如陈重琳、林鹏扬、池其绳、张对墀、林翼池、薛起凤、刘蔚、陈皋、林焜熿等人；更有不少文人骚客，如李其蔚、张汝瑚、陈常夏、陈睿思、曾源昌、许琰、张锡麟、黄彬、莫凤翔、黄日纪、叶廷梅、吕世宜、林豪、吴葆年、吴兆荃、李正华、林树梅、林鹤年、吕澂、王步蟾、胡铉等，皆有作品问世。

其中，清代前期（顺治初年至乾隆末年）的诗文作品，多体现对传统文学的继承发扬。康熙二十二年（1683年）清廷统一台湾之后，弹丸小岛的厦门，虽偏居东南海滨，却也得以沐浴"康乾盛世"的雨露。随着雍正朝允许贩洋船只通商南洋番市，厦门逐渐从一个军事要塞向通商埠口转变。商埠的崛起，带来了经济的繁荣，也促进了文化的昌盛。这一时期，厦门文坛甚为活跃，文集诗作绵绵迭出，如，张对墀诗作出众，被称为"泉州第一诗"，有《同江集》传世；黄日纪、许琰等放情山水，多发骚客游人之咏。黄日纪有《荔崖诗钞》《归田集》等多部诗集存世，许琰有《宁我草堂诗钞》《诗余》等存世；李长庚的《李忠毅公遗诗》，"悲眼前之事业，谢身后之荣名"，遗下一片孤忠赤心。其中，厦门诗坛史上著名的吟社组织——云洲诗社是这一时期颇具代表性的文学创作活动组织，它是乾隆年间与黄日纪同游的厦门本土诗人组织的吟社，其主要代表人物有黄彬、薛起凤、莫凤翔、蔡天任、张承禄、蒋国梁、林明堤、张锡麟等八人，时称"云洲八子"。实际上，这"八子"只是个笼统的概念，与其同游倡和者何止其数，其中有致仕官绅，也有布衣文士，他们频频"相过从，谈笑言欢，或拈韵赋诗，或论文对酒，历寒暑无间"（见黄彬《看山楼唱和诗记》）。云洲诗社的诗作颇有雍乾时期的诗风，追求雅正，深入浅出，以温柔敦厚为归，复古倾向较为显著，有一种清新淡远、浅易平和之感觉，这或许是"康乾盛世"之下，滨海士子的心景反映。"云洲八子"的诗集，完整存世的有张锡麟的《池上草初集》、林遇青的《渔城诗草》，以及张锡麟与当时文士骚客唱和之诗集《时斋倡和诗》。

清代后期（嘉庆初年至宣统末年）的诗文作品，则多涉及时务，感事忧时，或以时政论著阐述保疆卫海之策，或以诗词吟咏表达海外遗恨之情，颇具时代性特点。如苏廷玉的《亦佳室诗文抄》"本忠愤所蓄而发为不易之论"，其书中，关于时务如练兵、造船、御寇，安边之作尤有卓见；林树梅的《啸云文抄》《啸云诗抄》，"诗多奇气，如其文悲壮苍郁"，其书中，有鸦片战争期间所上的策、状，从不同角度论述抵御英国侵略者的策略、措施及具体战术，充满了强烈的爱国之情；吕世宜《爱吾庐文钞》多有记录鸦片战争前后厦门的历史事件、名物风光和人物生平事，国家安危、生民疾苦，见诸笔端；施士洁的《后苏龛诗钞》、林鹤年的《福雅堂诗钞》等诗集，以歌代哭，悲家国离忧之痛，反映了乙未割台后海东归子的悲愤之情。

然而，数量蔚为壮观的清代别集作品，留存下来的却甚少，除了上述黄日纪等人的诗文集外，另只有张汝瑚、曾源昌、陈常夏、吴葆年、吴兆荃、李正华、林豪、曾铸、吕澂、胡铉等数人的著述存世。究其原因有二：一是清代前期战乱频仍，士庶播迁，故清初的文集毁佚较多；二是许多个人文集只是存稿于家，并未付梓，故难得传世。

清代厦门史籍，具有时代性与地域性特点的著述大体可分为三大类型：一是前面所述的有关台海问题和海疆形势等史地文献。二是政事公牍类，如苏廷玉的《从政杂录》、孙云鸿的《公余杂录》《笔录》、孙长龄的《在官感惩汇钞》、李廷钰的《承恩堂奏稿》和沈储的《舌击编》等。其中《舌击编》是清咸丰七年（1857年）沈储任职兴泉永道署时，录摘当时小刀会起义的有关文移、禀帖汇编成书，是一部研究闽南小刀会起义的重要史料文献。三是方志类，《同安县志》继明万历年间编修之后，分别于清康熙五十一年（1712年）、乾隆三十二

年（1767年）和嘉庆三年（1798年）三次编修。厦门本岛的志书，则始于乾隆三十一年（1766年）编修的《鹭江志》，而后又有道光十二年（1832年）编成的《厦门志》。《金门志》的修纂，则缘于《厦门志》，其修纂者即为曾随周凯编修《厦门志》的林焜熿。《马巷厅志》是在清乾隆三十九年（1774年）划同安县东部之民安、翔凤两里及同禾里五至七都置马巷厅之后编修的。这些方志，是厦门地方史研究最为珍贵的资料。

清代厦门文献，还有语言、文字、教育、艺术、医学、工艺技术等学科专著及儒、佛、道等诸子著述，其数量不多，各类文献间或三五部，未成体系。然而从中亦可见厦门古代文献类型的多样性。其存世者，语言类有叶开恩的《八音定诀》、卢戆章的《一目了然初阶》等；文字类有吕世宜的《古今文字通释》《千字文通释》《爱吾庐笔记》；教育类有《玉屏书院课艺》《舫山书院课艺》；艺术类有林鸿的《泉南指谱大全》、林树梅的《游太姥山图咏》、吕世宜的《爱吾庐题跋》《四十九石山房研背初刻》；工艺技术类有林树梅的《说剑轩余事》；儒家类有刘先登的《重订吉人遗铎》；道教类有陈荣选的《南华全经分章句解》、杨浚的《四神志略》。

第四节　厦门文献的近代转型

鸦片战争是中国历史发展的一个重要分水岭。鸦片战争之前，中国是小农经济占统治地位的封建社会。鸦片战争后，由于西方列强的入侵，中国变为半殖民地半封建社会，中国社会最主要的矛盾变成了外国资本主义与中华民族的矛盾。家国离忧唤起中国知识分子中的一批有识之士，在"西学东渐"的推动下，纷纷提出"科技强国""教育兴邦"等各种济世救国的主张，企图以西方的文明与科技推动变革，这些新的变革思想无疑会在著述活动上体现出来。鸦片战争之后，文献的内容与形式开始出现了变化，从古代文献形态逐渐地向近代文献形态转型。

从鸦片战争后至辛亥革命前的五六十年间是文献形态转型的初期。这个时期的文献仍以线装书的形式出现。随着现代印刷术传入中国并逐渐流传开来，石印技术与活字印刷使书籍出版变得更为便捷；出版机构由官、私、坊刻等形式的小规模生产转变为公司经营的大规模的商业出版，从技术上为文献出版提供新的条件。但这并不是文献形态转型的实质，真正意义上的转型，是近代文献的内容出新。"西学东渐"带来的西方人文思潮和科学技术，对文献形态的转型影响巨大。

在转型初期，厦门的文献形态转型初见端倪。鸦片战争之后，清政府被迫与英国签订不平等的《南京条约》，厦门成为"五口通商"的口岸之一。1843年11月2日厦门开埠之后，洋商、领事和传教士根据不平等条约蜂拥而入，在厦门设洋行，划租界，倾销洋货；建教堂、办学校，传播西方的宗教与文化。"西学东渐"以这种最为直观的形式在厦门产生影响，产生了东西文化的碰撞。在厦门著述活动上，虽然厦门文献的内容仍多是坚守在中国古典文化的基线上，如林鹤年《福雅堂诗抄》的忠君忧国之切，王步蟾《小兰雪堂吟稿》的冀挽颓风之感，更有辜鸿铭致力于"东学西传"，大量翻译儒家经典著作，并用英文撰写了《中国的牛津运动》《中国人的精神》等政论著述，孜孜不倦地向西方宣扬中国传统文化。然而，西方文化影响下的变革思想悄然地冲击传统文化坚守的基线，体现在厦门著述活动中出现的三个现象：

一是以西方的科学视角观察世界。清道光二十三年（1843年），兼办通商事务的福建布政使徐继畬为考察夷情，查阅中外地理文献资料并请教西洋人士，在厦门任上完成了中国第一部合乎地理学概念的世界地理图志——《瀛环志略》，使国人"知万国之故，地球之理"。道光二十九年（1849年），由美返厦的林鍼用格律诗的形式撰写"走出国门看世界"的第一部旅美游记——《西海纪游草》，把西方先进的科学技术介绍给国人。这两部文献在厦门文献史上尤其值得大书特书。

二是从西方语言学的角度进行汉语拼音化的文字改革研究。鸦片战争之后，外国传教士为了传教的需要，对厦门方言进行深入研究，创造了"厦门罗马字"——白话字，编纂了厦门方言"拉丁化"的著作，如杜嘉德的《厦门音汉英大辞典》、打马字的《厦门音的字典》等。也差不多在那个时候，同安人卢戆章感于汉字不易习认，阻碍教育普及，萌生改革之意，专心研究切音字，发明了一套汉字拼音法。他所著《一目了然初阶》是中国拼音文字的第一本著作，发中国文字改革之先声，从而揭开了中国拼音文字运动的序幕，也奠定了卢戆章在中国语文现代化运动中的开创地位。卢戆章的门生乔仲敏踵武前贤，编纂汉字注音教授法——《新出活字快话机》。

三是基督教在厦门的扩展以及教义的宣传出现在厦门地方文献上。紧跟在鸦片战争之后，英美基督教进入厦门传教，传教士们在这里留下了不少的著述，如英国传教士麦嘉湖的《是耶稣基督还是孔子：厦门差会的故事》、美国传教士苑礼文《美国归正会厦门差会概况》等。较早皈依基督教的厦门人李春生，撰写了《东西哲衡》等一系列著述，极力宣扬基督教，并以"创世说"的观点与"物竞天择"学说相抗衡，试图用宗教道德去取代物竞天择，以达到偃武修文、消弭战争的理想世界。

辛亥武昌举义，华夏数千年君主专制之统治，轰然倾倒，近代民族民主革命之新时期由此而兴。新文化运动大旗，直指传统礼教；民主与科学之倡导，推动中国社会结构向现代转型,亦促进文化形态之变革。顺应时代潮流,厦门地方文献实现从古代向近代的转化,形成民国时期多元化之文献格局。与古代文献相比,民国时期厦门地方文献无论于文献内容或是于文献类型、文献数量均发生巨大变化。

自文献门类观之,民国时期之厦门文献,涉及现代人文与科学技术的多种学科门类,形成新式著述的文献体系。其涉及的学科包括哲学、宗教、政治、法律、经济、文化、教育、天文、地理、物理、生物、医学等,如陈式锐之《唯人哲学》、黄翼之《儿童心理学》、陈烈甫之《宪法之分权论与五权宪法》、丘汉平之《地方银行概论》、王秀南之《实验教育》、林惠祥之《世界人种志》、林文庆之《普通卫生讲义》等,林林总总,满目琳琅,传统四部分类方法之框架,已是难以容纳如此众多的新学科文献。

自文献类型观之,民国时期不仅有传统的图书、族谱、档案资料,还衍化出期刊、报纸、年刊、年鉴、名录、指南、会刊、报告书、计划书等类型的出版物,如《厦门泰山拒赌会年刊》《厦门通俗教育社年鉴》《厦禾鼓中西医师名录》《鼓浪屿工部局报告书》《厦门中山公园计划书》等。诸多类型之文献,为厦门地方史研究留下不少宝贵的原始资料。

自文献数量观之,因雕版印刷与线装装帧之形式的逐渐淡出,石印技术与活字印刷令书籍出版更为便捷,民国时期之三十八个春秋,厦门文献之产量骤然剧增。仅本志收录的厦门地方文献量已有五百种以上,比清代二百六十七年书目可查的四百多部厦门文献,有过之而无不及。

自文献内容观之,新文化运动对厦门的著述活动产生了深远的影响,形成了民国时期厦门文献本地域的三个特点:

一是文学创作从古典文学向新文学转化。民国时期,传统的古典之风仍在厦门文学作品中沿袭下来,主要表现在作为中国古典文化瑰宝的旧体诗上,其创设的无与伦比的意境和深邃寓意仍为多数文人墨客所称道。从民国初期林尔嘉的菽庄吟社刊行的十多部诗集及吟社成员沈琇莹、龚植、周殿薰等人的诗集,到20年代初鹭江梅社、海天吟社编辑的诗集,再到抗战胜利后的筼筜吟社的成员李禧、翁吉人、虞愚等人的诗集,整个民国时期,旧体诗作品仍是不时出现。然而,五四新文化运动所刮起的狂风不可避免地冲击厦门的文学创作。20世纪20年代,一批新文化运动的主要人物如林语堂、鲁迅、谢冰莹、汪静之等先后到厦门大学、集美学校任教,在厦门点燃新文化的火种。在他们的鼓动下,二三十年代厦门文学社团雨后春笋般涌现,如黄君发等人组织的瞰潮社,曾逸梅等人组织的实艺研究社,马寒冰、赵家欣等人组织的天竹文艺社,童晴岚、连城等人组织的厦门诗歌会等。空前活跃的文学活动,催生了一部部以科学民主反封建为主题的文学作品,这些作品体裁丰富,如童晴岚、连城等人的诗歌,陈梦韶、李维修等人的剧本，高云览、洪辛等人的小说，赵家欣的报告文学，库伦、陈荧等人的散文，谢云声的民间文学，等等。

二是涌现一批反映华人华侨革命斗争的华侨历史文献。厦门是著名的侨乡，厦门籍华侨遍布世界各地，而以南洋为多。在中国民主革命大潮中，南洋华侨作出了卓越贡献，被孙中山先生誉为"革命之母"，而厦门籍华侨是其中的中流砥柱。他们中的一些人将在辛亥革命和抗日战争中的经历记录下来，形成了十分宝贵的历史资料。如陈楚楠的《晚晴园与革命史略》，徐赞周、庄银安的《缅甸中国同盟会开国革命史（上下编）》，陈宗山的《南洋华侨革命史略》等著作，记录下南洋华侨的革命事迹；陈嘉庚的《南侨回忆录》、桂华山的《菲律宾狱中回忆录》、苏警予《菲岛杂诗》等作品，则反映了华侨在抗战岁月中艰苦卓绝的斗争。此外，还有一些厦籍华侨对侨居国的政治、经济与文化进行研究，留下颇为可观的文献，如徐赞周、庄希泉、王其华、丘汉平、叶苔痕等人的著述。

三是厦门方言研究的著述不断出现。继卢戆章、乔仲敏之后，周辨明的《厦语入门》、陈延庭的《厦门语系研究》、罗常培的《厦门音系》等厦门方言研究的著述接踵而出，对现代厦门方言的研究活动起着深远的影响。

民国时期的38个春秋，厦门文献完成其形态转型并持续地发展，其文献生产数量约540多种，超过有清267年的数量，为厦门文化留下了一批宝贵的遗产，也为共和国诞生后厦门文献进入一个崭新的历史时期奠定基础。

第五节 厦门文献的当代发展

1949年10月，中华人民共和国诞生，新民主主义政治制度与经济制度的建立，促使人们的思想观念和生活发生显著变化，而作为思想映像的载体——文献，也随之发生巨大的变化，厦门地方文献开始进入一个崭新的历史时期。

中华人民共和国成立初期的17年，是厦门地方文献的复兴发展阶段。在这一阶段，中国完成了社会主义文化的过渡转型，在文化领域确立马克思主义的指导地位，著述活动随之由旧民主主义社会多元化向新民主主义与社会主义社会一元化转变。这个时期厦门地方文献有两个主题占主导地位，一是加强社会主义、爱国主义和革命传统教育，如《厦门学生运动的当前任务》《鸦片战争后帝国主义者侵略厦门的状况》《郑成功收复台湾史料选编》《小城春秋》等著述；二是讴歌社会主义的建设成就，如《海上花园厦门岛》《辉煌的十年（1950—1959）》《鹰厦铁路》等作品。在科学研究文献方面，主要是以厦门大学专家学者的研究成果为代表的著述，如林惠祥的《南洋民族的来源和分类》、庄为玑的《泉州港研究》等。然而，在这17年里，厦门地方著述的总体数量并不多，特别

是1957年的反右扩大化，挫伤了知识分子的积极性，著述活动显得沉闷，文献生产量下降。

1966年开始的"文化大革命"，把反右运动以来的"左"倾思潮推到极点，造成了中国的十年动乱，文化园地一片凋零。这十年，厦门地方的著述活动十分冷寂，只有孤零零的几种，且是在"以阶级斗争为纲"的口号下生产出来的，如《仇满鹭江潮：厦门码头工人家史选》《夜海歼敌：前线民兵斗争故事》等。

十年动乱结束后，文化领域拨乱反正，确立"文艺为人民服务、为社会主义服务"的"二为"方向。在文化建设和改革上，提倡独立思考、大胆创新、百花齐放、百家争鸣，著述活动在学派、题材、风格、形式等方面都得到充分发展。在这种大环境下，厦门地方文献进入空前繁荣的阶段。

改革开放四十年来，厦门地方文献在数量上，已不是以百种计，而是以数千种计算。在学科内容上，几乎涵盖了所有学科，尤其是厦门大学、集美大学等高校学者的各学科研究成果，使学术专著层出不穷。在著述题材上，一是反映厦门经济建设与社会发展的资料性著述极为丰富，如《厦门市情》《厦门改革二十年大事记》《厦门统计年鉴》等。二是地方史研究著述不断涌现，不仅编纂了大量的综合性或专题性的文史资料汇编，如《厦门文史资料》《近代厦门教育档案资料》等，而且在充分运用史料的基础上，系统地对地方历史与人物进行研究，编纂了《厦门文化丛书》《厦门人物辞典》等著述。中华人民共和国成立后厦门的第一部大型方志——《厦门市志》的编纂，更带动了一批区志、专业志、部门志的编修，构成完整的厦门地方志书体系。三是厦门地方人士的专业性学科著作数量十分庞大，尤其是厦门地区高校的重点学科如化学、海洋科学、生物学、生态学、统计学、财政金融、历史学等相关著述尤为突出。四是文艺创作呈现百花齐放的盛况。在国家"弘扬主旋律，提倡多样化"文化方针的指引下，厦门涌现出一大批优秀的文艺作品，既有主流意识形态类的作品，也有纯娱乐性作品，满足人民群众日益增长的多方面多层次多样化的精神文化需求。

随着改革开放的不断深入发展，厦门市发展成为东南沿海重要的中心城市。截至2018年，厦门市综合信用指数在36个省会及副省级城市排名第二，营商环境居副省级城市第1位，外贸综合竞争力居全国第5位，全年地区生产总值（GDP）达4791.41亿元，居民人均可支配收入达50948元。社会物质生产的进步、人们物质生活水平的改善，为厦门市精神文明建设提供必要的物质前提。近年来，厦门市荣获全国文明城市"五连冠"，被评为首批国家公共文化服务体系建设示范区等荣誉称号，显示着厦门市文化事业的空前繁荣与发展。在精神文明与物质文明的相互影响、相互推动的发展趋势下，厦门的著述活动无疑会持续地高涨，厦门文献必定会出现史无前例的发展。

第二章　哲学宗教文献

　　哲学是关于世界观的学说。作为文献的一个部类，哲学文献不仅包括学科本身，还包括属于哲学范畴的逻辑学、伦理学、心理学文献以及与哲学同根同源、密切关联的宗教文献。

　　厦门哲学文献的出现始于南宋。自理学宗师朱熹创立朱子理学后，自南宋至清，朱子理学成为闽南地区的哲学思潮主流，因而，厦门古代时期的哲学著述，几乎是儒学文献一统天下，今书目可查南宋至清的厦门儒学文献近140部，其中多为理学著述。宋代有理学宗师朱熹首仕同安时的始教弟子许升、王力行，三传弟子吕大奎及吕大奎的弟子邱葵，"得紫阳道学之传"，皆有著述问世。明中叶以后，朱子理学虽受王阳明心学的冲击，然闽南地区的理学传人，却顽强地坚持以程朱理学为宗，释书解经，析疑辩难，令学脉延绵不断。"理学名宦"林希元、"布衣先生"黄文焰是当时的代表人物。清代初期，满汉民族矛盾尖锐激烈，统治者对知识分子既钳制禁锢又怀柔拉拢。在须回避文字狱浩劫，又要继承中华传统文化的特定历史背景下，厦门的哲学著述活动体现为程朱理学上的复兴——"朴学"兴起。然只注重对古文经学字句训诂的"朴学"，其内涵缺乏义理的阐发，全无创新之作。到了清后期，清王朝内外交困，风雨飘摇，知识分子的目光逐渐转移到革除弊政、抵御外敌的现实之上，理学研究因此由盛而衰，理学著述也就寥寥无几了。

　　鸦片战争之后，"西学东渐"之风，带来的西方哲学思想与研究方法，影响着中国近代的哲学著述。民国时期，厦门的哲学文献多见逻辑学、心理学、伦理学等与哲学相关学科的文献。其中，因明学家虞愚将中国古因明学与泰西逻辑学互相参证，运用西方逻辑概念及意义解释因明学的术语，把因明学引进至现代思想中，使千年绝学重为世人所知，为中国名学的发展作出贡献。而著名心理学家黄翼则对中国儿童心理学发展作出巨大的贡献。

　　厦门宗教著述的出现始于明，其时闽南佛、道教盛行，促进了佛、道文献的产生。明代有居士池显方借儒申经的《东山法语》等著述，民国则有闽南佛学院长释太虚的《佛学概论》等著述。道教文献略有一二，多为叙述闽南地方神祇的著述。而基督教文献则是鸦片战争之后厦门作为五口通商口岸之后产生

的，不仅是进入厦门的基督教传教士们在这里留下的不少文献，如英国传教士麦嘉湖、美国传教士苑礼文等，而且本土的教徒也有著述，如较早皈依基督教的厦门人李春生，撰写了《东西哲衡》等一系列著述，大肆宣扬基督教，并以"创世说"的观点与西方资产阶级的"物竞天择"学说相抗衡。虽然，厦门是一个诸种宗教信仰齐全的城市，但伊斯兰教、天主教的文献却极为少见。

第一节 哲 学

一、哲学总论

世界思想史纲 林维仁撰 上海南极出版社民国三十八年（1949年）出版，藏厦门市馆

林维仁，福建漳浦人，住鼓浪屿。集美高级商业学校毕业，1942年任永安集美实业公司文书，后升入厦门大学银行系。1949年后，任教于集美中学。此书为哲学巨著，以唯物主义观点探讨世界思想史。全书分绪论、概论和分论三篇。"绪论"分为三章，介绍个人主义、唯心史观、唯物史观等各种历史观，阐述方法论、本体论、认识论、唯物辩证法等思想方法论，论述社会发展史略。"概论"分为五章，论述原始及奴隶期、封建期、资本主义期、社会主义期的思想。"分论"分为二十一章，分别讨论希腊古哲、中国诸子、印度佛学、基督教与耶稣、穆罕默德与回教、汉唐的儒释道、魏晋的清谈家、宋学与阳明学、文艺复兴与宗教改革、重商主义与重农学派、近代文艺思潮、古典学派与俗流学派、清朝的思想概观、近代的唯心论、历史学派与奥国学派、十九世纪的科学与哲学、孙中山思想、和平主义、美国民主、英国的不流血革命、社会主义。正文前有作者自序。

二、儒 学

经史管窥 （宋）石起宗撰 存目载《同安县志·艺文》

石起宗，字似之，同安人，徙居晋江。南宋乾道五年（1169年）进士，授秘书省正字，迁权户部仓部郎官，上言天下治乱安危之机，擢吏部员外郎。嗜学如命，节余俸禄皆用于置书，一生总以"藏书数千卷，胜良田万顷"自怡。此书为其研究经学之著述。

孟子说 礼记解 （宋）许升撰 存目载《同安县志·艺文》

许升，字顺之，号存斋，同安在坊里人。宋绍兴二十三年（1153年），许升

年十三，从师同安县主簿朱熹。朱熹去任，复从学于建阳，为紫阳高弟、理学名儒。其理学著述未能存世，唯有朱熹《晦庵先生朱文公文集》留下不少朱熹与其的答问。

易抄　诗书指　（宋）薛舜俞撰　存目载《同安县志·艺文》

薛舜俞，字钦父，同安嘉禾里（今厦门岛）人。南宋绍熙元年（1190年）进士，历江西漕司干官、江东常平干官、金华知县。学问淹贯里居，教授门人多通显。

春秋或问（二十卷）附春秋五论（一卷）（宋）吕大奎撰　南宋宝祐二年（1254年）何梦申刻本，已佚；清通志堂刻本四册，藏南京馆；四库全书本，入经部春秋类

吕大奎（1228—1276年），字圭叔，号朴卿，同安人。南宋淳祐七年（1247年）进士，官至崇政殿说书。后出知兴化军，未行，蒲寿庚降元，令其署降表，吕大奎变服逃入海，为蒲寿庚所追杀。《四库全书总目提要》云："此《或问》二十卷，即申明集传之意也。大旨于三传之中多主左氏、穀梁而深排公羊。于何休解诂，斥之尤力。考三传之中，事迹莫备于《左传》，义理莫深于《穀梁》，唯《公羊》杂出从师，时多偏驳。何休解诂，牵合谶纬，穿凿尤多。大奎所论，于三家得失，实属不诬。视诸家之弃传谈经，固迥然有别。所著《五论》，一曰论夫子作春秋；二曰辨日月褒贬之例；三曰特笔；四曰论三传所长所短；五曰世变。程端学尝称五论明白正大，而引春秋事，时与经意不合。今考或问之中，与经意颇有出入，大概长于持论而短于考实。"吕大奎所处时代正为宋末，元兵进逼，宋室将倾，故《五论》同其他宋儒的同类著作一样，其宗旨为尊王攘夷，以寓时事。综合而言，《春秋或问》本于朱子，所论时与黄仲炎《春秋通说》相类；《春秋五论》则多借古论今。二书互为表里，备载吕大奎的《春秋》学思想，对研究宋末儒学发展情况及诸儒心态，有较高的参考价值。

春秋五论（一卷）（宋）吕大奎撰　明隆庆元年（1567年）姚咨抄本一册，藏国家馆

该书独立成卷。据姚咨《春秋五论》跋云，此书从"故编修王尧衢懋中家藏本"抄得，而王家藏本已佚，唯赖此抄流传。

春秋要旨（十二卷）　学易管见（七卷）易经集解　论语集解　孟子集解（宋）吕大奎撰　存目载《同安县志·艺文》

德祐初，吕大奎由兴化迁知漳州，未行而元兵至。沿海都制置蒲寿庚举城降，吕大奎抗节遇害，其著述多因此而毁佚。

周礼补亡（六卷）（宋）邱葵撰　清顾可久编抄本六册，藏国家馆；清光绪刊本二册，藏泉州市馆；四库全书存目丛书本，入经部礼类

邱葵（1244—1333年），字吉甫，同安小嶝人。宋末居海岛中，有钓矶，因以自号。尝学于吕大奎、洪天锡之门，有志朱子之学。时见宋事日非，绝意进

取。宋亡，以诗明志，屡却元聘，杜门著述。年九十，以宋处士终。此书成于泰定甲子年（1324年），时葵已八十一岁。其自序云："今圣朝新制，以六经取士，乃置周官于不用，使天下之士习周礼者，皆弃而习他经，毋乃以冬官之缺为不全书耶。夫冬官未尝缺也，杂出于五官之中。汉儒考古不深，遂以《考工记》补之。至我宋淳熙间，临川俞庭桧始著《复古篇》。新安朱氏一见，以为冬官不亡，考索甚当，郑贾以来皆当敛衽退三舍也。嘉熙间，永嘉王次点又作《周官补遗》，由是周礼之六官始得为全书矣。葵承二先生讨论之后，加以参订，得知冬官错见于五官中，实未尝亡，而太平大典浑然无失。"《续文献通考》云："取五官中错简成书，因名'补亡'。"《四库全书总目提要》云："此书本俞庭椿、王与之之说，谓冬官一职，散见五官，又参与诸家之说，订定天官之属五十九，地官之属五十七，春官之属六十，夏官之属五十七，秋官之属五十七，冬官之属五十四。"又云："其书世有二本。其一分六卷，题曰《周礼注》；其一即此本，不分卷数而题曰《周礼冬官补亡》。《经义考》又作《周礼全书》，而注曰一作《周礼补亡》。此书别无他长，惟补亡是其本志，故今以补亡之名著录焉。"《补元史艺文志》作《周礼全书》六卷，乃同一书也。

四书日讲　易解疑　书直讲　春秋通义　诗口义　礼记解　经世书　声音既济图　（宋）邱葵撰　存目载《续文献通考》

邱葵生前著述颇富，然多散佚。据卢若腾序《钓矶诗集》云："其曾著《四书日讲》《易解疑》《书直讲》《诗口义》《春秋通义》《礼记解》《经世书》《声音既济图》《周礼补亡》等书，为大有功经传也。然其书悉被元人取去，今已无传，仅存者惟《周礼补亡》及其诗集耳。"查《邱吉甫先生传》，元延祐四年（1317年），御史马伯庸携款邀聘，葵以诗明志力辞，伯庸悉取其书而去，故此等著述荡然无存。

四书解　易经存稿　（明）吴聪撰　存目载《同安县志·艺文》

吴聪，字伯俊，号默斋，同安在坊里溪边（今属同安区大同镇）人。明弘治十四年（1501年）领乡荐，不乐仕进。一生钻研义理之学，以宋明理学大儒为宗，专阐明蔡虚斋学说，从游者众。所撰著述，其门人林希元为之辑阅刊行，然今未见存世。

易经存疑（十二卷）（明）林希元撰　明万历二年（1574年）书林□氏□鸣刊本六册，藏国家馆；清康熙十七年（1678年）重刊本六册，藏南京馆、人大馆（缺四卷）；清光绪三十二年（1906年）厦门会文堂印本六册，藏厦门市馆；四库全书本，入经部易类

林希元（1481—1565年），字茂贞，号次崖，同安翔风里山头村（今属翔安区新店镇）人。明正德十一年、十二年（1516年、1517年）联捷进士，由南京大理寺正谪判泗州，罢归起广东按察司佥事，历南北寺丞，复落职知钦州，终

以拾遗罢，历仕数十年，屡起辄蹶。自幼师承蔡清，笃志圣贤之学。归田后更精研理学，被誉为理学"一代宗师"，著述甚丰。此书始作于嘉靖二十年（1541年）冬，越一年告成，有林希元自序及王慎中序。万历二年，其子才甫、孙学范重刻，有陈文、洪朝选、黄世龙、谭文郁、蔡壈等作序跋。康熙、乾隆、道光、光绪等朝，其后裔亦有多次重修、重刻。《四库全书总目》云："此书用注疏本。其解经一以朱子本义为主，多引用蔡蒙引，故杨时乔周今文谓其继蒙引而作，微有异同。其曰存疑者，洪朝选序谓其存朱子之疑以羽翼程、朱之传义也。自序谓今必下视程，则吾这说焉能有易于彼。无已则上宗郑、贾，郑贾之说其可施于今乎，盖其书本为科举之学，故主于祧汉而尊宋。然研究义理，持论谨严，比古经师则不足，要犹愈于剽窃庸肤为时文弋获之术者，盖正嘉以前儒者犹近笃实也。"

四书存疑（十四卷） （明）林希元撰　明崇祯八年（1635年）方文刻本，题作《连理堂重订四书存疑十四卷》，藏山西省馆、湖北省馆；清顺治十年（1653年）钟秉巘刻本，题作《重订林次崖先生四书存疑十六卷》，藏南京馆

此书意在恢复朱熹注释四书之本旨，然对朱熹注疏存有不同见解。

更正大学经传定本　（明）林希元编　存目载《同安县志·艺文》

此书复《大学》古本说，与朱熹所定之《大学经传》有抵牾之处，被列为禁书，林希元亦因此而削籍为民。《世宗实录·三》记："（嘉靖二十九年十二月）庚午，闲住广东佥事林希元改编《大学经传定本》及著《四书》、《易经存疑》，奏乞刊布。诏'焚其书。下巡按问，褫其冠带为民'。"

书经解释　（明）林玖撰　存目载《同安县志·选举》

林玖，同安民安里田边（今属翔安区马巷镇）人。明嘉靖元年（1522年）贡生。

周礼会注（十五卷） （明）李如玉撰　存目载《同安县志·艺文》

李如玉，同安后陇人。一生究心《礼》书。此书汇辑、梳理有关《周礼》之注疏，辨其正误，颇有学术价值。明嘉靖八年（1529年），命其子将此书进呈朝廷，嘉靖皇帝甚为赞赏，命"有司以礼奖劝，给冠带荣之"。

四书解便览　（明）林应撰　存目载《同安县志·艺文》

林应，字子唯，号壁峰，同安嘉禾里塔头人。明贡生出身，有文名，杨逢春、傅镇皆其生徒。先任湖州司训，旋改彭泽。

四书大略　易经管窥　灯影　（明）张应星撰　存目载《同安县志·艺文》

张应星，字子翼，号菊水，同安人。明嘉靖三十七年（1558年）岁贡，授会昌县训导，官至清江县教谕。

四书从正录　易经从正录　（明）洪受撰　存目载《同安县志·艺文》

洪受，字凤明，同安凤山（今属海沧区东孚镇）人。明嘉靖四十四年（1565

年）以贡任国子监助教，后改夔州通判，官至府学教授。潜心力学，于经传多有所发明。

国语评注　左国列传　檀弓注 （明）叶明元撰　存目载《同安县志·艺文》

叶明元（1540—1594年），字可明，号星洲，同安岭下（今属同安区五显镇）人。明隆庆元年、二年（1567年、1568年）联捷进士，历石埭知县、南刑部郎中、南安知县、贵州按察副使、广西参政，卒于任上。

两孝经 （明）黄文炤撰　存目载《同安县志·艺文》

黄文炤（1556—1651年），字丽甫，又字季羽，号毓源，同安金柄（今属同安区新圩镇）人，寓居泉州，明万历中诸生。自幼卓志性学，不意仕途，潜心力行，是朱熹学派的理学传人，有"品高嵩岱，学溯关闽"之誉。晚年隐居同安轮山。此书未见，唯《苍霞续草·卷四》有叶向高之序，曰："《两孝经》者，季羽取《礼经》之言孝者汇而刻之，以俪于《孝经》，故称两也。《孝经》大而《礼经》详，如《大学》之经传互证。但事不分属，义各见，故不可为传而并称经，即此两经，而六经之蕴具矣。"

琴庄笔记 （明）黄文炤撰　序载《镜山全集》

此书于《同安县志·艺文》著有存目，题名著录为《琴庄随笔》。今未见，惟有何乔远之序载《镜山全集·卷三十七》。序称："余友黄懋羽氏夙心东鲁之学，其于人伦日用之间，不敢越之尺寸，而旁通内典以为余力。居闲读书，偶有所得则笔而记之。谨闭一室，澄目静心，所以慨叹有怀、惩艾自讼，莫不絜于圣学，而时时证以佛经诸语，章章法言，字字良箴。"可见该书乃多以佛经诸语证孔孟之学。

理学经纬　太极图解　仁诠　问答约言　道南一脉 （明）黄文炤撰　存目载《同安县志·艺文》

黄文炤理学著述颇多，惜皆已佚。

易旨　四书旨　礼记集注　书经解 （明）陈荣选撰　存目载《同安县志·艺文》

陈荣选，字克举，号鳌海，同安翔凤里阳翟（今属金门）人。明万历四年（1576年）举人，任儋州知州，迁广州同知、代理香山知县。居家则手不释卷。

学庸解　语抄 （明）陈如松撰　存目载《金门志·著述目录》

陈如松（1564—1647年），字白南，同安西浦（今属同安区西柯镇）人，祖籍翔凤里下坑（今属金门）。明万历四十年（1612年）举人，历肖山、信宜、河源等县知县，官至太仓州知州。有《莲山堂文集》存世。叶耀垣序《莲山堂文集》称："白南之文，则有若《语抄》，有若《学庸解》，有若《百篇诗》，有若《老来吟》，皆散失不传，传者唯此《莲山堂文集》。"

十三经通考 （明）陈尚宾编　序载《清白堂稿》

陈尚宾，同安人，阅历不详。此书未见，诸志艺文亦未见著录，唯蔡献臣所撰之序载《清白堂稿·卷四》。由序中可知，该书乃类纂"十三经"各经要义的类书，旨在方便业举者，"能由此而举其全"。十三经者，即十三部儒家经典，分别为《诗经》《尚书》《周礼》《仪礼》《礼记》《易经》《左传》《公羊传》《穀梁传》《论语》《尔雅》《孝经》《孟子》。

四书合单讲义 （明）蔡献臣撰　存目载《同安县志·艺文》

蔡献臣（1563—1641年），字体国，号虚台，别号直心居士，同安翔凤里平林（今属金门）人。明万历十七年（1589年）进士，授刑部主事，历兵部职方主事、礼部主客郎中、湖广按察使、浙江提学，官至南光禄寺少卿。尝师事杨贞复，于理学探索极早，终身不倦，颇有心得。此书阐释四书，以大义贯而通之，故名。有池显方为之序，载《晃岩集》，其序云："其诠释《四书》者，如蔡介夫之《蒙引》、林茂贞之《存疑》、陈思献之《浅说》、蔡伯瞻之《折衷》、赵德用之《管见》、黄明举之《纪闻》、苏君禹之《儿说》、李宗谦之《要旨》、郑申父之《知新》，各行海内，然皆单解也，未有合之者。勋卿蔡体国先生既绎其微言而单阐之，使人知此理之著；复融其大义而合贯之，使人知此学之同，名《合单讲义》。"又云："其单者，如一鉴悬空而烛万形；其合者，如百川归海而共一味。"

诗经制义 （明）蔡献臣撰　自叙载《清白堂稿》

此书为蔡献臣为诸生时的《诗经》研习制义作品，刊刻于明万历十八年（1590年），时二十八岁。万历二十八年（1600年），金陵坊间曾有《解颐草》六十八首刊刻传世，即为此书。其自叙称："自余既业诗之后，取《羲经》味之殊，无难明者目诧其去，彼取此何欤？庚寅，案牍之暇，检篋中草得六十八首，不忍弃，因梓之。不知其有当于作者之旨与毗陵诸大家矩矱与否？虽然余父祖俱以《羲经》起家，小子愧箕裘矣！"

诗经仕学稿 （明）蔡献臣撰　自叙载《清白堂稿》

该书未见诸志艺文著录，唯自叙载《清白堂稿·卷五》。其自叙云："先后入南，仅得诗义四首。辛、壬，东山复得二十首，而附以诸生稿八首及乡会卷合梓之。"可知乃其为宦时期的《诗经》研习制义，当作于任职南京和两次归乡读书东山草堂之时，或为明万历二十四年（1596年）至三十八年（1610年）之间，而刊刻于万历四十一年（1613年）。

四书肤证 （明）蔡献臣撰　序载《清白堂稿》

该书未见诸志艺文著录，唯自序载《清白堂稿·卷四》。自序中可知，该书乃蔡献臣释读《四书》之笔记，作于明万历四十五年（1617年）以浙江提学副使督学宁波、嘉兴之时，"得百余条"。其后就正于蔡复一，又"总加订证，汇为一帙"，编成此书。

毛诗评（一卷） （明）蔡复一撰　存目载《同安县志·艺文》

蔡复一（1577—1625年），字敬夫，号元履，同安刘浦保蔡厝（今属金门）人。明万历二十三年（1595年）进士，授刑部主事。历湖广按察使、陕西、山西布政使等职，束吏怀民，政绩特显。后以都察院右佥都御史总督贵州、云南、湖广三省军务兼贵州巡抚，卒于平越军中。殁后，其弟仁夫、婿林观曾尝搜其著述而梓之。此书为作者对《诗经》的评注。

四书合喙鸣（十九卷） （明）许獬撰　清光绪九年（1883年）刻本十册，藏厦门市馆；另有1969年金门县文献委员会金门丛书本，题作《四书阐旨合喙鸣》

许獬（1585—1621年），原名行周，因梦揭魁榜，改名为獬，字子逊，号钟斗，同安后浦（今属金门）人。明万历二十九年（1601年）会试居榜首，殿试二甲第一名，授翰林院庶吉士，旋改翰林院编修。因病告假还乡，未几而卒，年仅三十有七。此书约成于其任职翰林院之时，与许獬同榜之状元张以诚及榜眼王衡曾参与阅订。后其子许镛等欲刊刻，然沦于兵燹，版纸只字荡然无存。明崇祯末年，有族人从清溪得此书抄本，许镛遂誊抄珍藏。直至清光绪九年，许氏后裔集诸族人议刊此书，由许獬七世孙许春时校对，付梓行世。此家刻本有张以诚之序，又有许镛之"识略"和许春时重刊之序，述其刊布之事。此书以紫阳为宗，撷先儒传注及诸家讲说，释义补略、剖疑稽考，以阐发圣学微旨。其融百家之精华，探义理之奥妙，揣摩简练，交相印证，"凡世之以喙争鸣者，皆合而为一"，如虞廷兽禽和舞谐声，故曰"合喙鸣"，是一部集各"四书"传注之大成的巨作。张以诚序曰："其传注所以发者，则益邑微旨而胪列之；传注所未发旧刻尘腐庸劣者，则别抽精思而窜易之；传注所发未诣精透者，则更加体认增附以羽翼之。大书小书，且经且纬，若进真儒谭于紫阳之室，面相印证，各犁然悉当，淫哇者毋得杂焉。"

四书崇熹注解（十九卷） （明）许獬撰　明万历三十年（1602年）联辉堂郑聚垣刻本，藏台北汉学研究中心

该书为许獬对朱熹注解四书章句的说解，由明吏部左侍郎兼侍读学士李廷机校正，并题请准神宗皇帝批准为朝廷讲章之用。原书分十九卷，装订成精装三册，版式狭长，由上而下分为三栏，最下一栏为朱熹注解的四书章句，上面两栏则是对章、节意义的说解。书卷首题有："臣吏部左侍郎兼侍读学士李廷机题请禁革异说据新科会元预修崇熹批注遵依皇上准为讲章定衡"及"会元许獬亲著"、"大学士李廷机校正"、"书林郑应奎梓行"等，书末有书商牌记："万历壬寅年孟春月联辉堂郑聚垣刊行"。

丛青轩易解（十卷） （明）许獬撰　存目载《同安县志·艺文》

许獬以"丛青轩"为书斋，故其著述多冠以斋名。此书于《金门志·著述目录》仅著录为《易解》。

丛青轩小题秘旨（六卷） （明）许獬撰　存目载《金门志·著述目录》

许春时撰《四书合喙鸣序》记有《四书小题秘旨》，或为此书。

八经类集（二卷） （明）许獬纂　存目载《四库全书总目》

该书乃许獬据儒家经典编纂之类书。《四库全书总目提要》云："八经者，易、书、诗、春秋、礼记、周礼、孝经、小学也。獬掇拾其词，分天地、伦常、学术、君道、臣道、朝政、礼乐、杂仪、世道九类。而其侄金砺又删补而注之。所采诸经，于三礼独不及仪礼。小学成于朱子，亦不当与六经并列，皆为疏。獬以制义名一时，而所恃为要只不过如此。卷首题名之下，夹注辛丑会元四字，尤未能免俗也。"

易义画前稿　（明）刘梦潮撰　存目载《同安县志·艺文》

刘梦潮，字国壮，号海若，同安城内东桥人。明万历四十七年（1619年）进士，授南昌县令，历北京武学教授、礼部仪制司转主客司、广西副使等职。

易经注解（六卷） （明）黄继冕撰　存目载《同安县志·艺文》

黄继冕，字轩甫，同安人。明天启初年，以贡生举荐朝廷，特赐进士，授北胜州知州。精通易学，曾师从林希元、陈紫峰等名流。"此书释易象辞意引而不发，至释象传乃发挥详明，释系辞说卦诸传多出己意。"《福建通志·艺文志》著录为《周易定本》六卷。

说书　（明）池显方撰　自序载《晃岩集·卷十二》

池显方（1588—？年），字直夫，号玉屏子，同安中左所（今厦门岛西南部）人。明天启二年（1622年）举人。池显方虽出身于豪门世家，自幼业儒读经，然受泉州先哲李贽之影响颇深，淡漠仕途，而喜禅乐道，飘然尘外。科举屡遭挫折后，辞荣入道，隐居于同安端山之晃岩，直至终老。此书当为其研读《书》所作之制艺，自序称："余乡李卓老有《说书》七十六首，皆薙发时所作。余何敢方卓老，而业儒喜禅，人多指为类卓老。及落笔为文，快所欲言，不能为烟火、饾饤之语，人又指为类卓老，因名余艺为《说书》，余又何敢云说书。"

万远堂易蔡集解（七卷） （明）蔡鼎撰　宣统元年（1909年）泉郡益文斋时务书局石印本。另有四库未收书辑刊本，作《易蔡二卷》，据明末卓严刻本影印。

蔡鼎（1588—1655年），字可挹，号无能，福建晋江人。诸生出身。明亡，隐居厦门。精易学，其学说上承宋代程朱理学余绪，下及明代蔡虚斋、陈紫峰诸同乡先辈之学。此书为其对《易经》的释义，云间陈子龙、虞山蒋棻为之序曰："书名易蔡，犹之毛韩风雅、夏侯尚书，从其姓也。"方志评曰："闳深精确，其义精美，六百六十余条皆昔贤所未发，辞微旨奥，上关朝廷庙算，下开世俗迷惘。"尝著有《万远堂稿》，已佚。

易经管见　（明）杨期演撰　存目载《同安县志·艺文》

杨期演，字则龙，号克斋，同安彤埕（今属金门）人，后迁中左所。明崇祯三年（1630年）举人。明亡，闭门读书，唐王召为兵部主事。金厦两岛破，隐迹后溪村，日惟垂帘闭户，校对经史。

五经讲义 （明）叶后诏撰　存目载《同安县志·艺文》

叶后诏，字伯俞，同安中左所岭下（今属湖里区禾山镇县后村）人。为诸生，试屡冠军。明崇祯十七年（1644年）应岁贡，明亡，未廷试而归。以诗酒自娱，与徐孚远等为方外七友。南明永历十八年（1664年）东渡台湾，郑经既立国学，聘为国子司业。

易阙疑　四书测读 （明）阮旻锡撰　存目载《同安县志·艺文》

阮旻锡（1627—约1714年），字畴生，号鹭岛道人，同安嘉禾里（今厦门岛）人。世袭千户，师事曾樱，传性理学。南明永历九年（1655年），郑成功聘入储贤馆。清康熙二年（1663年）清兵破厦门，弃家行遁，浪迹江湖，留泄燕云二十载。曾削发为僧，名超全，以教授生徒自给。康熙二十九年（1690年）返厦门，居夕阳寮，号轮山梦庵。阮旻锡著述甚丰，而佚亡者亦不少，其儒学著述均未见。

经学明辩（二卷） （明）康亮撰　存目载《同安县志·艺文》

康亮，字子定，同安洪前（今属翔安区新店镇）人。明县诸生，一生勤学，手不释卷。

礼记三注粹抄　春秋约要 （明）林添筹撰　存目载《同安县志·艺文》

林添筹，字捷卿，同安莲塘（今属翔安区内厝镇）人，后居马巷。明县诸生。

毛诗小传（十六卷） （明）王高立撰　存目载《厦门志·艺文略》

王高立，同安嘉禾里（今厦门岛）人。县府征粮，为贫者代缴，县令表彰其义气，书其堂曰："义方"。

四书诗经集览 （明）杨朝干撰　存目载《同安县志·艺文》

杨朝干（1486—1535年），字时斋，同安人。卒谥"敬乎先生"。

定云楼遗集 （明）郑得潇撰　世界书局1924年铅印本，藏厦门市馆、厦大馆

郑得潇（1557—？年），字慕生，号蘧稣，同安池仔人。明亡，遁居海滨，自号"海滨遗佚"，于书斋定云楼内，钻研易理之学，著述颇丰，有《五经通义》《文字指南》《蘧稣近吟录》《史统》《易研》《周礼挈领》《古文信好编》《我见如是》《广孝经》《大学定本》等十种，俱未刊行，《同安县志·艺文》等著有存目。民国十一年（1922年），同安陈延香在坊里搜得其遗著抄本，其中《五经通义》《文字指南》《蘧稣近吟录》三种全佚，余则虫蛀鼠啮，纸墨腐烂，唯《我见如是》《广孝经》《大学定本》稍为完全。遂赴沪请朱仲钧校订，并劝募邑里捐资刊印传布。此书收入其中五部著作，为《我见如是》三卷，《易研》《周礼挈领》《大学定本》

《广孝经》各一卷，有林翰、郑丰稔、陈铎、苏万灵、陈延香等序五篇，正文前尚有陈延香所撰《拟改正同安县志郑得潇传》一篇，纠正嘉庆《同安县志》之误。

易说 （明）周佑撰　存目载《福建通志》

周佑，字命申，同安人。《福建通志·艺文志》称其"隐居授徒，从者如云。传《易》说于漳，漳之《易》学，至今宗之"。

焦书（二卷） （明）纪许国撰　明崇祯十五年（1642年）刻本二册，藏中科院馆。另有续修四库全书本，入子部儒家类，系据崇祯刻本影印

纪许国（1621—1661年），字石青，同安后麝（今属翔安区洪塘镇）人。明崇祯十五年（1642年）举人。清军入闽，随父纪文畴避居厦门，与流寓诸公交往。此书乃纪许国少年时代之儒学研学习作，卷一计十七篇，卷二计十六篇。"焦书"一语取"焦尾琴"之典，作者用喻等候识才之人。其自序云："仆最疏，故不喜与时俯仰，惟日与诗史相对。每慨读古人书，耿然长歌，彻夜不休。所撰著名《焦书》。焦者，何桐也，取焦琴之义。"

易说 （清）周奠邦撰　存目载《同安县志·艺文》

周奠邦，同安在坊里后周人，以才豪诸生中。

穆斋经义 （清）林鹏扬撰　存目载《同安县志·艺文》

林鹏扬，字翼南，号穆斋，同安嘉禾里东边社（今属思明区滨海街道）人。清康熙三十八年（1699年）举人，历京山县、良乡县，后改漳浦教谕。"藏书万卷，选择诗文，手自评骘，俱有所发，至老不倦。"该书未梓行。

四书讲录　诗纬　三极藏书 （清）池其绳撰　存目载《厦门志·艺文略》

池其绳，字元之，同安中左所人。清康熙四十年（1701年）贡生，性行温和，好学不倦。

大易参订　朱子纲目详论　周礼训解　礼记定本 （清）陈可远撰　存目载《同安县志·艺文》

陈可远，字腾公，号与洲，同安十七都阳翟（今属金门）人。清代诸生。毕生好学，以教书为生。最喜与生徒切磋道义经史，孜孜不倦。

四书文 （清）张对墀撰　存目载《金门志·著述目录》

张对墀，字丹飚，号仰峰，同安十七都青屿（今属金门）人，迁居晋江。清康熙六十年（1721年）进士，雍正二年（1724年）考试一等，授太康知县。

四传管窥（三十二卷） （清）张星徽评注　清乾隆四年（1739年）藏书堂刻本，藏厦门市馆、南京馆

张星徽，字北拱，号居亭，同安十七都青屿（今属金门）人。清康熙五十六年（1717年）举人，授望江县令。康熙六十年（1721年）会试榜出第五名，因对策颠倒被废，自是绝意进取，筑塞翁亭，广罗书籍，读书其中。生平好学慕古，遍读四书五经，尤喜左史、战国策，肆力著述，年老愈加执着。此书又题作《春

秋四传管窥》，乃张星徽评注"春秋四传"，收入《总论春秋》《论春秋所由作》等二十七篇及《左传》十六卷、《国语》四卷、《公羊传》六卷、《穀梁传》六卷。该书合四传为书，汇诸家而参酌之，片段浑成，音节入细。其评注改"旧来选古文者用双行细书"之形式为"评注即附于本文之旁，不尽者另缀于后"之形式，令文气既贯，训诂又颇详。张星徽自序曰："左氏学博识渊，才全能巨，亲见尼山，笔削论断，不合于圣人者盖寡，又采撷列国所记，稍加润色，以为《国语》，传益所未备，二书均为文子宗祖。公、穀渊源卜子夏，笔力超脱奇拗，不类左氏，要自可与抗行。左氏叙事详而释经略，公、穀释经精而叙事简，各挟所长，以卫护斯文，昭昭乎若揭日月而流江汉，谓左氏与公、穀为史中之三经亦可也。"又云："不通众经无以穷一经之蕴，不会诸传无以晰一传之精。长袖善舞，多财善贾，此言虽小，可以喻大。"

管窥六种（五十四卷首一卷）（清）张星徽评点　清雍正乾隆间湖山草堂刻本，藏大连市馆

该书汇刻张星徽的《四传管窥》三十二卷首一卷、《战国策》十八卷、《历代名吏录》四卷。

先儒精义会通（九十八卷）（清）张星徽撰　存目载《同安县志·艺文》

礼记三注粹钞　春秋约要（清）林添筹撰　存目载《马巷厅志·人物》

林添筹，字捷卿，同安八都莲塘乡（今属翔安区内厝镇）人，住马巷。邑诸生，博览经史。当海氛播迁人多离索，独励志举业，屡试不倦。

四书述酌（清）刘天泽撰　存目载《厦门志·艺文略》

刘天泽，字履臣，同安嘉禾里人。生平笃志力学，尤究心理蕴。清雍正元年（1723年）举人，授武平县教谕。

周易四书汇钞　经义纂要（清）陈重琳撰　存目载《同安县志·艺文》

陈重琳，字次雍，同安安仁里埕头（今属集美区灌口镇）人，祖籍龙溪。清雍正二年（1724年）举人。潜心钻研宋儒性理诸书，洞彻源委。讲解理蕴、辨析古今疑义，滔滔不竭，从学者众，人称"华严先生"。

周易标旨　葩经纂要（清）陈皋撰　存目载《同安县志·艺文》

陈皋，字子伟，同安十七都阳翟（今属金门）人。工书法，尤长古诗文。知县朱奇珍编纂《同安县志》，多其手笔。

四书卧薪集（七卷）（清）刘蔚撰　存目载《同安县志·艺文》

刘蔚，字希仲，同安人，诸生。学问渊博，授徒严慎，经史子集皆令手抄成诵。

四书集说（清）刘兰撰　存目载《同安县志·艺文》

刘兰，字青座，同安城内东桥人。清代庠生。一生好学，书多手抄成诵。

学庸讲义（清）卢家椿撰　存目载民国《金门县志·艺文》

卢家椿，字载年，同安十九都贤聚（今属金门）人。清雍正二年（1724年）举人，曾任龙溪教谕。

后学程式 （清）林丰玉撰　存目载《同安县志·艺文》

林丰玉，字伯年，号璞园，同安嘉禾里关内人。清雍正十二年（1734年）优贡生，授寿宁训导。

四书讲义（四十卷）（清）洪范畴撰　存目载《马巷厅志》

洪范畴，字梦樵，同安柏埔（今翔安区洪厝村）人。年十九入邑庠，尝就出米岩畔构书屋肄业十余年，于四子书殚精竭虑。进士张星徽称该书其解甚正，欲携付梓，而洪范畴以为未能融会贯通，欷辞，藏之家塾。

四书存要（五卷）　学庸存要补篇二卷　（清）黄成振撰　存目载《厦门志·艺文略》

黄成振，同安嘉禾里人，清康雍年间生员。

经史诠释（二十二卷）　古文自得（二十卷）（清）庄科达撰　存目载《同安县志·艺文》

庄科达，字文清，号困斋，同安在坊里铜鱼馆（今属同安区大同街道）人。好读书，精诸子百家、天文地理。

经学明辩（二卷）（清）康亮撰　存目载《同安县志·艺文》

康亮，字子定，同安县翔凤里洪前（今属翔安区新店镇）人。县诸生，一生勤学，手不释卷。

尚书训解　周易管见（清）高一挥撰　存目载《同安县志·艺文》

高一挥，字培颖，同安刘五店（今属翔安区新店镇）人。廪生。博学经史，为文独出手眼，务去陈言。

四书评解（七卷）　三传合参（三卷）（清）林孝基撰　存目载《同安县志·艺文》

林孝基，字允仁，同安翔凤里城场（今属翔安区马巷镇）人。清乾隆元年（1736年）举人，授沙县县学教谕，笃学敦行，士服其训。

重编周易求义（十卷首一卷）（清）郭迈撰、刘先登修订　尚存清代手抄本残卷，藏同安区馆

郭迈，字亦皋，号拱山，同安在坊里后郭（今属同安区大同街道）人。清乾隆七年（1742年）进士，授浙江景宁知县。丁内艰，起补四川奉节知县。尝主讲厦门玉屏书院，讲解经说，严密课程，厦人言其为师之范。著有《周易求义》，《同安县志·乡贤录·刘先登》中记有"郭迈《周易求义》"。刘先登，字二山，号静轩，同安在坊里康浔（今属同安区大同街道）人。乾隆三年（1738年）举人，授直隶定兴县令。该书为刘先登对郭迈的《周易求义》进行重新修订，由其子刘逢升辑编，有刘先登于乾隆四十五年（1780年）所作之序。凡例

为刘先登之孙刘宗成所作；首一卷为刘先登所撰的《读易法十三则》《周易杂卦图》等文；正文为刘先登修订郭迈的《周易求义》。清手抄本卷首又增李嘉端作于道光二十六年（1846年）的序，乃应刘宗成重梓之请而作。序称："刘二山先生夙承闽学，究心经义，于易尤多所发明。尝汇诸儒之说，折衷于一。是著《易求》若干卷，剖释精微，不泥于卦气，不牵于卦变，原委悉贯，体用毕具，兼有平庵、云峰二家之长。"

尚书捷解　周易管见　（清）林翼池撰　存目载《厦门志·艺文略》

林翼池，字凤宾，号警斋，同安嘉禾里塔头（今属思明区滨海街道）人。清乾隆十年（1745年）进士，选湖北来凤知县，兴教办学，躬亲考课。

四书日抄　河田洛书　（清）黄江撰　存目载《同安县志·艺文》

黄江，字岷水，自号巨川，同安积善里锦宅（今属龙海市角美镇）人。清雍正二年（1724年）举人。师从名儒陈重琳，潜心苦读，博通经史，尤擅长诗歌及散文。

质疑集（二卷）　（清）黄涛撰　清乾隆三十五年（1770年）活字本二册，藏同安区馆

黄涛，字天水，号文川，同安积善里锦宅（今属龙海市角美镇）人。清乾隆十五年（1750年）进士，授湖北长乐知县。晚年讲学于厦门玉屏书院，为诸生解经析义，甚为严谨，闽南学者仰之如泰岱北辰。该书书名页总题为《性理四书质疑集》，上卷为《性理质疑集》，下卷为《四书质疑集》。《同安县·儒林录》记为《质疑录》。有黄涛及其孙黄宽所作序各一篇。黄涛序曰："近来考校命题，好为搭截，断裂书理，使后生凭心杜撰，毫无当于圣贤本旨。恐言理诸书异将来之不观矣。余甚怜之，及取程朱全书及元明以后诸儒论著，辨其异同，权其可否，都为一集；又将旧注《四书要义》择其精切而参与所独见者，都有为一集，标为《质疑》。"可见该书乃黄涛评注宋儒学说以授后生。

书易二经管见　（清）林为洛撰　存目载《厦门志·艺文略》

林为洛，字呈九，号雪巢，先世莆田县黄石人，后居厦门，为诸生教授。

尚书因悉（四卷）　左传类编（四卷）　（清）郭道本撰　存目载《同安县志·艺文》

郭道本，里居、阅历不详。二书分别为《尚书》与《左传》之研习著述。

经史绪余　（清）王经纶撰　存目载《厦门志·艺文略》

王经纶，原名王纶，字愧言，号莲洲，同安嘉禾里双莲池（今属思明区鹭江街道）人，清乾隆四十五年（1780年）举人，以教书谋生，受业者多成名。

经传子史集览　（清）吕世宜撰　清道光十七年（1837年）吕世宜手抄本二册，藏厦门市馆

吕世宜（1784—1858年），字可合，号西村，晚年号不翁，马巷厅西村（今

属金门）人，后居厦门。清道光二年（1822年）举人，博学多闻，研究涉猎文字学、训诂学、音韵学、书法及金石。执教厦门玉屏书院，助周凯主编《厦门志》《金门志》。此书系吕世宜集经传子史名篇编辑而成。

四书解　易解　（清）叶寿晟撰　存目载《同安县志·艺文》

叶寿晟，同安人，为诸生。刻意力学，笃学能文。

周易阐翼　（清）詹毅荟撰　存目载《厦门市志·艺文志》

詹毅荟，漳州人，署参府。精究天文星数。

四书改错　（清）陈耀磻撰　存目载《同安县志·艺文》

陈耀磻，字渭东，号滨璜，同安前街（今属同安区大同街道）人。清光绪八年（1882年）举人，掌教金门浯江书院。

唯人哲学　陈式锐撰　厦门立人日报社民国三十八年（1949年）出版，藏厦门市馆、厦大馆

陈式锐（1908—1990年），字心吾，号云悟，同安三乡街（今属翔安区马巷镇）人。1926年毕业于集美中学，1930年厦大经济系毕业，1933年创办《厦门日报》，历任厦门《华侨日报》总编辑、集美高级商业职业学校校长、厦门市政府社会科科长、福建省政府新闻处长等职。1949年迁台。此书为儒学哲学思想之研究。

大同新论　陈梦韶撰　中国学术研究社民国三十三年（1944年）出版，藏厦门市馆、厦大馆、福建省馆

陈梦韶（1903—1984年），原名陈敦仁，同安人。1921年入厦门大学教育系，毕业后在厦门、龙溪等地任语文老师。1945年任厦门大学中文系讲师，次年任副教授，从事语言学教学。此书为《礼记·礼运》篇的解释、研究著作，分上、中、下三篇，上篇有《〈礼运〉"男有分女有归"诠解》《〈大同篇〉伦理建设问题》《关于"分"古读"颁"训"配"详考》3篇；中篇有《〈大同篇〉理论体系新探》《〈大同篇〉的句读及文法》《〈大同篇〉两种版本的比较及批评》3篇；下篇有《礼运今释》《礼运新释》2篇。正文前有向先乔、吴家镇之序及作者之序，孙中山遗墨《大同篇》，以及教育部长陈立夫等人来函。正文后有叙。

三、诸子哲学

道德经注　（明）陈荣选撰　存目载《同安县志·艺文》

陈荣选，里居、阅历见本章第一节"二儒学"之《易旨》《四书旨》。此书乃陈荣选注解老子《道德经》。

南华全经分章句解（四卷）　（明）陈荣选撰　清乾隆三年（1738年）饶青轩刻本，四册藏南京馆

此书乃陈荣选注解《庄子》。中科院馆藏题作《庄子南华全经句解》，《同安县志·艺文》著录为《南华经注》，应为同一著作。

南华经注 （清）叶龙撰　存目载《厦门市志·艺文志》

叶龙，字秀峰，同安嘉禾里莲坂（今属思明区嘉莲街道）人。清乾隆十八年（1753年）岁贡。著述甚多，《南华经》尤得其解。

重订吉人遗铎　醒庵居士原抄，刘先登评订　清道光二十八年（1848年）小松翠寀刻本，藏同安区馆

《同安县志·艺文》等著录为《吉人遗谭》。该书原编者醒庵居士为清代钱塘人氏，名讳、阅历不详。刘先登，字二山，号静轩，同安人，清乾隆三年（1738年）举人。乾隆三十二年（1767年）授直隶定兴县知县。任定兴知县时，顺天府尹陈兆仑馈赠其同乡编撰的《吉人遗铎》十种。刘先登有感此书有助于"仰身心、饬伦纪""唤醒愚蒙""因是循照原本，撮其简明易晓者，谬参评注，仍以前刻《戒讼说》附末，并付剞劂"。该书乃节录先贤大儒的格言，分为"立志""辨学""敦伦""种德""应物""护生""位思""家宜""读书""归心"十部分，计422则。后附《戒讼说》一篇。该书于乾隆三十六年（1771年）初刊于定兴，版藏范阳书院，有刘先登所作之引言说明原委。道光二十八年（1848年），刘先登曾孙刘崧龄、刘柏龄、刘桒龄重校刊刻。

庄子研究　叶国庆撰　上海商务印书馆民国二十五年（1936年）出版，藏国家馆、上海馆、厦大馆

叶国庆（1901—2001年），别号谷馨，福建漳州人。1926年厦大教育系毕业，历任厦大历史系讲师、教授及人类博物馆馆长等职。此书为民国时期三大庄子学研究著作，作者以史学家的方法系统研究《庄子》的总特点。全书14章，包括庄子事略，各种《庄子》注本之版本、篇章、体裁，各篇著作时代、读法、渊源、时代背景、学说，以及庄子学说对后代的影响、庄注的派别、《庄子》中的古史、《庄子》之文学，终篇为结论。

四、哲学相关学科

儿童心理学　黄翼撰　正中书局民国二十八年（1939年）出版，藏国家馆、厦门市馆、厦大馆

黄翼（1903—1944年），字羽仪，厦门人。美国耶鲁大学哲学博士，浙江大学心理学教授。该书讨论儿童心理学的性质、研究方法，儿童各个时期的心理发展，儿童的语言、智慧、情绪、道德、心理健康与训导等问题。

儿童绘画之心理　黄翼撰　长沙商务印书馆民国二十七年（1938年）出版，藏国家馆

该书通过对儿童绘画心理研究方法、发展程序、个别差异与图画测验、男女差异，各民族儿童的图画，儿童图画与儿童理智、兴趣、性格等心理方面的关系，儿童绘画和原始民族绘画之比较等问题的讨论，多方位论述儿童绘画的心理。

神仙故事与儿童心理　黄翼撰　上海商务印书馆民国二十五年（1936年）出版，藏国家馆、厦门市馆、厦大馆

该书为儿童阅读心理方面的研究著述，论述神仙故事的特点、与儿童的关系及对儿童的影响等问题。

儿童训导论丛　黄翼撰　上海商务印书馆民国三十七年（1948年）出版、香港仪书屋1984年再版，藏国家馆、厦大馆、上海馆

该书为《国民教育文库》之一，内收作者《学校训育的改造》《儿童惩罚之社会的观察》《儿童训导》《增进幼儿的心理健康》《变态心理与儿童训导》等14篇文章。

心理学　沈有乾、黄翼合编　上海新亚书店民国二十二年（1933年）出版，藏国家馆

该书论述心理学的发展及其主要内容，全书分哲学中的心理学、生理学中的心理学、心物学与实验心理学的开始、内省的经验分析、记忆的实验与学习的经济、替代反应、动物的学习、形象与观察、个别差异与测验、儿童心理学、变态心理、心理学在工业商业及法律上的应用等14章。

佛家心理学　虞愚撰　厦门风行印刷社民国二十四年（1935年）出版，藏厦门市馆

虞愚（1909—1989年），原名德元，字竹园，号北山，厦门人。毕业于厦门大学中文系，历任国民政府监察院编译组编审，厦门大学副教授、教授，中国社会科学院研究员等职。此书为虞愚的佛教哲学研究专著。弘一法师对该书评价甚高，曾为其题曰："竹园居士著佛家心理学，为题二偈，以志赞喜：'白香山诗，老妪能解，斯文亦尔，善导蒙骏。南欧北韩，盛誉驰传，复有竹园，若鼎足三。'"

中国名学　虞愚撰　南京正中书局民国二十六年（1937年）出版，藏厦大馆

名学即逻辑学的旧译称。此书为研究中国逻辑学的专著，讲述逻辑学的起源、意义和功用，评述逻辑学在中国的沿革、学派和发展。全书分绪论及本论两部分，绪论论述中国逻辑学的起源、意义、功用等；本论从历史沿革论述"无名""正名""立名""形名"四学派的思想及今后研究应有的态度。

因明学　虞愚撰　上海中华书局民国三十年（1941年）出版，藏厦大馆

因明学即古印度之逻辑学。此书论述因明学的产生、发展历史、研究方法

以及其主要内容，首次用英文的逻辑术语标注因明概念。全书分为绪论、本论（以颂摄要义、别释八门为七，以颂总结）两编，共8章。书前有江亢虎序，书末附录《墨家论理学新体系》。太虚法师评价此书"根据古论疏而采择近人最明确之说，以相发明，并进而与西洋逻辑及名辩归纳诸术互资参证"。

印度逻辑 虞愚撰 商务印书馆民国二十八年（1939年）出版，藏厦大馆、上海馆

此书论述印度逻辑的性质、论式种类及其意义、研究方法等。内容包括印度逻辑历史沿革、研究方法，三支比量——宗及似宗，因及似因，喻及似喻，似能立与似能破，真能立与真能破，现比真似，印度逻辑之实用。

怎样辨别真伪 虞愚撰 商务印书馆民国三十六年（1947年）出版，藏厦大馆、厦门市馆、上海馆

此书从历史演进评论本能、风俗、传说、普遍的同意、情绪、感觉的经验、直觉、符合论、效用论等辨别真伪的标准之所以难以成立之原因，提出融贯论标准。作者指出，融贯的意义，就是"系统的一致"。所谓一致是由"以已知之经验比知未知之事物"的"比量"与"真正之直接经验"的"现量"而来。其结论是：辨别真伪，在"自相"（宇宙间一切事物之实义各附己体）方面，要靠"现量"；在"共相"（假立分别通在一切事物）方面，要靠"比量"。

孔教大纲：民国必要 林文庆撰 中华书局民国三年（1914年）出版

林文庆（1869—1957年），字梦琴，福建海澄三都（今属厦门海沧区新阳街道）人，生于新加坡。1892年毕业于英国爱丁堡大学医学院，后回新加坡行医。1906年加入中国同盟会，1912年任中华民国临时大总统孙中山机要秘书兼医官。1921年应陈嘉庚之聘为厦门大学校长，1938年卸任回新加坡。此书为作者以中文阐释儒学的第一部专门著作。自《儒道序略》始，至《中华民国必不能离乎儒》终，共有35篇，从不同层面论述儒家思想之精义及儒学教育之现实意义。

神话论 林惠祥撰 上海商务印书馆民国二十二年（1933年）出版，藏上海馆、厦大馆

林惠祥（1901—1958年），福建晋江人。菲律宾大学研究院人类学硕士，历任厦门大学教授、历史社会系主任、海疆资料馆馆长、南洋研究所副所长、人类博物馆馆长。此书论述神话的性质及解释、神话的种类、神话的比较研究、各民族神话概略、神话实例等。

第二节 宗 教

一、佛 教

金刚衍说 （明）池显方撰　存目载《同安县志·艺文》

池显方，里居、阅历见本章第一节"二、儒学"之《说书》。池显方的《晃岩集》载有此书自序，题作《金刚演说》。其自序云："余早习此经，近乃会以己意，本以二十七疑，参以六译，印以诸家，名《金刚演说》。云何演说不取于相，如如不动。"

东山法语 （明）池显方编纂　存目载《同安县志·艺文》

池显方《晃岩集》载有其所撰之序，蔡献臣《清白堂稿》亦载有其所撰写《陈止止东山法语序》。明崇祯二年（1629年），池显方购东山蔡复一旧馆，迎温陵禅学大师陈止止莅馆，杜门却应酬，每日二时演法。时陈止止已八十三岁高龄，精于禅学，且借儒申经。池显方将其山中答问或申经旨者，编纂成卷，名《东山法语》，刊刻付梓。

金刚经说　续佛法金汤　闻见录　谈道录　奕鉴 （明）阮旻锡撰　存目载《同安县志·艺文》

阮旻锡，里居、阅历见本章第一节"二、儒学"之《易阙疑》。阮旻锡曾削发为僧，于佛学有所研究，然其佛学著述皆已佚。

良准语录（八卷） （清）释宗标撰　存目载民国《厦门市志·艺文志》

释宗标（约1652—1734年），字良准，号观幻，俗姓林，同安人。幼厌荤，十七岁入开元寺为僧，受戒于福清黄檗寺广超禅师。清康熙四十七年（1708年）继黄檗山祖席。雍正九年（1731年）归开元寺戒坛开戒。清雍正十二年（1734年）圆寂。

密契真源（二卷） （清）释佛化撰　存目载民国《厦门市志·艺文志》

释佛化，同安灌口林氏子。幼笃教行，投同安存真堂为僧，后往南安小雪峰寺。宣统二年（1910年），主持厦门南普陀寺。《厦门市志·艺文志》载刘培元序，序曰："泉南杨梅山小雪峰方丈佛化和尚，未脱白以前，得佛氏无言宗旨，兼通《周易》学庸。时其高足喜敏上人，号能辉，服勤左右。和尚功余，每举生平心得，演作偈言以导之，积久成编，分上下两卷，颜曰《密契真源》。及和尚匡众时，提倡宗风，不遗余力。凡在山朝山僧众，读此者罔不自悟本来，以故小雪峰龙象称盛一时。"

刻玉集（一卷） （清）释达中撰　存目载民国《厦门市志·艺文志》

释达中（1744—1816年），法号通庸，俗姓蒋，福建晋江人。剃度于虎溪岩，后嗣法于晋江海印寺本溥和尚门下。清嘉庆十二年（1807年）募资将厦门醉仙岩改建成天界寺，为天界寺开基一世祖。

大乘起信论科注　金刚经讲义　佛学常识易知录　萨普门品讲义　弥陀经集解　释会泉撰　出版者、出版时间未详

释会泉（1874—1943年），俗姓张，名侃，法名明性，号印月，同安人。历任南普陀寺方丈、厦门佛教会会长。创办闽南佛学院，为首任院长。其书原本未见，今由其门人宏船法师辑为《会泉大师全集》（上下册），上海佛学书局2009年出版。

法相唯识学概论　释太虚讲、虞德元记　厦门慈宗学会编　厦门风行印刷社印，藏厦门市馆

释太虚（1889—1947年），俗姓吕，法名唯心，浙江崇德人。1927年应聘来厦，连任南普陀寺第二、三届方丈兼闽南佛学院院长。曾任中国佛教总会会长。此书收入释太虚阐述法相唯识学的重要讲演和文章，内容包括唯识理论类、唯识答辩类、唯识学通疏释类等。作者从无我、唯心的宇宙观引申出平等、自由的人生观。

法相唯识学　释太虚撰　商务印书馆民国间出版，藏上海馆

此书当为《法相唯识学概论》的正式出版。

太虚法师文抄　释太虚撰　王明福、谢健、张善长编校　中华书局民国十六年（1927年）出版，藏集美馆

此书为太虚法师的佛学论文集。原拟作10编，依次为雅言、世论、佛学、讲录、注疏、书札、章草、制议、杂文、韵语等。后编印出版3编。第一编"雅言"，收有《致私篇》《宇宙真相》《无神论》等20篇，为以佛法作随俗雅化之言之作。第二编"世论"，收有《论周易》《论荀子》《论墨子》等23篇，为以佛学评论世间学术之作。第三编"佛学"，收有《教观诠要》《佛教史略》《佛法导言》等40篇，为阐发佛教教理和教史之著作。

人生观的科学　释太虚撰　泰东图书局民国十八年（1929年）出版，藏国家馆、上海馆、厦门市馆

此书主要研究人生观，内容包括绪言、宗教玄学哲学科学之审定、人生的科学、人生观的科学等。

大乘与人间两般文化　释太虚撰　泰东图书局民国十八年（1929年）出版，藏上海馆、集美馆

此书针对时论而发，通过人间两般文化的分析以及两者利弊之对照，阐述大乘化之人间两般文化的观点，以宣扬其人间佛教的思想。

太虚大师佛学选读本　释太虚撰　武昌佛学院民国十九年（1930年）刊行，

藏厦门市馆

佛学概论　释太虚讲、黄国疆等记、罗庸编　上海佛学书局民国二十年（1931年）重印本，藏上海馆

此书为太虚大师于民国十九年（1930年）1月在闽南佛学院编述，乃从"学史"和"学理"两个角度论述了佛学历史和佛教原理。

佛乘宗要论　释太虚撰　上海佛学书局民国二十二年（1933年）刊行

此书分为4卷，内容包括序论、本论上篇纯正的佛法、本论下篇应用的佛法、结论。

怎样来建设人间佛教　释太虚撰　厦门市佛学会民国二十五年（1936年）刊行

此书为太虚大师于民国二十二年（1933年）10月的讲演稿，首次提出作为专用名词的"人间佛教"，对建设人间佛教的出发点、具体方法、步骤、目标等作了具体阐述。

佛法浅释　虞愚撰　上海佛学书局民国二十三年（1934年）出版，藏上海馆

虞愚，里居、阅历见本章第一节"四、哲学相关学科"之《佛家心理学》。

佛教修学要典　柳启戎编　厦门慧正学苑民国三十八年（1949年）刊行，藏厦门市馆

柳启戎，厦门佛教居士，与蔡吉堂等居士首倡肇建鹭岛之居士林。此书为初入佛门者修行要约之道。全书为六篇，首篇《课诵》，集日常持诵之经典；次篇《经章》，录《金刚经》《药师经》等经文；三篇至五篇，分别为《礼忏》《仪规》《赞咏》，录古德今贤所撰定自行共修之仪式法则；末篇《法集》，有《弘法者之基本学识与精神》等文，指示教理之要，修道之门。

梵文写本《诸法集要经》校订　林藜光撰　法国全国科学研究中心民国三十八年（1949年）刊行

林藜光（1902—1945年），厦门人。毕业于厦大哲学系。1929年任哈佛燕京研究所助理研究员。1933年赴法国巴黎国立现代东方语言学校任教，并研习梵文及巴利文，1936年夏，其母病逝回厦治丧。回巴黎后，在巴黎国家图书馆校对佛经，是中国近代重要的佛学家和印度学家。此书为作者在法国时对《诸法集要经》梵文写本的校勘与研究。内容涵盖小乘佛教文学、学派、语言以及有关印度和远东佛教历史的各种专业性和一般性问题。比勘梵、藏、汉文佛典，逐句校正，完成被编者完全打乱顺序并重组的《诸法集要经》的校订。

林藜光集：梵文写本《诸法集要经》校订研究（四卷）　林藜光撰　1946—1973年分册刊行、中西书局2004年影印出版，藏国家馆、上海馆

此书为法文本，计四册，是作者对《诸法集要经》校订和研究之重要学术

成果。作者去世后，经法国汉学大家戴密微精心整理，陆续分册刊行，历时27年。

厦门南普陀寺志 虞愚、寄尘合编 闽南佛经流通处民国二十二年（1933年）刊行，藏国家馆、上海馆、厦门市馆、福建省馆、厦大馆

此书包含寺考、法制、教育、列传、法物、文艺、公牍等七部分内容。书前有两篇序以及编辑大意、题辞、南普陀寺全图。

闽南佛学院概况 大醒编 福州民国十八年（1929年）刊行，藏厦门市馆

释大醒（1900—1952年），俗姓袁，法名机警，号大醒，别署随缘，江苏东台人。毕业于东台师范学校。1924年夏，于扬州天宁寺出家，秋入武昌佛学院就读，为太虚门下弟子。1928年至1932年间，主持闽南佛学院学务，并任南普陀寺监院，创办《现代僧伽》杂志。1941—1942年任院长。1949年赴台，后圆寂于台湾。闽南佛学院位于福建厦门南普陀寺内，由临济宗喝云派下的转逢和尚与南普陀寺十方丛林第一任住持会泉法师共同创办于1925年。该书为释大醒主持闽南佛学院时所编的佛学院基本情况介绍。

闽南佛学院特刊 文涛编 闽南佛学院民国三十一年（1942年）刊行，藏厦门市馆

二、道　教

国朝仙传（二卷）（明）池显方撰 存目载《同安县志·艺文》

池显方，里居、阅历见本章第一节"二、儒学"之《说书》。该书系池显方所纂辑之明代道教人物传记。池显方之《晃岩集》载有自序，序称："国朝旧无仙传，人徒知周、张、冷、君数公耳。余稽之各乘，参以诸集所烛见而确征者，衰为二卷，以存方外之史。"

太极图说（清）叶怀荆撰 存目载民国《厦门市志·艺文志》

叶怀荆，字培田，同安嘉禾里莲坂（今属思明区嘉莲街道）人。邑廪生。家贫笃学，博通经史，对《周易》研究甚深。老年虽盛寒溽暑，仍早夜诵读不止。

善恶金鉴　隐林酒史（清）张承禄撰 存目载《厦门志·艺文略》

张承禄，字其在，同安人。任情适性，啸歌自乐，有古狷者风。

四神志略（十五卷）（清）杨浚辑 清光绪十五年（1889年）冠悔堂募刻本，藏清华馆、北大馆、厦大馆、福建省馆、厦门市馆

杨浚（1830—1890年），字雪沧，原籍福建晋江，居闽县，咸丰二年（1852年）举人。曾为左宗棠幕僚。后主讲厦门紫阳书院等，居厦十一年，卒于厦。此书汇辑产于闽南，在闽台及东南亚等地区颇具影响的四位神祇——广泽尊王、保生大帝、清水祖师、太上圣母的相关资料，计四种十五卷。其子目有四：一是《凤山寺志略》四卷、附刻二种，为广泽尊王之相关资料。其卷首，图；卷一，

为山川、寺庙、先茔；卷二，为传略、侍从、封号；卷三，为志乘、艺文上下；卷四，为感应、丛谈；附刻真经、笺谱。二是《白礁志略》二卷、附刻二种，为保生大帝之相关资料，其卷首，图；卷一，为山川、寺庙、先茔、传略、侍从、封号；卷二，为志乘、艺文上下、感应、丛谈；附刻真经、笺谱。三是《清水岩志略》四卷，附刻一种，为清水祖师之相关资料卷一，为山川、寺宇、坟墓、古迹、传略、侍从；卷二为敕牒、封号；卷三，为志乘、艺文上；卷四为艺文下、感应、丛谈；附刻呪、笺谱。《湄洲屿志略》四卷、附刻二种，为太上圣母之相关资料，卷首，图；卷一，为山川、宫庙、传略、世系图、侍从、封号；卷二，为祀典；卷三，为志乘、奏疏；卷四，为艺文、感应、丛谈；附刻真经、笺谱。另附有仿宋《玉历》一卷。据牌记载，该书开雕于光绪十三年（1887年），竣工于光绪十五年（1889年）。又据《重刻仿宋本〈玉历〉序》所记推断，乃杨浚讲席紫阳书院期间辑纂的。其卷端由吕潋题字，卷首有杨浚自撰总序，记其成书。各种另有分序。

三、基督教

是耶稣基督还是孔子：厦门差会的故事 ［英］麦嘉湖·约翰撰　1889年出版

麦嘉湖·约翰（1835—1922年），北爱尔兰人，毕业于伦敦英国长老会神学院，伦敦传道会传教士，1860年来华，1863年转至厦门。在华传教凡50年。该书介绍厦门差会概况。

美国归正会厦门差会概况 ［美］苑礼文撰　1906年出版

苑礼文（1877—1958年），美国归正教会牧师，生于纽约的克莱默尔，毕业于密歇根州霍兰德的希望学院和新不伦瑞克神学研习班，1900年按立为牧师。1900—1921年派驻厦门从事传教计21年，曾任国际宣教协会秘书。

厦门差会缘起 ［美］苑礼文撰　未见，出版者不详

主津新集 （清）李春生撰　台湾日日新报社清光绪二十年（1894年）出版

李春生（1838—1924年），厦门人。早年家贫，信奉基督教，与传教士交往密切，练就流利的英语口语。初在厦门英商怡记洋行服务，清同治四年（1865年）东渡台湾，任英商杜特的宝顺洋行总办。清光绪十一年（1885年）台湾设省，助巡抚刘铭传改革，兴办蚕丝业、参与台北铁路修建，因功授同知。台湾割让日本后，曾任台湾总督府保良总局会办，台北县参事。清光绪二十二年（1896年）受桦山资纪总督之邀访问日本。归台后不再专注于时务，乃潜心于基督教义，为宣扬基督教而著书立说。此书乃李春生自清光绪元年（1875年）至清光绪十九年（1893）在报刊发表的文章汇集编成，于清光绪二十年（1894年）

由台湾日日新报社出版。其内容主要为时事政论，对于自强维新颇有一番详尽的检讨。该书有续篇，为《主津后集》，计34篇，亦由台湾日日新报社出版，今已佚。

民教冤狱解 （清）李春生撰　福州美华书局清光绪二十九年（1903年）出版

民教冤狱解续编 （清）李春生撰　福州美华书局清光绪二十九年（1903年）出版（已佚）

民教冤狱解续编补遗 （清）李春生撰　福州美华书局光绪三十二年（1906年）出版

以上三书均为阐释基督教理的著作。2004年台北南天社编辑出版《李春生著作集》，列入第三册。

天演论书后 （清）李春生撰　福州美华书局光绪三十三年（1907年）出版

此书乃李春生对十九世纪英国赫胥黎《天演论》的评著，为其反对进化论观点的主要代表作，有"合耶、儒之真，斥天演之谬"的独特思考与批判。该书采用按语评析的方法，其格式乃满格为赫胥黎语，降一格为严复译诠《天演论》考定所案勘语，降两格为李春生读《天演论》原本有感而诠录语。2004年台北南天社编辑出版《李春生著作集》，列入第四册。

耶稣教圣谶阐释备考 （清）李春生撰　台湾日日新报社光绪三十二年（1906年）出版（已佚）

此书为李春生宣扬宗教教义的著述。

宗教五德备考 （清）李春生撰　台湾日日新报社宣统二年（1910年）出版

此书为基督教教理阐释著作。2004年台北南天社编辑出版《李春生著作集》，列入第三册。

东西哲衡 （清）李春生撰　福州美华书局清光绪三十四年（1908年）出版，藏福建省馆、厦门市馆

哲衡续编 （清）李春生撰　福州美华书局宣统三年（1911年）出版，藏福建省馆、厦门市馆

此二书为立足于宗教神学之立场评论东西方学说思想的论著，以基督教"创世说"的观点对进化论提出批判，辩护基督教义。2004年台北南天社编辑出版《李春生著作集》，列入第一册。

圣经阐要讲义 （清）李春生撰　台湾日日新报社民国三年（1914年）出版

此书为基督教教理阐释著作。2004年台北南天社编辑出版《李春生著作集》，列入第三册。

孔子与基督教　贺仲禹撰　鼓浪屿启新印书局民国二十五年（1936年）出版，藏厦门市馆、厦大馆

贺仲禹（1890—1943年），字仙舫，号绣铁主人，福建惠安庵后人。幼年入教会学校，毕业于鼓浪屿澄碧书院，受聘于鼓浪屿英华书院，后任《东南日报》总编，兼任双十中学教师。

闽南伦敦会基督教史　周之德撰　基督教闽南大会民国二十三年（1934年）出版，藏厦门市馆

周之德（1856—1940年），福建惠安人，移居厦门。毕业于圣道学校，任厦门泰山堂牧师。作者以闽南教会当事人的身份，详述基督教伦敦公会在闽南地区各堂会分布与发展的全貌，清晰地勾画出基督教在闽南地区的传播情况，是研究近代闽南基督教传播史的重要论著。

闽南中华基督教会简史（1—7卷）　闽南中华基督教会编　闽南圣教书局民国二十五年（1936年）出版，藏厦门市馆

闽南基督教始于美国归正教会神雅理进入厦门的1842年，而后，英国伦敦公会、英国长老会牧师相继进入厦门并陆续向闽南地区传播。1920年，三个教会合而为一，成立闽南中华基督教会。该书为闽南中华基督教会之历史，计7卷。第一卷为"圣教源流"，记叙闽南基督教的初期建造、漳泉大会时代、总会时代及预备合一的历史；第二卷为"南方长老会史略"，记叙漳南溪部各堂会简史；第三卷为"北方长老会史略"，记叙泉永部各堂会简史；第四卷为"厦门区旧归正公会各堂会史略"，记叙竹树、同安、清溪等厦门堂会简史；第五卷为"归正长老会史略"，记叙漳溪部各堂会简史；第六卷为"龙岩区基督教会史略"，记叙北溪部教会发展历史；第七卷为"宣道会简史"，记叙闽南基督教会对外布道机构宣道会的简史。

基督教要道问答：进教须知　卢铸英撰　厦门鼓浪屿育源印刷铸字公司民国二十五年（1936年）出版，藏厦门市馆

卢铸英（1880—1966年），同安古庄（今属同安区大同街道）人。15岁考入鼓浪屿寻源书院，毕业后先后历任同安启悟小学、平和小溪育英小学等校教员，鼓浪屿养元小学校长。1910年，始仟寻源中学校长。1935年，当选为三一堂首任牧师，至1954年退休。鼓浪屿沦陷时虽遭日寇关押迫害，仍义无反顾地挺身捍卫神圣讲台。此书为其阐述基督教之基本要义。

闽南大会常委各区会会录（1938—1947年）　闽南中华基督教会编　编者1939—1948年刊行，藏厦门市馆

此书以年刊形式，刊载闽南中华基督教会总常委会和厦门、泉永、漳州、惠安、北溪、汀州、永德等区会的年度会议纪要，以及相关的资料，并附有各区会牧师传道通信处。

泰山主日学三年回顾　厦门泰山学校编　厦门圣教书社民国二十二年（1933年）出版，藏厦门市馆

此书为厦门泰山学校主日学办学三年之专辑，其内容包括《主日学的使命》《两部主日学课程之我见》《儿童主日学研究问题》等三篇论文和该校概况、当年大事记、收支报告等资料。

厦门基督教青年会25周年：1912—1936　厦门基督教青年会编　编者民国二十五年（1936年）刊行，藏厦门市馆

厦门市基督教青年会是以基督为信仰、联系广泛的社会服务团体，创立于1912年4月。此书为其创办25周年纪念特刊。

鼓浪屿三一堂会年刊　三一堂会执事部编　编者民国二十四年（1935年）刊行，藏厦门市馆

此书为鼓浪屿三一堂会1935年之年刊，刊载《本会之成立与经过》《常费片信录》《会友名录及通讯处》《建筑圣堂近况》《会闻》等资料。

第三章　社会科学文献

　　社会科学是研究人类社会的种种现象及其本质与发展规律的科学。厦门地方著述中的社会科学文献，基本上囊括政治学、社会学、法律学、军事学、经济学、教育学等学科。但在文献量上，今厚古薄，且随着时代发展而愈呈繁荣。

　　政治、社会类厦门著述，古代主要为奏疏、政录一类的文献，多是厦门籍仕宦官员的从政记录。近代政治、社会类文献的内容则广泛得多，文献量也占有较大比例，既有政治理论、制度的研究，也有具体事件的记录；既有社会问题的探讨，也有外交关系的研究，而更多是厦门地方性的政治概况与社会问题的记录。

　　法律类厦门著述，古代的唯有同安澳头人苏廷玉的《从政杂录》可归为此类，民国时期则有海澄新垵（今属海沧）人丘汉平教授著述最丰，其法学及相关著述达十四五部之多。因为其学术上的出色表现，被选为意大利皇家学院"罗马法"荣誉研究员、美国密苏里州斐托斐荣誉会员。

　　军事类厦门著述，在古代即体现出其明显的地域性特点。从明末闽南人的海上贸易开始，处于海疆边陲的厦门，就一直上演着以海洋为主题的历史大戏：郑成功割据金厦举义抗清和驱荷复台，施琅挥师征台一统版图，李长庚等水师将领的征剿海盗，以及鸦片战争时期的抗英斗争，一连串的历史风云，无不在厦门地方著述中呈现出来，产生了以海洋文化为主题的各种不同体裁文献，而其中军事类文献有论述海防要略和海战战法的文献，如《靖海论》《防海蠡测》等；有记叙海疆形势与航海线路的文献，如《海疆要略必究》等；有训练水师管驶之法的文献，如《舟师绳墨》《外海纪要》等，极为丰富。

　　经济类厦门著述，基本集中于近代时期，在数量上占极大的比例，而涉及的经济领域亦十分广泛，农业、工业、交通运输、邮电、贸易、财政、金融均有不少文献。原厦门大学校长、中国著名经济学家和教育家王亚南作为经济学领军人物尤其突出，一生著译文献达四十一部。

　　教育类厦门著述，古代偶见二三部当地书院的"课艺"（即课试之制艺），而专门论述的著述少见，故基本也是集中于近代时期。民国时期有厦门大学教育学教授雷通群、杜佐周、王秀南等人的诸多教育理论文献。

语言文字类厦门著述，是最具有地方特色的文献部类，因着厦门方言的特殊地位，在不同历史时期涌现出不同角度的研究文献，并出现了起着深远影响的巨著。今尚存世的有清末叶开温以厦门音为主，混合着漳泉腔的闽南方言韵书《八音定诀》；有鸦片战争之后外国传教士为了传教需要而编纂的厦门方言"拉丁化"著作，如杜嘉德的《厦门音汉英大辞典》、打马字的《厦门音的字典》等。与此同时，同安人卢戆章感于汉字不易习认，阻碍教育普及，萌生改革之意，专心研究切音字，发明汉字拼音法，所著《一目了然初阶》发中国文字改革之先声。卢戆章的门生乔仲敏踵武前贤，编纂汉字注音教授法——《新出活字快话机》。继卢戆章、乔仲敏之后，周辨明的《厦语入门》、陈延庭的《厦门语系研究》、罗常培的《厦门音系》等厦门方言研究的著述接踵而出，对厦门方言的研究活动起着深远的影响。

第一节　政治、社会、法律、军事

一、政　治

苏绅奏议　（宋）苏绅撰　存目载《同安县志·艺文》

苏绅，原名庆民，字仪甫，同安人。宋天禧三年（1019年）进士，历宜州、复州、安州推官，大理寺丞，太常博士，累迁洪州、扬州通判，开封府推官，礼部郎中，改龙图阁学士，知扬州，又以集贤馆修撰知河阳。苏绅博学多才，喜言事，屡屡上疏进言，亦常因此触犯他人，故毛晋跋《魏公题跋》中称"丹扬苏绅在两禁时人病其险谲，其子颂字子容，器局与父迥异"。

华夷鲁卫信录（二百二十九卷）　（宋）苏颂撰　总序载《苏魏公文集》

苏颂（1020—1101年），字子容，同安在坊里人。北宋庆历二年（1042年）进士，历任知县、知府、馆阁校勘、知制诰、刑部尚书、吏部尚书兼侍读等职，元祐七年（1092年）拜尚书右仆射兼中书侍郎。为官五十五载，兴利除弊，处事精审，卒后谥"正简"，赐司空魏国公。该书乃元丰四年（1081年）八月，宋神宗诏苏颂置局编撰，是记录宋辽关系史的重要史料文献，记契丹通好以来，有关盟誓、聘使、岁币、仪式，乃至地界、边防诸事，于元丰六年（1083年）成书。全书二百二十九卷，事目五卷，分类编次，以"叙事"开头，"蕃夷杂录"为终，后附"经制方略""论议奏疏"。

汉唐名臣奏议（五十卷）　（宋）石亘撰　存目载《同安县志·艺文》

石亘，字彦明，同安人。宋嘉祐八年（1063年）进士，累迁司农寺干公事。此书乃汇辑汉唐名臣之奏议。石亘尝著有文集十卷，亦佚，《续文献通考》著有存目。

莆阳拙政录 （宋）吕大奎撰　存目载《同安县志·艺文》

吕大奎，里居、阅历见第二章第一节"二、儒学"之《春秋或问二十卷》。宋末，吕大奎任实录检讨官和崇政殿说书，以操南音不能喧北韵，出知兴化军（今莆田）。任内捐俸代贫困家庭纳赋，深得民心。此书乃其任职兴化时的行政记录。德祐元年（1275年），吕大奎转调漳州军，未行而元兵至。沿海都制置蒲寿庚举城降，吕大奎抗节遇害，其泥封书室之著述尽被毁。

荒政丛言（一卷） （明）林希元撰　收入《墨海金壶·荒政丛书》《守山阁丛书·荒政丛书》《瓶华书屋丛书》，《中国荒政全书》北京古籍出版社2004年版

林希元，里居、阅历见第二章第一节"二、儒学"之《易经存疑》。明嘉靖八年（1529年）二月，河南、襄阳大饥，世宗诏令地方有司赈济。时任泗州判官的林希元上《荒政丛言》疏万余言，备载救荒大政要旨，指陈救荒有二难，得人难，审户难；有三便，极贫便赈米，次贫便赈钱，稍贫便转贷；有六急，垂死急羹粥，疾病急医药，病起急汤米，既死急募瘗，遗弃孩稚急收养，轻重系囚急宽恤；有三权，借官钱以籴粜，兴工作以助赈，借牛种以通变；有六禁，禁侵渔，禁攘盗，禁遏籴，禁抑价，禁宰牛，禁度僧；有三戒，戒迟缓，戒拘文，戒遣使。此书乃明朝荒政之重要著作。

海眼存集 （明）黄伟撰　存目载《同安县志·艺文》

黄伟（1488—1538年），字孟伟，号逸叟，别号逸所，同安翔风里汶水头（今属金门县）人。明正德九年（1514年）进士，授南刑部广西司主事，历南雄知州、松江知府。此书乃黄伟之曾孙黄梦魁收集黄伟之奏疏遗文编辑而成，成书于明崇祯十年（1637年），时距黄伟过世已百年。蔡献臣为之作序，题作《黄逸所公海眼存集序》，序称："（奏疏）其详则请罢生员纳银入监；请罢各处镇守太监；请饬巡按及按察司禁止送迎，而相见礼一依宪纲；又禁止南京守备不得受理户婚、田土、斗殴、人命、词讼、鲜船，内官不得需索见面帮钱银两，又鲜物非供祀织造，得已者量行停止。至其论正嘉大礼，则以永嘉张罗峰之说为希宠嗜进、妄诞不经；而申明旧制，则改正京畿御史不得仰部司抄捧按验也。此皆切中治机、人所难言者，一郎官侃侃无讳。"黄伟诗文作品未见，唯洪受之《沧海纪遗》书中录有其所作诗一首，题作《黄逸叟题太武岩》，为其仅存之作。

治璧瑟言 （明）张日益撰　存目载《金门志·艺文志》

张日益，号斗南，同安阳田保青屿（今属金门县）人。明万历十年（1582年）举人，官灵璧知县，体恤百姓，兴利除弊。时河工兴作，民苦徭役，张日益申文上司，改以帑金招募。上司催急，张日益具灵璧饥穷状，请宽之。以赋不及格，调离灵璧，百姓泣送，为立去思碑。该书为其治理灵璧之作。蔡复一《遯庵全集》载有序，序称："公所以得左，具在《瑟言》中，虑无不为瘠民谋者，于抚流移、宽逋赋，语极痛切；而河工拮据，役不知厉，尤自苦心，与元结《舂陵行》《示

官吏》二诗何异？余感激，不能无言。甫诗引曰：不必寄元。而余即序公《瑟言》：公不愧结，余愧甫矣。灵璧民虽以损课不获最公，然公左而群走讼之，去则碑公政以永其思。"

明伦宝鉴 （明）蔡守愚辑　存目载《同安县志·艺文》

蔡守愚（1552—1621年），字体言，号发吾，同安平林（今属金门县）人。明万历十四年（1586年）进士，授南仪制司主事。后历四川副使、参政、按察使等，官至云南布政使。任职四川最久，恩威并施，土人震服。据《金门志·人物列传（二）》之蔡守愚小传称："丁内艰，归葬，采前言往事，汇为《明伦宝鉴》一书。手抄郦善长《水经注》成帙，加辨证"。此书为蔡守愚辑选他人手笔而成书。其官蜀时，曾刻《明伦宝鉴》等书以嘉惠蜀士。

南台奏疏 （明）黄华秀撰　序载《何氏万历集》

黄华秀，字居约，同安翔凤里西黄（今属金门县）人。明万历十六、十七年（1588年、1589年）联捷进士，授韶州推官，因功升南京浙江道御史，卒于任上。此书未见，方志艺文亦无著录，唯何乔远之序载于《何氏万历集·卷十七》，序称："而居约当前弗却，开口无所忌讳，乃其敷奏明达，词旨优裕，上亦不得而罪也。主上既久，竟从言者言，可以见居约挽回之先几，其一畴未从者，居约所言亦足备当世之存论。居约诚不旷其官、溺其职者矣！"此书曾由其兄南京国子监助教黄华瑞刊刻行世。

勘楚纪事（一卷） （明）蔡献臣撰　存目载《明史》

蔡献臣，里居、阅历见第二章第一节"二、儒学"之《四书合单讲义》。此书为蔡献臣任湖广按察使时，记官楚之事。

仕学潜学讲义　笔记（二卷） （明）蔡献臣撰　存目载《同安县志·艺文》

楚愬录（十卷）　**楚愬摘录**（一卷） （明）蔡复一撰　存目载《金门志·艺文志》

蔡复一，里居、阅历见第二章第一节"二、儒学"之《毛诗评》。其为官多处，而在楚最久。万历年间，任湖广参政，分守荆、岳，后进按察使，督饷湖北；天启二年（1622年），以右副都御史抚治郧阳。此书乃蔡复一官楚时奏记条教等作。《金门志·艺文志》称："其自序谓'尚有弥变，筹边二录'，今已未由见。其《摘录》一卷，乃其再起后摘其言楚而可通非楚者。"

督黔疏草（八卷） （明）蔡复一撰　存目载《金门志·艺文志》

明天启初年，四川奢崇明与贵州安邦彦反，蔡复一以都察院右佥都御史总督贵州、云南、湖广三省军务兼贵州巡抚。此书乃蔡复一经略云贵、治兵苗疆所作奏章的草稿。漳州王志道序称："鬼方箐密，画若井里；苗酋情状，照若燃犀。进止缓急环若气候，精若敬舆而谢其俳，千里面设若房魏公而赢其断。"

柱下奏疏（二卷）　**宣云奏疏**（十二卷）　**宣云书钞**（一卷）　**矜疑录**（一卷）

敬繇录（一卷） 檄文（二卷） 边防十策 （明）叶成章撰　存目载《同安县志·艺文》

叶成章（1573—1641年），字国文，号段初，又号慕同，同安感化里路下（今属同安区汀溪镇）人。明万历四十七年（1619年）进士，授长洲（今苏州）知县。崇祯元年（1628年）擢御史，翌年巡按宣大兼理学政，继而巡按江西。崇祯四年升大都院，越岁巡按江南，官至大理寺左宰署正卿事。此七部著述乃其仕宦时所撰的奏疏、檄文等文书类作品。其中，《柱下奏疏》为其任御史时之奏疏，《宣云奏疏》《边防十策》《宣云书钞》为其巡按宣大时之奏疏和资料辑录，《矜疑录》或为其任职大理寺之断案记录。

周忠愍奏疏（二卷） （明）周起元撰　《四库全书》本

周起元（1571—1626年），字仲先，号绵贞，福建海澄三都后井（今属厦门海沧区海沧街道）人。明万历二十九年（1601年）进士，授浮梁知县，历湖广道御史、广西参政、太仆少卿，官至右佥都御史，巡抚江南。因屡屡上疏弹劾贪官酷吏，触犯魏忠贤而被害。崇祯初，追赠兵部侍郎，谥"忠愍"。此书为四库馆臣自周起元后裔所搜辑的五卷本中选卷二、卷三及遗诗辑成。据《四库全书》本之"提要"称："是集凡《西台奏疏》十一首，为一卷，乃擢湖广道御史巡漕时所上。曰《抚吴奏疏》十九首，为一卷，乃巡抚江南时所上。原本第一卷所载皆起元之传。第四卷为《兰言录》，皆系题赠诗文。第五卷为《崇祀录》，皆呈词碑记，后又录诸人赠祭诗文及起元遗诗七首。盖出其后裔搜辑开雕，故随得随增，无复次第。"又评曰："起元诸疏，尚多有关国计民生，非虚矜气节者比。其人其言，足垂不朽。"

周忠惠公集（五卷） 海澄周忠惠公自叙年谱（一卷） （明）周起元撰　清同治十一年（1872年）海澄周宪章、周用章刻本，藏泉州市馆

周忠惠公，即周起元，南明福王时追谥其"忠惠"。此书当为周起元后裔所搜辑的五卷本重刻。其卷一为周起元传记，卷二为其任湖广道御史时所上的奏疏，卷三为巡抚江南时所上的奏疏，卷四为名贤题赠诗文，卷五为建祠呈文、碑记、赠祭诗文及起元遗诗。又有自叙年谱一卷。

救荒备览 （清）林郡升撰　存目载《同安县志·艺文》

林郡升（1688—1755年），字圣跻，号敬亭，马巷厅井头（今属翔安区马巷镇）人。出身行伍，初为偏裨，由黄岩游击擢定海总兵，继任碣石、台湾总兵。乾隆七年（1742年）任广东提督、福建水师提督。乾隆十七年（1752年）任江南提督。雍正十年（1732年）任定海总兵时，适逢大饥，军民乏食，林郡升设法救荒。乾隆四年（1739年），调碣石，旋调金门，复值岁荒，筹划接济，救活军民。屡有救荒之经历，故著述以备考。

公余杂录　笔录 （清）孙云鸿撰　存目载民国《厦门市志·艺文志》

孙云鸿（1796—1862年），字逵侯，一字仪国，厦门人，先祖由龙溪迁厦门。以祖荫袭骑都尉，道光十六年（1836年）署金门左营游击，擢参将，后历任护理海参坛总兵官、澎湖水师副将、苏松镇总兵官等职。喜读书，世称儒将。另著有《嘉禾海道说》《台澎海道说》《潮信说》三篇有关闽台海洋地理的文章。

在官感惩汇钞 （清）孙长龄撰　存目载民国《厦门市志·艺文志》

孙长龄，厦门人，孙云鸿之子。以优贡通判高州，决狱如神，敷政严制，当道器重之。

承恩堂奏稿 （清）李廷钰撰　存目载《同安县志·艺文》

李廷钰（1791—1861年），字润堂，号鹤樵，室名"秋柯草堂"，同安人。承袭养父李长庚封爵，清嘉庆十八年（1813年）补二等侍卫，后授南昌城守副将，历九江、南赣、潮州等镇总兵，道光二十二年（1842年）任浙江提督。咸丰三年（1853年）会办泉属团练，旋进兵厦门剿黄潮，督办厦门军务，授福建水师提督。此书为其奏疏汇编。

舌击编（五卷） （清）沈储撰　清咸丰九年（1859年）厦门刻本五册，藏福建省馆、中科院馆、国家馆；光绪四年（1878年）厦门文德堂刻本，藏厦门市馆（仅存三卷）；旧抄本五册，藏福师大馆。收入《四库未收书辑刊》，为第二辑第二十一册

沈储，字粟山，浙江会稽人。清咸丰三年（1853年），就馆龙溪。其时，闽南小刀会起事于海澄，攻陷漳州、漳浦、厦门、同安等沿海府县。沈储避难温陵（即泉州），被泉州知府马寿祺招作幕僚，在防剿分局，参与剿办闽南小刀会、林俊起义军事宜。经历首尾三年。清咸丰七年（1857年），林俊起义军重新活跃，沈储又受邀为司徒伯芬襄治军书，代拟禀牍；出谋划策，参与机要。事定后，任职兴泉永道署，于闲暇中录摘当时之文移、禀牍和代拟稿，汇编成书。共分五卷：卷一收录咸丰三年六月至十一月间，泉州分局剿办闽南小刀会的来往文移21篇。卷二、三、四收录咸丰三年十一月至咸丰五年（1855年）六月，泉州府剿办林俊、红钱会起义的来往文移64篇。卷五收录咸丰七年间替司徒观察所拟禀牍，以及代晋江某令、李勋伯、陈庆镛等拟作的禀帖、书信38篇。各卷端标有"会稽粟山沈储稿""侄槮子牧、桢子贞；男宝榆、春树校订"字样。该书以案牍文书的形式，详细地记载了清咸丰年间，泉州府为剿灭闽南小刀会起义和林俊起义这两次农民起义所实行的策略和部署，其中包括如何调兵、筹饷、劝办团练及重金悬赏起义军首领等，亦间接地记录了这两次起义义军的起伏过程，对林俊、邱二娘事件记载尤详，是研究闽南小刀会和林俊起义的难得史料，也是研究中国近代民间秘密结社的珍贵史料。沈储自序称："昔晋时江夏太守杨珉集寮佐议御贼之策，功曹朱察独无言。珉曰：'朱君何敢默然？'察曰：'诸君击贼以舌，察唯以力耳。'今四郊多垒，古所谓将帅之臣有力如虎者，不可得见。而余

手无尺寸之柄,亦欲以舌击贼,可哂也夫。"故此书题为《舌击编》。

张文襄幕府记闻 (清)辜鸿铭撰(署名"汉滨读易者") 清宣统二年(1910年)铅印本

辜鸿铭(1857—1928年),原名汤生,字鸿铭,号立诚,同安人,生于槟榔屿。十岁随养父母往苏格兰读书,光绪三年(1877年)获爱丁堡大学文学硕士学位。光绪六年(1880年)任英国海峡殖民政府辅政司职。受朋友马建忠之影响,辞职回槟榔屿,剃发蓄辫,补习中文,潜心攻研四书五经。光绪十一年(1885年)回国,任两广总督张之洞幕僚达20年,后张之洞荐任黄浦江浚治局督办,调外务部员外郎。宣统元年(1909年),出任南洋公学校长。辛亥革命爆发后,声称效忠清朝,辞去校长职务,后任教于北京大学。该书用笔记体裁写成,叙述入幕张府的所见所闻,于晚清掌故礼俗,多有生动记述。

山钟集 (清)曾铸撰 苏绍柄编 清光绪三十一年(1905年)铅印本三册,藏南京馆

曾铸(1849—1908年),字少卿,同安城内北镇宫人。随父经商,两任上海商务总会总理。光绪三十一年(1905年)5月,为反对美国之排华风潮,领衔上海商会通电全国各省协力抵制,并提出"伸国权""保商利"口号及抵制美货之五项具体措施。该书由苏绍柄编纂,以曾铸在抵制美货运动中的稿件为主,并搜集各方有关函电汇编而成。内容有苛禁缘起、开会抵制、上海和各地来往函电、上海商界和美国领事的谈判经过、正告沪埠美商、实行不用美货等,为1905年反美爱国运动之历史资料。其名山钟者,取"国民合群,响应神速,犹如山钟"之意。

厦门海后滩交涉档案摘要 黄鸿翔编 编者民国元年(1912年)刊行,藏厦门市馆

黄鸿翔(1881—1944年),字幼垣、景度,台湾嘉义人,居厦门。毕业于日本东京法政大学,1921年应聘为厦大教授兼董事会董事。参与厦门各界反对英国霸占"海后滩"的斗争。该书乃其搜集有关历史文件编纂而成,作为晋京请愿代表的交涉档案资料,为收回"海后滩"提供交涉的法律根据。

社会科学论纲 王亚南撰 东南出版社民国三十四年(1945年)出版;福州经济科学出版社1946年出版更名为《社会科学新论》,藏厦门市馆、厦大馆、福建省馆

王亚南(1901—1969年),原名际生,号渔村,湖北黄冈人。1927年武汉中华大学毕业,任厦大法学院院长兼经济系主任,1950年后任厦门大学校长。该书内容包括社会科学的认识论、文化论、战争论与建设论。

中国官僚政治研究 王亚南撰 时代文化出版社民国三十七年(1948年)出版,藏厦门市馆、厦大馆、福建省馆、国家馆

该书以辩证唯物主义态度研究旧中国官僚政治，以历史和经济分析为基础，对官僚政治发展最成熟的形态本身的基本矛盾——官僚对立关系做了剖析。全书共分十七章，内容包括：论所谓官僚政治、官僚政治在世界各国、官僚政治与儒家思想、官僚贵族化与门阀、传统的旧官僚政治之覆败、中国官僚政治的前途等。

现代外交与国际关系　王亚南撰　上海中华书局民国二十二年（1933年）出版，藏厦门市馆、上海馆

该书阐述外交的意义、功能及近代外交的演进，一战前、后的国际关系，英、法、俄、德间的外交活动，巴黎和约，军备竞争与裁军会议，太平洋上的角逐，以及中国东北问题等。

收回厦门英租界换文：中华民国十九年九月十七日在南京互换　中华民国国民政府外交部编　编者民国十九年（1930年）刊行，藏上海馆

民国成立之后，中国政府为收回租界而与租借国展开谈判，并于1917年开始陆续收回各地租界。1930年9月17日，中国收回厦门英租界外交部长王正廷与英驻华公使蓝普森在南京互致《收回厦门英租界换文》，双方议定中国对于外侨在厦门英租界内土地产权之契据应易以中国永租地契。此书系收回租界协议之文本，收中英本互执照会4件。

希庄学术论丛（第一辑）　林履信撰　厦门广福公司出版部民国二十一年（1932年）出版，藏厦门市馆、厦大馆、上海馆

林履信（1899—1954年），字希庄，台湾板桥人，出生于厦门，林尔嘉五子。1923年毕业于日本东京帝国大学，赴台创办嘉禾拓殖株式会社。1929年返厦，编辑其父《菽庄丛刊八种》。光复后回台。此书收其《释学术》《一元论》《憎新主义与爱新主义》《社会制度硬化之原因》《中华民族之敬天思想》《巫与史之社会学的研究》《笔史》等7篇学术论文。

希庄学术论丛（第二辑）　林履信撰　厦门广福公司出版部民国二十五年（1936年）出版，藏厦门市馆、厦大馆、上海馆

此书收入作者《学术研究之态度》《社会问题与社会学》《生物进化之理法》《中华种族之起源》《中华革命之社会学的研究·绪论》《新社会建设刍议》等6篇学术论文。文前有作者自撰《希庄学术论丛》第一辑之绪言和第二辑之引言，阐述《论丛》出版之缘起。

延香建言录　陈延香编　福建印刷厂民国十三年（1924年）出版，藏厦门市馆、厦大馆、福建省馆

陈延香（1887—1960年），同安阳翟人。辛亥革命时期参与领导光复同安。1912年创办同安阳翟学校，任校长，后历任"同安县劝学所"所长、集美学校总务主任兼女子小学校长等。1913年，被推选为福建省议会议员。此书为其任

省议员时所提议案、质询书及往来文牍编成，是研究辛亥革命后十数年间同安乃至福建省历史的珍贵史料。

东北观感集　陈嘉庚撰　新加坡南洋华侨筹赈总会1950年刊行，藏集美馆、厦大馆、国家馆

陈嘉庚（1874—1961年），又名甲庚，字科次，同安集美人。爱国侨领，著名教育家、实业家。1913年兴办集美学校，1921年又创办厦门大学。历任中央人民政府委员、全国人大常委会委员、全国政协副主席、全国侨联主席等职。此书为1949年6月陈嘉庚去东北观光的见闻录。

我国行的问题　陈嘉庚撰　香港嘉庚风出版社民国三十五年（1946年）出版，藏集美馆、厦大馆、国家馆

此书乃陈嘉庚先生从"轮船""航线""火车""电车"等43个专题，对和平之后中国交通工业建设方面的大胆构想。文前有自撰小引，为其避难爪哇时所著。

中国婢女救拔团组织大纲　许春草撰　民国十九年（1930年）出版，出版者不详，藏厦大馆

许春草（1874—1960年），祖籍泉州安溪，居厦门。出身寒微，十二岁当泥水工人。1907年，经由孙中山的好友黄乃裳和林文庆介绍，正式加入同盟会，成为厦门同盟会最早会员之一，并在实际上主持同盟会在闽南一带的会务。1918年在厦门成立建筑公会任会长。辛亥革命爆发，亲率队伍光复厦门。中国婢女救拔团是辛亥先驱许春草于1929年在鼓浪屿倡议成立的，其宗旨是解放婢女，包括不得任意打骂虐待婢女，令其享受读书、自由择偶等平等地位；设立婢女收容院，帮助乃至武力抢救受虐婢女避难，并提供学习文化与技能的机会。救拔团自成立至解散前后虽不到十年，但解救婢女不下300人。此项创举，于根除旧社会蓄婢陋俗产生积极的推动作用。

中国婢女救拔团第六周年纪念报告　厦门中国婢女救拔团编　编者民国二十五年（1936年）刊行，藏厦门市馆；缩微品藏国家馆

此书为1935年度救拔团工作报告书，包括一年来工作概况、婢女投奔收容院数量统计、收容院的最近生活概况、五年来收支总账、各方捐赠报告及许春草《向养婢的恶魔宣战》演讲稿等6部分。

福建省抗战损失调查团厦门等七市县抗战损失调查报告　福建省抗战损失调查团编　福建省政府民国三十四年（1945年）刊行，藏福建省馆、厦大馆；缩微品藏国家馆

此书为福建省政府在抗战胜利后组织调查团对厦门等七市县在抗战期间包括人口、财产等各方面损失的调查报告。该报告现收入国家图书馆出版社2014年出版的《抗日战争史料丛编》之第一辑第92册。

厦门大学演讲集（第一集） 厦门大学编译委员会编 厦门大学贩卖部民国二十年（1931年）刊行，藏厦门市馆、福建省馆、厦大馆、上海馆；缩微品藏国家馆

此书收入厦门大学教授于1927—1931年间的部分课外演讲，包括林文庆的《今日孔教是否有保存之价值》、陈秋卿的《止于至善》、张颐的《原自由》等共27篇。

厦门大学演讲集（第二集） 厦门大学编译委员会编 厦门大学贩卖部民国二十年（1931年）刊行，藏厦门市馆

此书为续篇，收入厦门大学教授于1929—1931年间的部分课外演讲，包括张镜予的《中国农民运动的经济背景》、林文庆的《陈嘉庚先生提倡教育之目的》、杜佐周的《知与行》等共37篇。

思明市政府筹备处汇刊 思明市政府筹备处编 编者民国二十二年（1933年）刊行（未见）

厦门于民国元年（1912年）4月设置思明县，辖区包括厦门岛和大小金门岛。民国四年（1915年），分出大小金门岛，正式成立金门县。民国二十二年（1933年）2月，福建省政府批准厦门市区由思明县析出，设立思明市政府筹备处，进行设市的准备工作。此书系筹备处之工作纪要。

鼓浪屿工部局报告书 厦门鼓浪屿工部局编 编者刊行，藏厦门市馆

此书为民国二十一年至二十九年（1932—1940年）鼓浪屿工部局的年度报告书。

厦门市临时参议会大会汇编 厦门市临时参议会大会编 编者民国三十五年（1946年）刊行，藏厦门市馆

此书收入厦门市临时参议会第一、二次大会记录，有重要文电、决议案及询问案，后附厦门市临时参议员略历、厦门市临时参议会秘书处职员表。

政治协商会议 郭荫棠撰 厦门星光日报社民国三十五年（1946年）出版

郭荫棠（1905—2005年），笔名郭公、布谷，福建诏安人。1925年赴南洋，任《仰光日报》编辑。1931年回国，在厦门从事新闻工作。此书介绍政治协商会议的意义、组织、提案、讨论经过及决议等。

台湾考察报告 李时霖撰 新民智印务公司民国二十六年（1937年）出版，藏厦门市馆、厦大馆

李时霖（1893—1980年），字海霞，祖籍浙江嘉善，生于江苏松江（现属上海市）。1921年考入外交部当录事，后派任驻外使馆随员、秘书等。1934年回国，1936年3月任厦门市市长。1938年派驻香港，共和国成立后回北京。此书为其任职期间参加由福建省政府职员联合社会团体组织的考察台湾实业团的考察报告书，收考察团组织大纲、考察团团员录、考察日记、考察报告等，附有台湾现行法令摘要、中日纪年对照表。

二、社　会

正俗编　（明）李春开撰　序载《镜山全集》《清白堂稿》

李春开，字晦美，号青岱，江西广昌人。明万历二十五年（1597年）举人，万历三十七年（1609年）任同安县知县，重修文公书院，清疏双溪河道，修筑旧有城墙，力请减免税赋，同安乡绅勒石纪念。此书未见，何乔远之序载《镜山全集·卷三十八》，蔡献臣之序载《清白堂稿·卷四》。何序称："其所以论同之俗，极闾巷之情而尽风谣之变，慨然思所以挽之者，力禁而详言。"可知此书议论同安之风俗，旨在纠流俗之弊，矫陋习之谬，以正风而成治。蔡序则赞其曰："邑侯非第言教而已，盖实身有之，却交际、省宴会，示之以俭；禁图赖、严匿名，示之以法；惩投献、听和息，示之以睦；抑奔竞、表节烈，示之以礼。是编一行，吾见同民之饮醇复朴者，非复今之民，而紫阳之遗民也。"

知德录（八卷）　庸言随笔（两卷）　（清）萧觉钟撰　存目载民国《厦门市志·孝友传》

萧觉钟，字晓山，祖籍海澄，世居厦门。笃好理学，邑庠生。以教书为生，颜所居曰："存惕"。课徒之暇，伏案录前贤嘉言懿行，积成巨册。光绪十一年（1885年）铨叙训导。民国四年（1915年），福建巡按使许世英赠以"履信存诚"额。另著有诗文集各一卷。

劝葬录　（清）黄瑞征、黄弼卿辑撰　存目载民国《厦门市志·艺文志》

此书乃抨击殡葬恶习之论著。《厦门市志》载吕世宜之序，序曰："吾友黄君弼卿与兄瑞征，闵世之惑，思有以解之，辑《劝葬录》一篇。其论切，其征引确，其所以破之之说至详且尽，能发人之不忍，使孝弟之心油然而生，汗出而不自己，有心世道者之所为也。夫世之溺于术家方伎，谓尺土可以获富贵、长子孙也，犹梦者之遇幻相而不知转也。无以觉之，则神魂迷荡，欣羡欢恋，疑惧恐愕，靡所不届，醒则哑然失矣。今黄君此书可谓大声疾呼，以觉之者。而惑者犹懵然不悟，冥罔顾，甘乍罗于不仁、不孝之辜，岂理也哉？"

文化人类学　林惠祥撰　商务印书馆民国二十三年（1934年）出版，藏厦门市馆、厦大馆、福建省馆

林惠祥，里居、阅历见第二章第一节"四、哲学相关学科"之《神话论》。此书系统介绍文化人类学的定义、对象、分科、目的及其与其他学科的关系。叙述了文化人类学的产生、发展及其学派。

为菽庄石桥被毁及私权横受侵害事谨告同胞书　林尔嘉撰　编者民国十八年（1929年）刊行，藏厦门市馆

林尔嘉（1874—1951年），字菽庄、叔臧，别名眉寿，晚年号百忍老人，台

湾板桥林家迁台的第五代。光绪二十一年（1895年），清政府割台，随其父返回大陆，定居厦门鼓浪屿。历任厦门保商局总办兼厦门商务总会总理、厦门市政会长、国民政府参议院候补议员，并连任鼓浪屿工部局董事会华人董事14年。该书详述自1929年至1941年，林尔嘉与洋人税务司因地产契约纠纷而诉讼抗争长达十余年之久的官司。文中对民间契约的法律效力等作了详细解读。

厦门妇女会周季纪念刊 厦门妇女会办事处编 编者民国二十九年（1940年）刊行

厦门妇女会成立于1939年10月10日，为日伪时期的厦门妇女组织。此书为厦门妇女会成立周年纪念刊，收题词13幅、插图3幅、论文12篇、特载2篇、报告5篇。

厦门泰山拒赌会年刊 厦门泰山拒赌会编 编者民国十三年（1924年）刊行

泰山拒赌会由谢子耕、黄笃奕等人创建于民国十二年（1923年），旨在抵制赌博之风。此书回顾一年之工作，探讨将来之发展，收入拒赌会之社论、宣言、章程、职员责任表、会议议案、评论、各项会务与活动概况、财务报告、会员录等资料。书前有贺仲禹、仲馥、陈沙仑、徐炳勋、林修吾、鄢铁香等人为之序，以及诸多的贺词。

中兴轮船惨案纪念刊 陈山明等编 中兴轮船惨案善后委员会民国三十七年（1948年）刊行，藏厦门市馆

此书记载1948年2月28日由晋江安海开往厦门第五码头的"中兴轮"，遭受海盗抢劫发生惨案之经过，并辑入有关"中兴轮"的建造、登记注册状况、案发后善委会工作、劫匪缉办、社会舆论等各种资料。

华侨问题 丘汉平撰 上海商务印书馆民国二十五年（1936年）出版；民国二十八年（1939年）再版，藏厦门市馆、福建省馆、国家馆、上海馆

丘汉平（1904—1990年），字知行，福建海澄新埯（今属厦门）人。生于缅甸仰光。乔治·华盛顿大学法学博士，历任暨南大学系主任，福建省政府委员兼省银行总经理、财政厅长、驿运处长、台湾东吴补习学校校长、铭传商专董事长等职。此书评述华侨的国籍和政治、经济、文化教育、社会等方面的问题，中国侨民的条约权利问题，列举华侨待遇的苛例，介绍华侨团体生活等。

战后华侨问题 丘汉平撰 福建省银行经济研究室民国三十四年（1945年）刊行，藏福建省馆、厦大馆

此书评述二战后关于侨民管理及保护、华侨经济的复员、华侨教育改革以及华侨国籍等问题。

厦门侨务局周年纪念刊 厦门侨务局编 编者民国二十五年（1936年）刊行，藏厦门市馆、厦大馆

厦门侨务局成立于民国二十三年（1934年）12月，为国民政府行政院侨务委员会的派出机构。其职责是保护华侨，主办有关华侨事务。其管辖范围包括闽南、闽西、闽中等37个县市。该书为其成立周年的工作回顾，内容涉及华侨教育、实业投资指导以及归侨的安全保障、失业救济、纠纷调处等工作。

蔡继琨先生在菲言论集 蔡继琨撰 南洋侨胞慰问团民国二十八年（1939年）刊行，藏厦门市馆

蔡继琨（1908—2004年），祖籍台湾彰化，出生于福建泉州，毕业于厦门集美学校高级师范，后赴日本东京帝国音乐学院留学。抗战时期，回国投身抗日救亡运动。鹭岛沦陷后，组织战地歌咏团，遍巡福建沿海县区，以音乐之独特力量宣传抗战。1939年，奉省政府令率福建省南洋侨胞慰问团赴菲律宾慰问。该书为其在菲各埠集会的演讲集，主要阐述中国抗战情势、福建防务措施，以及经济、建设、护侨、救济诸要政，以宣慰侨胞、沟通侨情。

新加坡厦门公会筹赈闽省水灾及留厦难民义演特刊 新加坡厦门公会编编者民国三十七年（1948年）刊行，藏厦门市馆

民国三十七年（1948年）6月18日，福建闽江流域发生特大洪水，四十余县市遭灾，损失惨重。新加坡厦门公会弘施匡济，救灾恤难，组织义演以筹赈。该书刊载灾情状况、筹赈缘起、义演节目等资料，书前有厦门市议长陈烈甫、前市长李时霖之感言。

三、法　律

台阁文宪选粹 （明）蒋孟育撰 存目载《同安县志·艺文》

蒋孟育（1558—1619年），字道力，号恬庵，同安澳头人，后迁居金门。明万历十六、十七年（1588年、1589年）联第进士，授翰林院庶吉士，历国子监祭酒、南吏部侍郎。卒，赠尚书衔，谥"文介"。此书当为蒋孟育任职中央时所辑之礼法制度选编。

从政杂录（不分卷） （清）苏廷玉撰 道光二十五年（1845年）刻本，藏泉州市馆、厦大馆；咸丰三年（1853年）亦佳书室刻本，藏厦门市馆、厦大馆、中科院馆

苏廷玉（1783—1852年），字韫玉，号鳌石，马巷厅澳头（今属厦门翔安新店镇）人。清嘉庆十九年（1814年）进士，授刑部主事。旋外放，历松江、苏州知府，山东、四川按察使，代理四川总督。道光二十年（1840年），迁大理寺少卿，旋休官返乡。此书记录苏廷玉从政二十余年经手之司案，计十九件，由其子孙编辑校刊。卷首有其自序，卷末有汪承祜作跋，跋云："谨受而卒读其言，质而不文其事，信而可法，而其间可惊、可喜、可感、可泣者，率皆得之躬亲

阅历，故道其已经，亲切有味。"又云："有父母斯民之责者，奉是编以为则，即事而效仿之，将见治风日古，覆盆无冤，而其子孙有不昌大者哉？"

先秦法律思想　丘汉平撰　上海光华书局民国二十年（1931年）出版，藏厦大馆、上海馆

丘汉平，里居、阅历见本章第一节"二、社会"之《华侨问题》。此书分为四章，第一章为本问题之性质，第二至第四章分章探讨慎到、商君、韩非三人的法律思想。正文前有作者自序。

法学通论　丘汉平撰　上海商务印书馆民国二十二年（1933年）出版，藏国家馆、厦大馆

此书概论法律的现象、观念、渊源、效力、解释、执行、制裁、权利义务及法的分类和各部门法的内容。

违警罚法　丘汉平撰　上海商务印书馆民国二十四年（1935年）出版，藏厦门市馆、国家馆；福建省保警训练所民国三十二年（1943年）刊行，藏福建省馆

此书以1928年7月21日修正公布、同年9月1日施行的《违警罚法》为根据，论述违警罚法的基本理论和内容，包括违警行为的责任、罚则，处罚的加重及减免，违警的传讯和时效，以及各种违警行为和罚则等，共17章。

中国票据法论　丘汉平撰　上海世界法政学社民国二十二年（1933年）刊行，藏厦门市馆、厦大馆、上海馆

此书共31章。前4章为绪论，概述票据的性质、效用、起源及立法；第5至17章为总论，论述票据的种类、当事人，票据行为的责任，票据的得丧及收效等；余各章为各论，分别对汇票、本票、支票的性质，发票人的责任，承兑等加以说明。后附1929年10月30日公布的票据法及该法施行法。

罗马法（上下册）　丘汉平撰　上海法学编译社民国二十二年（1933年）出版，藏厦门市馆、国家馆、上海馆

此书论述罗马法之研究理由，罗马法之分期、近代化之演进，以及本论的人法、物法、诉讼法等内容。

新生活须知　丘汉平撰　上海文华美术图书公司民国二十三年（1934年）出版，藏厦门市馆、上海馆

历代律例全书　丘汉平编　上海民权律师团民国二十三年（1934年）刊行，藏厦大馆、国家馆

此书辑汉魏六朝唐宋元明清历代律例于一书，详加校勘，并附有部分律例释文。

历代刑法志　丘汉平撰　上海商务印书馆民国二十七年（1938年）出版，藏国家馆、上海馆

该书分上下两册，收入各正史《刑法志》及其注释全文，并从未编修《刑法志》之各断代史《纪》《传》中收集相关材料，汇成《后汉刑法志》《魏刑法志》和南北朝各朝刑法志编入，另收入清代汪士铎所撰《南北朝刑法志》、明代宋濂所撰《元刑法志》，作为附录。书前有作者自序。

从不平等条约到平等条约　丘汉平撰　胜利出版社民国三十二年（1943年）出版，藏上海馆

该书共6章，分述不平等条约的订立经过、种类、流毒，废除列强各国在华特权的经过等，附有《中英废除特权条约全文》等3篇。

美国之统一与法治　丘汉平撰　胜利出版社民国三十四年（1945年）出版，藏福建省馆、国家馆

该书阐述美国的独立与统一、民主与法治的演进过程。

宪法之分权论与五权宪法　陈烈甫撰　国民图书出版社民国三十五年（1946年）出版，藏厦大馆、国家馆（缩微品）

陈烈甫（1909—1999年），厦门人。1938年毕业于美国伊利诺伊大学，历任四川大学、厦门大学政治系主任，1946年被选为厦门市议会议长。该文共10章，前7章介绍孟德斯鸠的立法、行政、司法三权说及其以前的分权说，包括罗马时代的分权说、17世纪德国自然法学派普芬道夫的七权说，以及孟氏以后其他分权说，并加评论；第8－9章则专述孙中山五权宪法的理论及实际应用；第10章为结论，总结五权宪法比外国宪法的优越性。

动员法令　洪福增编　福建省保安处民国三十二年（1943年）刊行，藏福建省馆

洪福增（1914—2002年）字复青，号谷青，同安人。1936年毕业于厦门大学，获法学士学位。1945年赴台湾，任"军法局"少将副局长等职。退役后改操律师业务。

贪污　洪福增编　福建省保安处民国三十二年（1943年）刊行，藏福建省馆、厦大馆

杂法　洪福增编　福建省保安处民国三十二年（1943年）刊行，藏福建省馆、厦大馆

烟毒　洪福增编　福建省保安处民国三十二年（1943年）刊行，藏福建省馆、厦大馆

警政年刊：民国十九年六月至二十年六月　厦门市公安局秘书处编　编者民国二十年（1931年）刊行，藏厦门市馆、福建省馆

该书为厦门市公安局警务工作年报，分六个部分：第一部分为组织，记录沿革略历。第二部分为章则，包括各种总务类、行政类、司法类和卫生类的章则。第三部分纪事，包括年度日记、工作简明报告。第四部分为文牍选载，包括该

年度的呈文、公函、训令、指令、布告、批示等。第五部分为统计图表，包括各署分驻所派出所岗位、人员奖惩、收发文件、临时收支等统计表与比较图，厦门市现住人口、戏院、人民组织团体、各种车辆、警区户口、店铺类别、职业类别与年龄、宗教信仰、残疾人、学龄儿童、各国籍民等统计图表，处理违警案件、人犯出入等统计图表。第六部分为历次局务会议记录。第七部分为职员录。正文前有工作照片。

警政年刊：民国二十年七月至二十一年七月 厦门市公安局秘书处编　编者民国二十一年（1932年）刊行，藏福建省馆

该书为厦门市公安局警务工作年报，体例与民国十九年六月至二十年六月年刊基本相同。

四、军 事

榕斋射法 （明）邵应魁撰　存目载《同安县志·艺文》

邵应魁（约1522—1597年），字伟长，号榕斋，同安金门所人。明嘉靖二十二年（1543年）武进士，为同安登武第之始。初授镇抚职。嘉靖三十四年（1555年），随俞大猷抗倭，以功升南直隶游兵把总、永宁卫指挥使，官至福建都司都指挥佥事。解甲后，杜门却扫，寄情诗酒。该书专为论述弩射之法，此类主题于厦门文献中极为罕见。《金门志·艺文志》评曰："应魁以武进士官至参将，为俞大猷所知。其将才与诗才，亦大猷之亚也。"据明代蔡献臣《清白堂稿·明昭勇将军惠潮参将榕斋邵公暨配淑人吴氏墓志铭》称："（邵应魁）所著《射法》行世，《诗稿》藏于家。"可见邵氏乃儒将，既有《射法》行世，尚有诗作。

孙子十三编注释 （明）刘梦潮撰　存目载《同安县志·艺文》

刘梦潮，里居、阅历见第二章第一节"二、儒学"之《易义画前稿》。据书名，该书应为刘梦潮注释《孙子》之作。

水师要略（一卷） （清）吴必达撰　存目载《同安县志·艺文》

吴必达，字通卿，号碧涯，同安溪边人。清雍正八年（1730年）武进士，授温州镇府总兵。乾隆二十五年（1760年）升广东全省水陆提督，调补厦门水师提督，统理澎台水陆官兵。善诗，有雅歌投壶风。

防海蠡测 （清）许温其撰　清手抄本　藏厦大馆

许温其，字玉如（《同安县志·选举》作玉卿），同安县嘉禾里外清保（今属厦门市思明区中华街道仁安社区）人。清乾隆五十七年（1792年）副贡生，候选教谕。曾入幕闽、粤地方官府，或参谋筹海韬略，或随师冲涛海上，故有海防策略之思之感。该书只有二十四页，约六千余字，然涉及内容十分广泛。首篇"巡辑总论"，论巡洋辑寇之策；继之"选将""练兵""招募""雇商""号

令""赏罚"六篇，述选将御卒之术；其后"船只""造船""探船""位置""燂洗"五篇，说造船修舟之法；又有"驾驶""湾泊"两篇，记管驾寄泊之规；最后"炮位""鸟枪""火器""刀牌""弓箭""杂械"六篇，叙枪炮军械之用，林林总总计二十篇。

舟师绳墨（一卷） （清）林君升撰　清乾隆三十七年（1772年）陈奎刻本一册，藏国家馆；续修四库全书本，入子部兵家类

林君升，里居、阅历见本章第一节"一、政治"之《救荒备览》。此书乃林君升为训练水师而作之管驶之法，详列自捕舵而下及众兵所有职掌章程，分舵、缭、斗、碇等四项。篇首有"教习弁言"，统官兵而告诫之，令其一体学习。初为四营僚属各抄一本，互相教习。后其旧隶部下、江南苏松总兵陈奎检点遗编，刊刻成书，分发各队目兵人等讲习。陈奎序云："以公素所讲求阅历，灼见真知、屡试不爽者，敷陈直言，着为轨则。分舵、缭、斗、碇为四甲，而以捕盗众兵始终之，互相教习，咸使知能。其所以鼓励戎行，保护战舰，为我朝防海巡洋计者，厥意良厚，厥功匪鲜。"

外海纪要（不分卷） （清）李增阶撰　道光刻本，藏福建省馆；续修四库全书本，入史部政书类，据道光刻本影印

李增阶（1773—1834年），字益伯，号谦堂，马巷厅后莲保后滨人。清嘉庆三年（1798年）随李长庚征剿蔡牵海上武装。长庚死，誓报仇，从水师邱良功与蔡牵决战于黑水洋，终灭之。后官广东水陆提督、南洋总巡大臣。此书乃其记录水师战法及内外洋面水程，以训水师将士之用。其目有六：一曰兵船制造，二曰舵工选择，三曰器械筹备，四曰遇敌应付，五曰火攻方略，六曰航行详慎，而海内外各处水程，寄泊澳屿、天气、风暴、沙礁、潮汐咸详考核。此书又名《外海水程战法纪录》，而《同安县志·艺文》作《李谦堂军门外海水程战法纪要》。有蔡勋之序与李景沆之跋。蔡序云："将军自少随其从叔忠毅伯建牙海上三十余年，拔队歼渠，立功报国，身经大小百余战，未尝少挫，故能邀九重特达之知。予接谈之顷，犹幸聆其英姿迈往，使人肃然生敬。因出是书见示，知其留心经世，随时随事纪载于篇。凡目所未睹，又参访员弁，以求其确。大略专主水战，而言至四省洋面，以至外洋某处起至某处止，分晰标题程途远近，尤能综览大要。"又有称该书乃其整理李长庚之遗著。

海疆要略必究 （清）李廷钰撰　咸丰六年（1856年）李廷钰自刻本，藏泉州市馆、厦大馆；光绪二十五年（1899年）李维实重刊本，藏同安区馆

李廷钰，里居、阅历见本章第一节"一、政治"之《承恩堂奏稿》。此书《同安县志·艺文》著录为《七省海疆纪程》；《厦门市志·艺文志》著录为《海疆要录》。全书分三部分，记录东南沿海的海疆概况，包括岛澳形势和海道水程，间有潮信气候等资料。第一部分《抛船行船各埃礁辨水辨》，记录自琼州海口至

057

杭州湾外沿途各可供寄碇抛船的港湾岛澳形势，包括礁石沙汕之方位、行船抛船之水深、进港出港之路线等；第二部分《各埠礁辨》，记录自厦门澳头至宁波镇海沿途各主要港湾水道的形势与航线；第三部分，则收录了若干条中国沿海海域的航线"针路"。李廷钰自序云："从来筹海之书多矣，类皆文人之敷衍，笔墨虽工，然无裨于实用。就中惟陈公《海国闻见录》，庶几为济世之具，且图说兼备，了如指掌，犹虑其所见，诚然所闻殆未敢深信也。此册既非亲历，亦非撷拾传闻，盖出之老于操舟者，身历其处，辄笔于册，惜乎无图可索，第较之盲人赴路者，不犹有把握乎？"

靖海论 （清）李廷钰撰　清抄本，藏福建省馆

此书乃李廷钰论海疆用兵之道，其论有五，分五篇而论之：一曰将得人，叙选将识才之七种观察方法；二曰兵用命，论得人心于用兵御卒之术；三曰船坚实，述同安梭船之制造技艺；四曰军食足，论军粮于水军战事之重要所在；五曰器械备，析各种火器大炮之不同用场。全书三千六百余字，篇幅虽短，然所言皆秉要执本，一发破的。卷首李廷钰自序，称："予少失学，知识浅陋，时值海洋多事，小丑跳梁，自少时及壮，皆得奉侍先忠毅公之侧，躬历四省，破浪冲风，窃幸指示方略一二，藉有率循以至今日，爰是不敢自私，是以叙而论之，唯高明谅察焉。"

行军纪律　自治官书 （清）李廷钰撰　存目载《同安县志·艺文》

此二种未见，前者于卒后家人整理刊刻行世，后者未梓。

厦门港纪事（不分卷） （清）窦振彪撰　清三千客斋抄本，藏上海馆

窦振彪（1785—1850年），字升堂，广东吴川县硇洲岛人。十七岁入水师当兵，嘉庆十九年（1814年）由行伍选拔补广东水师千总，历任水师提标中营守备、提标中军参将、水师副将。道光九年（1829年）署琼州镇水师总兵。道光十年（1830年）升任福建水师金门镇总兵。道光十二年（1832年），奉命率兵渡台，围剿台湾嘉义县张丙、陈办等起事，翌年初平定骚乱。道光二十一年（1841年）升广东水师提督，同年调福建任水师提督。后病逝于厦门任上。此书为窦振彪任金门镇总兵时所辑，书不分篇目，内容为中国北起渤海湾、南至东京湾的沿海海疆概况，包括岛澳形势和海道、水程"针路"。有吴兴姚衡（雪逸）跋略云："怡悦亭尚书于道光二十二年十二月初日奉命至台湾，密访总兵达洪阿、道（员）姚莹戮夷冒功一案。于次年正月十九日放洋金门镇，弁兵护至崇武海口而还。水师军门窦振彪，派千总蓝雄威，带缭手与舵兵二名护行，携书二册，言沿山海诸山之状，及沙浅风暴，南起琼州，北尽金门，无不备载。归乞窦将军录其副本，因乞武陵周敬五兄照录，而自绘图焉。校正既竟，为识其后。"今抄本仅存正文，而图已佚亡。

营务杂集 （清）陈广耀撰、陈福龄辑著　今名《宦海伏波大事记》，民

国三年（1914年）线装铅印本；台北文海出版社出版近代史料丛刊本，为第二十九辑

陈广耀（1771—？年），福建水师提督陈汶环之裔孙。陈汶环（？—1730年），同安嘉禾里人。顺治年间因征战有功，授福建厦门提督水师军门。清康熙二十二年（1683年），时因沙俄军队进犯，满洲马队不能御敌，陈汶环奉调统率南方水师驾舰赴黑龙江征战沙俄。水师所向披靡，战功卓著。事平后，陈汶环所统率的水师遂编为水师营，驻守瑷珲，后随将军衙门迁至墨尔根，再迁齐齐哈尔，成为齐齐哈尔水师营，乃黑龙江史上首支水军。陈汶环及其所率南方水师官兵之后代则世世代代驻守于黑龙江。陈广耀于清嘉庆五年（1800年）拣放水军镶黄旗领，嘉庆九年（1804年）授黑龙江兵司满汉笔帖式。因感于水师营中"出营入旗者，始而带缺充差，继而霸缺为例，互相争执"，遂于公事稍暇时，将其祖陈汶环"航海而来于平俄所冲之波涛，与营人所受之波折，一一并记"，辑为一书，名曰《营务杂集》，旨在告示同乡同营同荷厚德者，以"恢复衣钵"。该集约成书于嘉庆二十二年（1817年），然未梓。清光绪二十六年（1900年），陈汶环九世孙陈福龄授都护总理旗务，继其先祖之业。为补其先人未逮之志，故将"有关营务升途之例，辄旁搜远绍，兼收而并储之"，"或抄袭全案，或摘录一斑，陆续纂入，积成书编"，该书除了录入自康熙中叶征剿沙俄以来有关营务船政的奏折、禀牍外，还补入陈福龄本身所历之事，仍定名为《营务杂集》。至民国三年（1914年），其友何廷珊披阅此书，改名为《宦海伏波大事记》，并由原水师营员弁捐资刊刻行世。

闽安记略 （清）林树梅撰　自序载于《啸云文抄·卷十三》

林树梅（1808—1851年），字实夫，号啸云，又号瘦云、铁篴生，马巷厅后浦（今属金门）人。本姓陈，过继与金门千总林廷福。自小随继父游宦四方，身历目睹，为其一生的经济韬略奠定基础。及长，从周凯、高澍然学古文词，然不屑于制艺之学，而秉承经世致用之志，以布衣出入于当道幕中，曾参赞台湾凤山县、兴泉永道、汀漳龙道、龙溪县诸公政务，经历鸦片战争之闽海战事。该书于诸志艺文皆无著录，唯存林树梅所撰自序。据序称，该书乃清道光八年（1828年）林树梅侍其继父协镇闽安镇时所作。闽安镇虽为县治一隅，"然地当闽海之冲，外制五虎门，内蔽省垣，南引长乐、福清，北拥连罗、宁德，实海道之咽喉、水师之扼要"，是当时的海防重镇之一。林树梅随其父巡防谘访时，将所得谨记下，"复又搜寻旧简、采撷遗闻"，编辑而成该书。其"于星野、民风、土田、物产，郡志已言者不赘，而营制、海防考之特详"，"至艺文事迹有关风土者，亦附卷后"，可见该书主要是记述闽安海防之事。

沿海图说　战船占测 （清）林树梅撰　存目载民国《厦门市志·艺文志》

该书未见存世，然今尚存世的林树梅《啸云文抄》中，则有长达三十五页

的《闽海握要图说》长文一篇，图文并茂，全文分总说及闽海握要总图、海道说、巡哨说、占测说、战舰说、剿捕说、杂录七个部分，与《金门志·人物列传》所记载的《沿海图说》题名相似，而其中"占测说""战舰说"又与《战船占测》题名相符，故民国《厦门市志·艺文志》中著录的《沿海图说》和《战船占测》极为可能就是此文。《闽海握要图说》体现了林树梅的海防思想，对审视闽海形势、以施战守而言，是一篇很实用的文章，其中的"巡哨说""占测说"等见解颇具代表性。

第二节 经　济

一、经济学

经济学史　王亚南撰　上海民智书局民国二十二年（1933年）出版，藏厦大馆

王亚南，里居、阅历见本章第一节"一、政治"之《社会科学论纲》。此书分为"绪论""重农学派""正统学派"3编。"绪论"讨论经济学史之本质及其任务、经济学前史；"重农学派"讨论该学派的产生、理论体系、魁奈的经济表、该派的经济政策等；"正统学派"介绍亚当·斯密、托马斯·马尔萨斯、大卫·李嘉图及其继承者约翰·穆勒等代表人物。

战时经济问题与经济政策　王亚南撰　汉口光明书局民国二十七年（1938年）出版，藏厦大馆、福建省馆

此书共六章，从六个专题论述抗战时期中国经济问题与对策，包括战时经济与中国经济的战时编制、战时的金融财政、内外贸易、工业、农业问题及其对策，以及中国战时经济的展望。

世界战争与世界经济　王亚南撰　曲江新建设出版社民国三十一年（1942年）出版

此书回顾一战前夕的世界经济形势，论述德、日两国的社会经济组织情况，阐明世界战争与世界经济基础及社会组织结构的关系，并分析了二战的现状和前途。

经济科学论丛　王亚南撰　赣县中华正气出版社民国三十二年（1943年）出版，藏厦大馆

此书收入作者所著《经济科学论》《政治经济学上的人》《政治经济学上的自然》《政治经济学上的法则》《经济学与哲学》《政治经济学及其应用》《经济学之历史发展的迹象》《政治经济学对于现代战争的说明》《政治经济学在中国》

《中国经济学界的奥地利派经济学》10篇论文。

中国经济原论　王亚南撰　经济科学出版社民国三十五年（1946年）出版，藏福建省馆、上海馆；香港生活书店民国三十六年（1947年）初版；民国三十七年（1948年）2版，藏福建省馆、国家馆；上海生活·读书·新知三联书店1950年出版，藏厦门市馆、厦大馆、国家馆

此书以半封建半殖民地的旧中国作为研究对象，论述中国的商品与商品价值形态、货币形态、资本形态、利息形态与利润形态、工资形态、地租形态、经济恐慌形态等问题。后附《中国商业资本论》《中国商业资本与工业资本间的流通问题》《中国公经济研究》《中国官僚资本之理论的分析》《中国官僚资本与国家资本》《政治经济学在中国》《中国经济学界的奥地利学派经济学》7篇论文。

中国社会经济改造问题研究　王亚南撰　上海中华书局民国三十八年（1949年）出版

此书共11章。论述中国社会经济改造之路与中国社会经济改造研究之路，中国经济现况其特质及其研究方法，中国社会经济改造上的自然条件问题、技术问题、资本问题、生产力与生产关系问题、土地问题、指导原理问题。正文后附录《当作一个社会革命思想体系来看的新民主主义》。

政治经济学史大纲　王亚南撰　厦门中华书局民国三十八年（1949年）出版

此书阐述政治经济学史的研究对象、作用、研究方法以及各种经济学说、思想在历史发展中的演进规律，系统介绍自古代以迄近代社会初期重商主义思想的政治经济学前史，全面论述由重商主义过渡到重农学说演变历程的"说明的经济理论体系"、以历史学派及奥地利学派为代表的"辩护的经济理论体系"、以马克思、恩格斯政治经济学及空想社会主义为代表的"批判的经济理论体系"，以及"个人主义经济""国家主义经济""社会主义经济"的当代三大经济思潮。

经济问题研究　陈式锐撰　民国年间开明书局出版

陈式锐，里居、阅历见第二章第一节"四、哲学相关学科"之《唯人哲学》。此书包括三部分论著：《一个农村经济问题的研究》，分五章讨论农村经济的平常状态、非常状态与改良；《李斯特经济学说上之农业与工业》，论述李斯特之经济学说、李氏学说上之工业与农业、中国工业与农业在李氏学说上的价值；《贫困问题中之失业问题》，探讨失业的界说、损害、原因、救济与预防。正文前有林文庆、陈德恒之序和作者自序。

中国的过去与未来　陈式锐撰　未见，仅见书目

经济地理学　归鉴明撰　经济评论社民国三十二年（1943年）刊行

二、经济管理

繁荣厦门市工商业计画书　陈式锐等编　编者民国二十六年（1937年）刊行

陈式锐，里居、阅历见第二章第一节"四、哲学相关学科"之《唯人哲学》。此书辑入宋深源编写之《繁荣厦门市工商业计划》、李稽撰著之《厦门市区萧条的原因及补救的办法》、陈铭新编写之《繁荣厦门市工商业意见及具体计划》等10篇文章。

台湾产业界之发达　林履信编　上海商务印书馆民国三十六年（1947年）出版，藏上海馆

林履信，里居、阅历见本章第一节"一、政治"之《希庄学术论丛》。此书分为11章，介绍台湾的史略和名称、土地和气候、民族和人口、财政和专卖、商业和金融、生产业、制糖工业、贸易、运输交通、工业化、水电动力及海岛开发等概况。

三、行业经济

福建佃农经济史丛考　傅家麟撰　协和大学中国文化研究会民国三十三年（1944年）刊行

傅家麟（1911—1988年），又名衣凌，笔名休休生，福建福州人。厦大历史系教授，中国经济史博士生导师。此书包括上编《明清时代福建佃农风潮考证》、下编《近代永安农村的社会经济关系》和《永安农村赔田约的研究》，是傅家麟开创中国社会经济史学派的奠基之作，也是中国学者第一次引用民间契约研究中国社会经济史的著作。

福建之木材　翁礼馨编　福建省政府秘书处统计室民国二十九年（1940年）刊行

翁礼馨（1911—1988年），福建福州人。厦门大学计划计统系教授。此书为福建调查统计丛书之一。全书分8章，介绍该省木材资源、加工、造林、砍伐运输、交易、价格、成本及税收等情况。末附《最近本省林政推行概况》《近年来本省育苗造林统计表》《本省造林护林管理森林主要办法》。

厦门机器工会二十二周年纪念特刊　厦门机器工会编　编者民国三十七年（1948年）刊行

厦门机器工会成立于民国十五年（1926年）。此书为其二十二周年的纪念专刊，刊载《建国先锋的机器工人》《厦门机器工会成立廿二周年纪念之回忆》《厦

门机器事业的概况》《张炳芳的奋斗》《怀董寄虚同志》等11篇纪念文章，以及相关的题词。其中《廿二年来机器工会的奋斗》一文，详细叙述民国十九年（1930年）厦门电灯工友要求合理加薪的罢工运动。

中国与南洋华侨交通名录 梁晖编 编者民国二十四年（1935年）刊行

此书介绍与南洋有密切联系的厦门、福州、汕头、香港等国内商埠以及越南商埠的概况，包括地方风景，各知名商号、厂商、药房，各埠商业名录等，以及南洋之范围、开辟史、政治状况、民族、华侨和世界华侨一览表等资料。书前有题词、《新生活运动之意义》等八篇论文和70余幅照片。

洪子晖商业电约（第一集） 洪子晖编 民国三十六年（1947年）刊行

洪子晖（1897—1980年），同安人。20岁到新加坡经商，曾独资在家乡捐办义校。抗战期间，参加南洋华侨筹赈祖国难民总会工作。抗战胜利后，回国参加侨务工作。晚年定居鼓浪屿。此书为其创设的商业电约，通过搜集商场通常用语、商品、商号、商埠名称等词语，按类排列，配以数目表码，形成电码表。使用时，按类检索用词，以对应之数目表码进行排列，作为发报电文。其目的在于简化电报之电文，以节省发报费用。

厦门工商业大观 厦门工商广告社编 编者民国二十一年（1932年）刊行

此书共八章。一、二章介绍厦门之疆域、区划与户籍等地理概况以及名胜古迹。三章阐述厦门市政建设之计划、程序及组织。四章专述交通，包括海上、陆上以及邮政、电话等通信设施的状况与商号地址、电话及线路价目等资料。五章按类分述金融、衣布、粮食、水产、酱油、牲畜、菜蔬、饮食、饮料、住宿、建筑、家用百货、文化、妆饰、医药、娱乐等工商业的商号、地址、电话及当事人等资料。六、七章分别刊载工商法规与地方行政法规。八章介绍工商团体概况。

厦门总商会特刊 厦门总商会编 焕文印书馆民国二十年（1931年）出版

此书包括章则、表册、调查、特载四部分，数据详实，资料丰富。章则部分刊载厦门总商会章程、常委议事细则、发展沿革、大事记、赞助革命事业纪实、海后滩抗争纪实及来往电文。表册部分刊载商会常委、执委、监委履历表、会员一览表、同业公会一览表、商会收支对照表等信息。调查部分刊载税额、物价、鱼类、轮船、捐税等调查表，南洋各埠中华商会、全国商埠、中国与各国贸易、各国驻领事一览表等调查数据。特载部分刊载税则、商业注册规则及劳资争议处理法、票据法、保险法等法规。卷首还刊有会址、会员大会合影、商会主席及常委、执委、监委照片。

厦门商会特刊 厦门市商会编 编者民国二十九年（1940年）刊行

此书为日伪时期厦门市商会的特刊，介绍厦门市商会的沿革，伪厦门市商会的缘起，当时厦门的经济、侨务、教育、建设、交通事业概况，两年来伪商会工作、财务回顾、大事记、职员一览表、同业公会概要、会员名录以及有关商贸的统计数据等，正文前附有关照片和题词。

厦门国货展览会特刊 厦门国货展览会编 编者民国二十二年（1933年）刊行

此书内容包括祝词、插图、发刊词、专论、报告、出品登录等。

厦门市二十五年国货展览特刊 厦门市二十五年国货展览会秘书处编 厦门新民智印务公司民国二十五年（1936年）出版

此书为该年度厦门国货展览会概况，包括开幕词、大会宣言、筹备经过、大会组织、章程、陈列馆统计、金石书画与学校劳作展示、大会议案、参展厂商产品分类、厂商概况、函件摘录、有关图表及大会花絮、提倡国货的论撰、舆论及大会大事记等内容。卷首刊载名人题词、照片，卷末有编后。

国货展览会 厦门市国货展览会编 编者民国三十四年（1945年）刊行

此书为民国三十四年厦门国货展览会概况。

厦门商业行名录 朱振云主编 厦门商业行民国三十八年（1949年）刊行

此书为厦门各商行之名录，按行业分类编排，每家厂商罗列商号名称、地址、电话、负责人和业务范围，其旨在介绍各业商务，便利商业联系。时任厦门市市长李怡星为之作序。

厦门市商会复员周年纪念刊 厦门市商会编 新民智印书馆民国三十六年（1947年）出版

此书为厦门市商会于抗战胜利后复会周年纪念专刊，其内容有《本会战时及复员时期工作》等数份报告，各同业公会的沿革与概况，商会现任理监事名录、现任职员、法律顾问、会员代表、各业同业公会、各同业公会职员等一览表，各工厂、银行一览表，洋轮进出、内港船只一览表，厦门出入华侨统计表，厦门人口、侨眷、驻厦外侨、保甲户口数目等统计以及全国商埠一览表。有商会复员改组会员大会等会议记录和《厦门市商会大事记》，以及电文、商会章程等。文后附有《宪法》《商业法》《营业税法》等法律条文。全书数据资料十分丰富。

香港闽侨商号名录 吴在桥编 福建旅港同乡会民国三十六年（1947年）刊行

四、财政金融

货币银行原理 陈振骅撰 上海商务印书馆民国二十三年（1934年）出版

陈振骅（1900—1966年），福建福州人。美国沃顿商学院硕士，历任复旦大学、厦门大学教授。此书包括货币、银行、银行之为公共机关、复本位制、单本位制、货币之价值、货币改革之提议、中国货币制度、中国币制改革问题等内容，是早期中国经济方面的重要参考文献之一。

农业信用　陈振骅撰　上海商务印书馆民国二十二年（1933年）出版

此书包括农业信用原理、土地信用、合作信用及短期农业信用、中国农业信用情形4编，述及各类农业信用及其在世界各国的实施情形。

国际汇兑浅说　丘汉平撰　上海民智书局民国十五年（1926年）出版，藏国家馆、上海馆

丘汉平，里居、阅历见本章第一节"二、社会"之《华侨问题》。此书阐述国际汇兑主要原理，共16章，包括国际汇兑之意义、法定汇兑平价、国际汇兑供求要素、汇兑市价变动的原因、汇票种类、国际汇兑市场、各种利率之解释及其关系、外国汇兑之运用等内容。书末附法定平价表。

国际汇兑与贸易　丘汉平、傅文楷撰　上海民智书局民国十五年（1926年）出版，藏上海馆

此书内分两卷。上卷"汇兑编"，侧重理论的阐述，包括国际汇兑的原理、政策、实践及货币问题；下卷"贸易论"，多重实际业务的叙述，包括国际贸易的原理、政策、实践及促进。正文前有作者自序、凡例及票据式样表。文后有中西名词索引。

地方银行概论　丘汉平撰　福建省经济建设计划委员会1941年刊行，藏福建省馆、国家馆、上海馆

此书论述中外地方银行之沿革、现状、业务、法务以及与中央银行的关系等，共10章，其中以本国地方银行为主。附录银行等法规章程及全国省银行、分支行一览表等共13种。

抗战期中福建省银行服务概述　丘汉平编　福建省银行总管理处民国三十四年（1945年）刊行，藏福建省馆

丘汉平于1939年秋出任福建省银行总经理。此书为其任职期间主持编写的福建省银行服务概况。

福建省三十五年财政概况　丘汉平编　福建省财政厅民国三十六年（1947年）刊行，藏福建省馆

丘汉平于1945年1月任福建省政府财政厅厅长。此书为其任职期间主持编写的民国三十五年福建省财政概况。

筹设县银行一览　丘汉平编　福建省财政厅民国三十四年（1945年）刊行，藏福建省馆

民国三十二年（1943年），福建省依中央法令，设立县级银行，以调剂地方金融，扶持经济建设。此书收入筹建县银行的注意事项、会计事务处理大纲，《县银行法》等24种法规。正文前有编者的编辑缘起，文后附有出资人籍贯姓名等4

种相关清册格式。

封存资金后之外汇　丘汉平编　福建省银行总管理处金融研究室民国三十一年（1942年）刊行，藏福建省馆

此书阐述香港政府封存中国资金后的影响，特别是贸易汇兑与港沪金融的影响。书后有附录：《香港政府封存中国资金办法》《香港政府临时管理外汇办法》《香港政府限制法币存款提取及转换港币通告》。

为什么战时要发行公债　丘汉平撰　战时公债福建省劝募总队办事处民国三十年（1941年）刊行，藏福建省馆

第三节　文化、教育、体育

一、文　化

集美图书馆概况　集美学校编　编者民国三十五年（1946年）刊行

此书介绍该馆史略、建筑、经费、藏书、图书十进分类方法（以书目示例）等概况，罗列该馆规程，包括组织、借书规则、阅览规则、参观规则、图书馆委员会规程、购置图书规程、办事细则、征求书籍简章等制度。

厦门大学中文图书目录　厦大图书馆编　编者民国二十六年（1937年）刊行

此书为厦门大学图书馆编制的书本式馆藏中文图书目录。其图书分类采用美国杜威十进法，著者号码采用王云五四角号码检字法。林文庆校长为该书亲题书名，曾郭棠馆长作序。

厦门通俗教育社年鉴：1926年　厦门通俗教育社编　编者民国十五年（1926年）刊行

厦门通俗教育社于民国十年（1921年）8月由当时厦门文化人士李维修、康伯钟、陈文总、李汉青等人倡议成立，为社会教育之组织，下设总务、交际、会计、教育、编辑、讲演、新剧七股办事机构，组织开展活动。此书为厦门通俗教育社每年编制的年鉴之一。

厦门通俗教育社年鉴：1927年　厦门通俗教育社编　编者民国十六年（1927年）刊行

此书为厦门通俗教育社每年编制的年鉴之一，内容包括活动照片、历届主任玉照、社史、回顾文章、大事记、发起人和各股主任一览表等，书前有发刊词和各界题词。

厦门市记者公会横遭摧残经过　厦门记者公会编　编者民国三十六年（1947年）刊行

二、教　育

丞相魏公谭训（十卷）（宋）苏象先编　清道光十年（1830年）苏廷玉刻本二册藏厦门市馆、厦大馆、福建省馆、南京馆、烟台市馆、国家馆、人大馆、中科院馆、福师大馆（题作《谭训》）；清光绪十八年（1892年）南安陈国仕抄本，题作《苏氏谈训》，藏厦大馆；清赵氏星凤阁抄本一册，藏南京馆。另有四部丛刊本，入子部。

苏象先，同安人，苏颂孙。元祐六年（1091年）进士，官至观察推官。此书乃苏象先述其祖苏颂言行旧闻，意示训子孙。全书分十卷，卷一为国论、国政，卷二为家世，卷三为家学、家训、行己，卷四为文学、诗什，卷五前言、政事，卷六为亲族、外姻、师友，卷七为善言、鉴裁、游从、荐举，卷八为恬淡、器玩、饮膳，卷九为道释、神词、疾医、卜相，卷十为杂事。宋绍熙四年（1193年），济南周泌于苏颂之曾孙无为州判官苏煇处得其稿，因刻之郡府并作序。清道光十年（1830年），裔孙苏廷玉于苏州黄氏士礼居得精抄校宋本，并借寿松堂蒋氏所藏宋版，嘱同乡夏质民详加厘订，刊刻并作序。《左海文集》称此书"自朝廷故实以及家世旧闻，凡三百余事。《宋史》援以入本传者十数事，其他《石林燕语》《东坡志林》《客斋四笔》《通鉴长编》《事文类聚》《五朝名臣言行录》咸多采撷。博闻敦善，世为天下则，岂徒与颜氏家训、钱氏私志并云已欤！"

家规省括（三卷）（清）黄涛编　清乾隆刻本；四库未收书辑刊本，为第三辑第21册

黄涛，里居、阅历见第二章第一节"二、儒学"之《质疑集》。此书乃黄涛"采往古修齐懿训"，按类编排，"以为家规"。三卷分为五目，卷一为"元气仁厚""孝友"和"齐家总凡"三目；卷二为"十宜"；卷三为"十戒"。篇首有其姻亲李离明的序和黄涛的自序。该书于方志艺文未见著录。

修齐要录（一卷）（清）陈耀磻撰　书目载《同安县志·艺文》

陈耀磻，字渭东，号滨璜，同安人。清光绪八年（1882年）举人，执教于金门浯江书院和崇对书院，外世恬淡，著作颇丰。此书当为其修身齐家之语录汇编。

射策悬鹄（清）林一枝撰　存目载《厦门志·艺文略》

林一枝，字仙客，同安县嘉禾里人。清乾隆六十年（1795年）岁贡生，嘉庆九年（1804年）甲子科钦赐举人，累赐翰林院编修。此书当为应试技巧之类的书籍。

玉屏书院课艺（六卷）（清）曾兆鳌辑　清光绪七年（1881年）玉屏书院刻本二册，藏厦门市馆，书衣题《玉屏课艺》

曾兆鳌（1816—1883年），福建闽县洪塘鄂里（今属福州今仓山区）人。清道光二十四年（1844年）进士，历任刑部浙江司主事、道台衔陕西即补知府、升用候补道台等职。其祖父曾晖春、父亲曾元炳（榜名元卿）、儿子曾宗彦及其本人四代直系接连进士，为清代福建所仅见。曾兆鳌归田后，受聘于玉屏书院，司掌讲席18年。此书以"清真雅正"为选文标准，辑同治九年（1870年）至光绪七年（1881年）间，玉屏书院80名生童所作的优秀课艺120篇，目分大学、中庸、上论、下论，以文言为体，篇后附有编撰人点评，专供众童生学习参考。选文作者有陈丹桂、郑亨、陈裕南、王步蟾、何安国、吕漱、周殿修、陈秉乾等，皆为清末闽南知名学者。此书乃研究百年前厦门教育史之珍贵资料。

玉屏紫阳书院课艺 （清）张象乾辑　抄本

舫山书院课艺 （清）佚名辑　清刻本，藏同安区馆

此书辑舫山书院郑锦文、陈生寅、陈晋用、蒋寿春、郑锦章、林凤池、陈钟灵、李梦龙、李维一、苏奎、黄志昌、林宏超、黄植、蔡春沂、陈肇元等人的课艺，每篇末有批语。

教育社会学　雷通群撰　上海商务印书馆民国二十二年（1933年）出版

雷通群，社会学家和教育史专家，民国十九年（1930年）任厦门大学教育学院教授。此书论述社会学发展的过程、社会学与教育的关系、民主教育的真髓、改编课程的科学根据、教学法的社会化、社会教育等。

西洋教育通史　雷通群撰　上海商务印书馆民国二十三年（1934年）出版、1937年再版

此书为西洋教育史之研究，内容包括教育史的意义、教育史的任务、教育史的研究法、教育史的价值以及古代、中世纪、近世、晚期和现代的西洋教育史等。

教学发达史大纲　雷通群撰　上海新亚书店民国二十三年（1934年）出版

此书分为分通论、各科教学的沿革、美国的教学发达概史3部分，共24章。

新兴的世界教育思潮　雷通群撰　上海商务印书馆民国二十五年（1936年出版

此书分两篇。上篇讲述欧战前世界教育的主潮，以及科学教育与唯实主义、美术教育与人文主义的关系等；下篇讲述新兴的乡土教育、劳作教育、公民教育和职业教育思潮。

中国新乡村教育　雷通群撰　新亚书店民国二十二年（1933年）出版

此书为雷通群在厦门大学讲授的课程基础上编撰而成。全书分16章，论述中国乡村教育的背景、现时乡村教育的急需、乡村教育目的论、乡村教育学说的进化、乡村教育行政、乡村教育经费、乡村教育教师、校舍之建筑与设备、班级的编制、课程与教学、乡村学校之管理、乡村学校之卫生、乡村教育的观

察与辅导等内容。正文前有作者自序。

南洋英属华侨教育之危机　庄希泉、余佩皋撰　上海南洋教育社民国十年（1921年）出版

庄希泉（1888—1988年），厦门人，早年参加同盟会，在新加坡经营中华国货公司，探索"实业救国"与"教育救国"的道路。余佩皋（1888—1934年），苏州人，庄希泉之妻。1915年，南渡婆罗洲，从事华侨教育事业。1916年，两人志同道合，在新加坡创办南洋女子师范学校。余佩皋任校长，庄希泉任董事长。因反对英殖民当局迫害华侨的教育苛例，被驱逐出境。此书介绍新加坡南洋女师范学校在注册问题上与当地政府发生冲突的经过，揭露英殖民主义者在教育方面的罪恶行径，论述华侨教育的现状及发展华侨教育的重要性。

菲律宾华侨教育改革方案　黄其华撰　马尼剌开明印务馆民国三十四年（1945年）出版

黄其华（1902—1984年），福建惠安人。1928年任厦门双十中学校长。厦门沦陷后到菲律宾从事抗日救亡运动。抗战胜利后返厦续任双十中学校长。此书为其对菲律宾华侨教育改革的探讨，内容包括"我们的教育哲学是什么""我们要实施合理化的教育""我们要注重公民教育及社会教育""我们要有理想的教师""我们要怎样实现我们的方案"等。

教育与学校行政原理　杜佐周撰　商务印书馆民国十九年（1930年）出版

杜佐周（1895—1974年），字纪堂，浙江东阳人。美国爱荷华州立大学哲学博士，1928年受聘厦门大学，任教授8年，译著10余种。此书分为教育行政、学校行政及组织2部分，包括教育行政系统的建议、教育宗旨与学制系统、教育的视察及指导、教育统计及图示方法、学校行政的范围、学校建筑与设备、中小学教师问题等20章。

麦柯尔教育测量法撮要　杜佐周撰　民智书局民国十九年（1930年）出版

小学教育问题　杜佐周撰　上海儿童书局民国二十一年（1932年）出版

此书为杜佐周于二十世纪三十年代所发表的小学教育部分论文，包括《现代小学教育的趋势》《智力测验浅说》《普通考试方法之科学化》等16篇。

小学行政　杜佐周编　上海商务印书馆民国二十四年（1935年）出版、1946年再版

此书分章论述教育宗旨与小学教育目的以及小学校长、小学教师、学校总务、教务、训育、校舍和设备、学校卫生等小学行政基本要素，全书共计14章。

读书兴趣漫谈　杜佐周撰　中国文化服务社民国三十六年（1947年）出版

此书收杜佐周的《论为学之道》、蒋维乔的《我的读书兴趣》、阮毅成的《谈谈读书兴趣》、马地泰的《关于读书》和孙道升的《读书心得与方法》等17篇关于阅读兴趣培养的文章。

小学算术教学法之研究　杜佐周撰　教育编译馆民国二十四年（1935年）出版，未见

普通教育　杜佐周、姜琦撰　上海商务印书馆民国二十三年（1934年）出版

此书讨论普通教育的意义、历史的根据和变迁、欧美日本学者对于普通教育的意见、实施普通教育的机关、普通教育与其他的关系。

江浙两省各县地方教育经费的调查和比较　杜佐周、杨思杰撰　厦门大学教育学院研究丛刊之四　厦门大学教育学院民国二十三年（1934年）刊行

此书通过对浙江和江苏两省地方教育经费的调查，获得大量的数据资料，并通过比较，获得结论。全书依照调查报告格式撰写，包括调查的目的、方法与经过、材料的整理、两省地方经费概况、两省比较、结论。

抗日救国与儿童教育　王秀南撰　南京书局民国二十一年（1932年）版

王秀南（1903—2000年），幼名文丙，号逸民，同安人。1931年国立中央大学教育学学士，历任集美师范、龙溪中学、省立师范学校校长和暨南大学、厦门大学等校教授。此书从布置环境、指导研究、精神陶冶、团体竞赛、义勇训练等方面探讨儿童的救国教育。

实验教育　王秀南、罗廷光撰　南京钟山书局民国二十二年（1933年）出版

此书论述实验教育的本质、发展略史、近况、方法、重要问题，以及近代中国教育实验的进展。

教育研究经验谈　王秀南撰　民国二十二年（1933年）刊行　出版者不详，未见

致战时教育战线的朋友　王秀南撰　民国二十七年（1938年）刊行　出版者不详，未见

现代教育学鸟瞰　王秀南撰　中山大学师范学院民国三十一年（1942年）出版，未见

今日的师范学校　王秀南撰　福州民国三十二年（1943年）刊行

此书为福建省立师范学校五周年纪念刊，内容有行政谈丛、教学分论、生活特写等栏目。书后附教职员、毕业生一览表。

小学校行政组织问题　王秀南撰　集美师范附属小学民国三十三年（1944年）刊行，未见

战后中国的国民教育　王秀南撰　上海商务印书馆民国三十七年（1948年）出版

此书共六章，从中国国民教育的体认，战后国民教育的目标，战后国校的组织行政、教导设施、政教联系，中国国民教育的前途等方面论述抗战胜利后

的国民教育。

厦大纪念刊 厦门大学编 上海良友图书印刷公司民国九年（1920年）出版

此书为印刷精美、图文并茂的纪念画册，其内容包括厦门大学校园速写、校舍照片、各院系设备照片、教职员照片等。

厦门大学八周年纪念特刊 厦门大学编译处周刊部编 编者民国十八年（1929年）刊行

此书为厦门大学建校八周年纪念专刊，内容包括该校历史、办学宗旨、校址与校舍、组织、经费、第八年度大事记等资料和有关该校教育的探讨文章，以及各学科、各处室、各院馆和校办企业的概况，教职员、学员一览等资料。

厦门大学十周年纪念刊 厦门大学编 编者民国二十年（1931年）刊行

此书为厦门大学建校十周年纪念专刊，内容包括题词、各学院及各机关概况、十年大事记、校史、各种统计图表、学生课外活动及职员学生一览等。

厦门大学毕业纪念刊 厦门大学编 编者民国二十四年（1935年）刊行

此书为民国二十四年应届毕业纪念专刊，内容包括校景照片，校董陈嘉庚和校长、各院院长、各系主任、教师的照片，应届毕业生个人照、集体照、生活照以及学生的回顾文章和同学通讯录等资料。书前有林森等民国名人题词。

国立厦门大学廿五周年纪念特刊 校庆纪念典礼筹委会编 编者民国二十五年（1936年）刊行

此书为厦门大学校庆纪念专刊，其内容包括汪德耀校长献词，校史、学校行政组织和各处、室、院、系概况的介绍，回顾文章以及当时的教职员名录、历届毕业生名录和毕业生人数统计表等资料。

母校廿六周年校庆纪念特刊 厦门大学校友会总会编 编者民国三十六年（1947年）刊行

此书为校庆纪念刊，内容包括汪德耀校长告校友书、校闻摘要、会务摘要、校友动态、统计表等。

厦门大学一览 厦门大学编 编者1930—1936年刊行

此书为厦门大学总览年刊，目前可见者，乃自民国十九年（1930年）始，每学年一刊，即民国十九至二十年、二十年至二十一年，直至民国二十六年。其内容包括校史、大事记、组织大纲、各学院概况等。

厦门大学教育科概况 厦门大学编 编者民国十八年（1929年）刊行，未见

厦门大学教育学院概况 厦门大学教育学院编 编者民国十九年（1930年）刊行，未见

私立厦门大学文学院一览 厦门大学文学院编 编者民国二十五年（1936

年）刊行，未见

厦门大学理学院一览：1936—1937　厦门大学理学院编　编者民国二十六年（1937年）刊行，未见

厦门大学实验小学一览　黄建中编　编者民国十九年（1930年）刊行

厦门大学实验小学创办于民国十四年（1925年），初名厦门大学模范小学，民国十八年（1929年）改名，隶厦大教育学院。此书为该校概况与数据资料，包括校训、校歌、各种统计图表、历年大事记，组织大纲，总务部、教务部、训育部等规程与会议规程，及服务细则等资料。

两年来的大同小学：献给各家长　伍远资编　大同小学民国十九年（1930年）刊行

伍远资（1900—1970年），福建南安石井人。1920年毕业于集美师范学校。历任厦门大同小学、南安国专小学校长，厦门市教育局初教科科长等。此书为其任厦门大同小学校长后，汇报民国十七年至十九年（1928—1930年）大同小学的概况与工作成效。

福民校友堂落成纪念刊　筹建福民校友堂委员会编　编者民国二十六年（1937年）刊行

福民校友堂是福民小学校长叶谷虚于1931年校庆之时力倡下，向社会募捐筹款而建成的。此书为纪念该堂落成而编纂，追溯福民小学建校历史，叙述建筑校友堂之缘起和厦门、香港、菲律宾等地募捐盛况，记录捐款收支纲目和捐赠者芳名。书前有陈秋卿等三人之序和福民小学的现状介绍，书后有校友会章程和职员名录。

普育小学概况　厦门市立普育小学出版委员会编　厦门市立普育小学总务系民国二十六年（1937年）刊行

普育小学是福建省首批官办的新式学堂之一，民国元年（1912年）由私立改为公立，名为第二国民学校，1930年改称普育实验小学。此书介绍普育小学建校简史、教育目标、行政方针、组织系统、现任教职员等校务概况；学级编制、课程、教学与训导方法、课外活动、成绩考查、研究方式及学生人数、年龄、籍贯、家庭职业统计等教导概况；校舍、经费、收费、图书、教具等总务概况。

我校的集合　厦鼓区第一中心国校训导课编　编者民国二十四年（1935年）刊行

刘五店光华学校第十二年校刊　光华学校编辑部编　编者民国十二年（1923年）刊行

刘五店光华学校成立于民国元年（1912年）2月，由世居刘五店的前清秀才、归侨高开霁倡办并自任校长。此书为该校创建12年之校刊，其内容包括学校建设与教育之论著、教学方法之研究、学校设施建设规划之报告、学期决算表、

教职员表、董事一览表、学生成绩总表、文学作品等，书后还有编后余谈及附录。

刘五店光华学校十三年份报告书 光华学校编 编者民国十三年（1924年）刊行

毓秀女学校报告书 刘五店毓秀女学校编 编者民国十三年（1924年）刊行

此书为同安刘五店毓秀女学校的年度报告书，其内容包括创办缘起、文告、公函、演说词、收支决算表、学生分数表、学校章程等资料，书前的校徽、校训和各界题词，书后有跋。

厦门双十中学十五周年报告册 双十中学编 编者民国二十三年（1934年）刊行

厦门双十中学创办于民国九年（1920年），此书为其十五周年之报告，内容包括校史、校训、校歌，创办人马侨儒校长遗像及董事长、校长、副校长照片，校舍与校景、学生生活照片，校董、教职员一览表，历届毕业生出路、学生人数、家庭职业、籍贯、年龄统计等数据，新校舍设计图式以及学生生活指导之实施。

厦门双十中学十六周年纪念刊 双十中学编 编者民国二十五年（1936年）刊行

此书为厦门双十中学建校十六年纪念专刊，其内容包括校史、学生训练标准，现任校董、现任教职员一览表，学生人数、家庭职业、籍贯、女生人数比较图，历届毕业生出路状况，该校组织大纲、组织系统，该校生活指导之实施，附小概况，奖学金规则、捐助建设金纪念办法等资料。

厦门同文旅菲校友会刊 厦门同文旅菲校友会编 编者民国十六年（1927年）刊行

此书既有同文中学校长周殿薰等师长对校友的赠言，也有校友对母校的回顾文章、诗作和小说等作品，充满同文学校师长的殷切期望和旅菲校友对母校的感恩之情。书后还附有母校消息等内容。

中华年刊 厦门中华中学出版委员会编 该会印发部民国十九年（1930年）刊行

中华中学创办于民国十二年（1923年），民国十八年（1929年）改行新制，为高初两级中学。此书为其改制后之年度专刊。内容包括学校组织、各类图表、校务概况、学生活动、大事记、论著及学生名录。正文前有校长王连元之发刊词，董事长陈金方及相关职员照片以及校貌照片等资料。

闽南华侨私立女子中学校庆六周刊 闽南华侨学校编 编者民国二十六年（1937年）刊行

闽南华侨女子中学成立于民国九年（1920年），由创办人雷一鸣向华侨募捐筹建，先赁屋开办，次年购地建筑校舍。公推林尔嘉为总理、龚显灿为协理，聘董事21人，雷一鸣任永久董事及校长。此书刊载省内外各界人士序言、题词、题诗，该校史略，教育论著，学生感想与论述，学校章程，校董、国内外赞成校董名单、职员教员一览、毕业生及各部学生一览等资料。

厦门闽南华侨女子中学九周年刊　雷一鸣编　闽南华侨学校民国十九年（1930年）刊行

雷一鸣，闽南华侨女子中学创办人。此书为闽南华侨女子中学成立九周年之纪念专刊，内容包括序言题词、校训、董事一览、教职员录、学生一览、毕业生表、征信录、学生成绩等。正文前有相关照片。

陈嘉庚先生对集美侨生讲话笔录　集美学校编　编者1954年刊行

闽南职中毕业纪念刊　私立闽南职业中学编　编者民国二十五年（1936年）刊行

此书为闽南职业中学初级商科第九届毕业班之毕业纪念专刊，书中有校长叶谷虚和诸位教师的勖勉赠言，有同学对学校生活的回忆和毕业感言。书前有校董、校长、教师的照片和学生活动照片，书后附有同学通讯录。

厦门私立毓德女子中学纪念刊　毓德女中编　编者民国三十五年（1946年）刊行

此书为毓德女中抗战胜利复校后第一期毕业班的毕业纪念专刊，书中有校长陈竞明的寄语、张圣才的训词和诸位师长的赠言，有本级三位教师和所有同学附有照片的介绍，有同学之间的临别赠言，有回忆文章和感想，还有信笔写来的短文，充满青春的希望。

厦门女子公学民立学校报告年刊　厦门女子公学民立学校编　编者民国十六年（1927年）刊行

厦门女子公学于民国初年创办于傅厝墓，因生源发展，于民国十四年（1925年）购地筹建校舍于梧桐埕设分校，为民立学校。此书为该校年刊，内容包括沿革小引、章程、校董会及教职员一览、小学课程、学生课艺等资料。

国立海疆学校一览　龙光编　国立海疆学校民国三十六年（1947年）刊行

厦门旭瀛书院创立二十周年纪念志　旭瀛书院编　编者民国十九年（1930年）刊行

旭瀛书院由厦门台湾公会创办于清宣统二年（1910年），此书为其创立20周年纪念专志，内容包括书院沿革、重要记事、职员、校舍、生源等学事概况，20周年纪念之各方祝词、祝电、匾额等记录以及感言。其文字多为日文。

集美学校最近三年来概况　集美学校校董办公室编　泉州同文斋印书馆1940年出版

集美学校要览　集美学校编　编者民国三十七年（1948年）刊行

此书介绍集美学校的发展沿革、组织以及校董会、高中、水产航海职业学校、商业职业学校、初中、小学、科学馆、图书馆、医院、农场各部门之概况，后附有经费、建筑物、教职员与学生数、出版物等统计表、一览表。

集美学校十周年纪念刊　张真如编　集美学校民国十二年（1923年）刊行，未见

此书于《集美学校要览》载有存目，据存目"题要"，该书介绍集美学校十年建设发展概况和学校各项规程。

集美学校二十周年纪念刊　集美学校纪念刊编辑部编　集美印务公司民国二十二年（1933年）出版

此书正文由《二十周年祝典始末记》和总述、公共机构概况、各校概况三大篇组成。"总述"篇收录学校沿革、校主事略，全校编制、经济、建筑概况，编年小史，历任教员、历届学生、历年刊物、历届运动会成绩一览等资料；"公共机构概况"篇介绍校董会、科学馆、图书馆、教育推广部等机构概况；"各校概况"篇介绍集美中学等九所学校概况。正文前有校长叶采真之序校歌、校训和大量的照片、插图。

集美高级中学概况　集美学校编　编者民国三十六年（1947年）刊行

此书介绍集美高中史略、行政大纲，校务、教务、训导、体育、事务、军事训练等概况，并列有现任教职员一览、生数、籍贯、家庭职业、历届毕业生等图表。

集美初级中学概况　集美学校编　编者民国三十六年（1947年）刊行

此书介绍集美初中史略、行政大纲，教务、训导、体育、事务、童子军等校务概况和学校各项规程，并列有现任教职员一览表。

集美学校商科概况　集美学校商科编　编者民国十二年（1923年）刊行，未见

此书于《集美学校要览》载有存目，据存目"题要"，该书介绍集美学校商科之概况和章程。

集美高级商业职业学校概况　集美学校编　编者民国三十六年（1947年）刊行

此书介绍集美高级商业学校发展沿革、概况、组织系统、训育实施、军事训练和学校各项规程等。

集美商业学校第十组毕业纪念刊　集美商业学校编　编者民国二十二年（1933年）刊行

此书包括集美商校校史、组史，校主陈嘉庚、二校主陈敬贤以及校长、教职员照片，校舍等建筑设施照片，附有各位同学照片的毕业感言，学习生活照片和集美景观照片，学员的文艺作品、个人小传和通讯录，书前有叶采真校董、陈式锐校长等人为之序。

集美高级水产航海职业学校概况　集美学校编　编者民国三十六年（1947年）刊行

此书介绍集美高级水产航海学校发展沿革、概况、组织大纲和学校各项规程，以及教职员学生一览。

集美小学概况　集美学校编　编者民国三十六年（1947年）刊行

此书介绍集美小学校史、行政大纲，校务、教务、训导、体育、事务、童子军等概况和学校各项规程，并列各类图表。

集美科学馆概况　集美学校编　编者民国三十六年（1947年）刊行

此书介绍集美科学馆发展沿革、基本概况，分为沿革、组织系统、规程、标本仪器药品目录四部分。

集美学校编年小史　集美学校编　编者民国三十七年（1948年）刊行

此书记述集美学校起自民国2年（1913年）迄民国三十七年（1948年）的35年办学历史，其划分为创办、发展、改进、搬迁、复员五个时期，以编年体形式逐条记述该校历史发展主要事件。

集美学校最近三年来概况　集美学校校董办公室编　泉州同文斋印书馆民国二十九年（1940年）出版

此书为抗战期间集美学校迁校安溪、大田等地办学的近三年概况，其内容包括全校组织系统图、三年大事记、中小学与职业学校概况、教职员一览、三年毕业学生一览、在校学生一览以及抗战以来捐助款项统计。正文前有校董陈村牧之序、集美学村校舍被炸照片和安溪、大田临时校舍之平面图。

抗战期中的集美学校　集美学校校董会编　编者民国三十五年（1946年）刊行（未见）

此书于《集美学校要览》载有存目，据存目"题要"，该书乃抗战期中集美学校的基本概况。

集美校友论著（第1辑）　集美学校校董会编　编者民国三十二年（1943年）刊行，未见

此书于《集美学校要览》载有存目，据存目"题要"，该书收入集美学校各科校友学术论著。

集美校友论著（第2辑）　集美学校校董会编　编者民国三十七年（1948年）刊行

此书收入集美学校校友包树棠的《两汉文学刍议》、顾一尘的《论象征诗》等12篇学术论文。

思明乡土教科书　李禧编　培文印书馆民国十二年（1923年）出版

李禧（1883—1964年），字绣伊，号小谷，厦门人。清末毕业于全闽师范学堂。1912年至1938年，历任厦门竞存小学校长、厦门（思明）教育会副会长、

市政会董事。厦门沦陷时避居香港。抗战胜利后，曾任厦门市临时参议员，后任厦门图书馆馆长、厦门市政协委员、福建省文史研究馆馆员。此书系以厦门岛内（不包括禾山）区域的历史、地理、政治、经济、文化等状况等为内容编的教材。

三、体　育

体育漫谈　陈掌谔编　东南出版社民国三十七年（1948年）出版

陈掌谔（1897—1981年），厦门人。美国春田体育大学毕业，回国后在暨南大学和厦门大学主持体育教务。1938年赴菲律宾。此书收其《菲律宾华侨篮球队参加全运的使命》《华侨体育》《拳术之斗》等17篇体育论文。文后有署名小秀的跋。

高尔夫新术　陈掌谔撰　厦门竞强体育会民国二十六年（1937年）刊行

此书为高尔夫球运动技术专著，全书分为棍之选择、初步三则、发球击法、界内击法等10章。

古代奥林比克运动会史　陈掌谔撰　1952年刊行

菲律宾体育与华侨　陈掌谔撰　菲律宾体育编纂社民国十九年（1930年）出版

此书介绍菲律宾的华侨选手和华侨学校体育情况。全书分为菲岛体育、华侨体育、体育界名人小史、体育言论、体育指南和结论六章，正文前有菲外交总长五正廷、驻菲总领事邝煦堃、厦门海军航空处处长陈文麟、菲华侨教育会会长林西锦、小吕宋中西学校校长颜文初、厦门况存学校校长李禧、岷里拉中西日报总编林籁余撰序及作者自序。

扶桑纪游　林珠光编　菲律宾中华青年会篮球队民国十六年（1927年）马尼拉刊行

林珠光（1901—1975年），又名聚根，厦门人，侨居菲律宾。在家乡创办云梯学校，并长期担任厦门双十中学董事长。热心菲华体育活动，先后担任菲律宾中华青年会会长、体育部田径队主任等职。此书为其1924年赞助并率领菲华男篮前往参加在武昌举行的民国第三届全运会时的见闻。

棋坛拾零　白锦祥撰　台北市青年文化书局1952年出版

白锦祥（1920—1996年），厦门人。幼时习弈，1935年击败当时棋王谢侠逊而获棋坛神童之誉。1949年到台湾发展，成为台湾棋王。

第四节 语言、文字

一、语音

双声谱（一卷） （明）林霍撰 存目载《同安县志·艺文》

林霍，字子濩，号沧湄，同安榄里人。博洽能文，究心音韵之学。南明隆武二年（1646年）秋，迁居厦门，流连于虎溪岩、白鹤岭山水之间，称遗民终身。此书系研究泉州古音韵之韵谱。

小学音韵 （明）阮旻锡撰 存目载《同安县志·艺文》

阮旻锡，里居、阅历见第二章第一节"二、儒学"之《易阙疑》。此书乃研究汉字字音的声、韵、调专著。

八音定诀 （清）叶开温撰 清光绪二十年（1894年）刻本之校抄本，藏福师大馆；宣统元年（1909年）厦门倍文斋活版铅字本，藏厦大馆；民国十三年（1924年）厦门会文书局石印本，藏厦门市馆

叶开温，又作叶开恩，清同治、光绪年间人，里居、阅历不详。该书是一部以厦门音为主，混合着漳泉腔的闽南方言韵书。作者因《康熙字典》之反切音不易辨读，而最便于商贾之用的《十五音》，则"字义既繁，帙数尤多，而且一字一音欲识何字，本中难于翻寻"，于是"将《十五音》之中，删繁就简，汇为八音，订作一本，颜曰《八音定诀》。商贾之人尤为简便，不但舟车便于携带，而且寻字一目可以了然"。与《十五音》等其它闽南方言韵书相比较，该书在继承的基础上，从排列格式、选取用字和例字组词三方面进行改造，克服了《十五音》存在的缺点，形成了自己的特色。而其更为主要的特点是以厦门音为基础编纂而成，保留了百年前厦门话的语音面貌，可作为研究厦门乃至闽南地区方言发展变化的佐证。

华夷通语 （清）林衡南撰 原名《通夷新语》，清光绪三年（1877年）出版；清光绪九年（1883年）李清辉校订石印本，易名为《华夷通语》，藏上海馆

林衡南（？—1896年），名光铨，字衡南，同安金门人。咸丰末年（约1861年）旅居新加坡，创办第一家华人印务馆"古友轩"，承印中西文图书，兼印马来亚文书籍。1890年创办商业性中文日报《星报》，为星马最早正式华文报之一，被誉为新加坡文化先驱。此书为海外第一本华侨撰写的马来语闽南话对照词典，采用马来语汉语闽南话词表加罗马字注释，方便华人学习马来语。

一目了然初阶 （清）卢戆章撰 清光绪十八年（1892年）厦门倍文斋印本

卢戆章（1854—1928年），本名担，字雪樵，同安感化里古屿保古庄人。自幼资质聪颖，九岁入学，十八岁科举落第。同治十三年（1874年），赴新加坡，半工半读，专习英文。光绪四年（1878年）返厦，寓鼓浪屿日光岩下，应英国传教士马约翰之聘，助译《华英字典》。感于汉字不易习认，阻碍教育普及，萌生改革之意，专心研究切音字，发明汉字拼音之法，于清光绪十八年（1892年）在厦门五崎顶倍文斋自费出版《一目了然初阶》。此书乃"中国切音新字"之厦腔读本，内容包括卢戆章创制的中国切音总字母表、切音方法以及五十五篇用汉字对照的切音字通俗读物。在此书基础上，卢戆章于次年，又在厦门出版节本《新字厦腔》。

中国字母北京切音教科书 （清）卢戆章撰 上海点石斋光绪三十年（1904年）石印本

此书乃"中国切音新字"的国语读本，原名《中国切音新字》，于光绪三十一年（1905年）在上海点石斋石印出版，后改为现名。

中国字母北京切音合订 （清）卢戆章撰 上海点石斋光绪三十年（1904年）石印本

此书乃《中国字母北京切音教科书》的修订本。回厦后，卢戆章又先后出版《中国新字》（包括国语字母和厦语字母）、《中华新字》（包括国语通俗教科书和泉漳语通俗教科书），不遗余力地宣传推广其切音新字。

英汉厦门方言罗马注音手册 ［美］罗啻撰 1855年出版

罗啻（1809—1864年），生于美国纽约。1836年，神学院毕业，牧师。1844年初派往厦门，在新街礼拜堂工作了14年。1850年，和打马字、养雅各医生等宣教士，创造了以拉丁字母连缀切音的闽南语白话字。1852年，啻将《约翰福音》译为闽南白话，为最早的《圣经》闽南语书卷。

厦门方言手册 ［英］麦嘉湖·约翰撰 1871年厦门出版

麦嘉湖·约翰（1835—1922年），又作马约翰，出生于北爱尔兰，毕业于伦敦英国长老会神学院，英国伦敦传道会传教士，1863年由上海转至厦门，在华传教凡50年。此书为厦门话初学指南，刊印后得到好评，而有陆续修订本出版。

厦门方言英汉辞典 ［英］麦嘉湖·约翰撰 1883年伦敦出版

此书是方言英汉对照的辞书。其"引言"首先简述厦门、漳州、泉州和同安四个闽南方言点的情况，继而详细描写厦门方言的声母、单元音和复无意韵母的音值，还简述了鼻间的读音特点，以及声调。辞典的正文以巩6字母为序，先罗列英语单词或词组，再译成汉语，再将其译成厦门方言的罗马读音，凡单字者先注文读音后注白读音。厦译并列汉字及罗马拼音白话字是该辞典的特色。正文之后有附录。麦嘉湖还著有《中国人的生活方式》《中华帝国史》《中国民间故事》和《与竹为邻》等书。

厦门音汉英大辞典 ［英］杜嘉德撰 伦敦杜鲁伯那公司1873年出版

杜嘉德（1830—1877年），苏格兰长老会来华的传教士，1855年来华，在厦门及闽南传教20多年。此书又名《厦英大辞典》，是第一部厦门腔白话华英辞典。

厦门音的字典 ［美］打马字撰 1894年初版、鼓浪屿萃经堂1913年三版

打马字，即塔尔梅奇·约翰·范内斯特（1819—1892年），美国归正教会传教士。1847年来华，在厦门传教42年。此书参考《厦门音汉英大辞典》编纂而成，是颇具特色的闽南方言辞典。

厦门音新字典 ［英］甘为霖撰 新楼英国宣教师住所1913年初版

甘为霖，又译作威廉·坎贝尔（1841—1921年），苏格兰人。毕业于英国格拉斯哥大学。1871年应英国基督长老教会之聘，到台湾传教。开设台湾第一间盲人学校。1913年，用教会罗马字编撰了《厦门音新字典》。此书是闽南语白话字辞典，其体例乃按照汉字读音的排列来编纂，先列出汉字的读音再写出其对应的汉字，最后列该字的释例。其收集的字比打马字的《厦门音的字典》多，共收录约1.5万字。正文前有甘为霖的英文序言和白话文序言。该书在台湾最为通行，到1997年已印19版。

厦门话字典补编 ［英］巴克礼撰 上海商务印书馆1923年出版

巴克礼（1849—1935年），苏格兰人。毕业于苏格兰自由教会神学院。1874年抵达厦门，在厦学习闽南语。1875年赴台传教。1880年创建府城大学。1913年开始对杜嘉德的《厦英大辞典》进行重新编纂，补其所缺。其基本保持《厦英大辞典》的体例，而最大功绩是为每个音节配上一个汉字。同时，删除了漳州、泉州的方言韵类，所反映的是厦门方言韵类。

新出活字快话机 乔仲敏撰 厦门倍文印书馆民国九年（1920年）再版

乔仲敏，北京人，旅居厦门，执教于鼓浪屿英华书院、福民学校、明道女学等校十余年，汉字注音发明者卢戆章的门生。因有感于闽厦人士学习国语缺乏具有科学教法的专书，乃以其在厦多年的教学经验，编纂此书。此书为汉字注音教授法，其目的即为该书封页上所署的"促进统一语言""赞助士农工商"。该书有汀州袁申甫和厦门女子公学庄英才的序。序后为《说明教授须知》，并列部首（即声母）23个、部尾（即韵母）21个，以及拼字之式，另有课文22篇。其编写体例完备，内容简明扼要。

中华国语音声字制 周辨明编 厦门大学语言科学系民国十二年（1923年）刊行

周辨明（1891—1984年），字忭民，福建惠安人。1911年毕业于上海圣约翰大学，1921年至1948年先后任厦大外国语言文学系主任、文学院院长。拼音字是兼有形义字的一种文字改革方案。用罗马字拼音，组字、标声，使人一看即知字音、字声，又可就体取义。此书详细介绍了作者创建的拉丁字母拼音方案

的拼写规则。其设计思路继承赵元任的主张,但其在拼法上自有特点。

厦语音韵声调之构造与性质及其于中国音韵学上某项问题之关系 周辨明撰 厦门大学语言学系民国二十三年(1934年)出版

此书系作者1930年撰于德国的论著,为英文文稿。全书共六章,包括导言,厦音之构造,厦语声调之性质,厦语与切韵,古浊上声、鼻音声母等其他问题,结论等内容。正文前有作者的中文自序,介绍该书之内容与体例。

八年抗战中国语文国际化的进展:Q.R. 1937—1945 周辨明撰 国立厦门大学文学院民国三十四年(1945年)出版

此书介绍八年抗战中国语文国际化的进展、国语罗马字的方案、国语罗马字基本字汇等。书末编后附言"基本汉字的选择""中国语言文字学会章程草案"。

英语口头日用语 国语对照 周辨明撰 国立厦门大学民国三十六年(1947年)出版

此书为中英文对照的口头日用语,作为大学初年级英语复习手册。正文前有《英语句调蠡测》和《英语注意符号》

厦语入门 周辨明撰 厦门厦语社民国九年(1920年)出版,未见

英文文法纲要及句子阵容的分析 周辨明撰 国立厦门大学民国三十六年(1947年)出版,未见

厦语拼音之改进:厦语入门修订本 周辨明撰 厦门大学同文社民国三十八年(1949年)刊行,未见

国语罗马字新读本 周辨明、黄典诚编 前驱国语社民国二十八年(1939年)出版

黄典诚(1914—1993年)字伯虔,笔名黄乾,福建龙溪(漳州)人。1937年毕业于厦门大学文学语言系,任福建省立龙溪简易师范国语教员,1938年2月至1981年任厦门大学语言系助教、讲师、副教授、教授。此书包括王璞的模范语、赵元任的国语留声机片课本、高本汉的国语读本、杂文等国语罗马字读本。读本前有序论《在迈进中的国罗马字》,三式罗马字对照的《总理遗言》以及《国语罗马字的方案》。

语言学概要 周辨明、黄典诚编译 厦门大学民国三十四年(1945年)刊行

此书为语言学基础理论,共八章,内容包括语言基础的原理、语言的原料和取材、深化中的语言、形态与功用之相应、意谓与意谓之变迁、文字、语言的地理、语言的分类等,后附《中国古今方言注音记调实用字母调符的研究》《转注抶原》两文。

华英菲西商业社交西会话大全:厦门音 博文书局编著 博文书局民国三十七年(1948年)出版

厦门语系研究　陈延庭撰　漳州华声通讯社民国三十四年（1945年）出版

陈延庭（1888—1983年），原名庆，同安人。1910年毕业于福建高等师范学堂。历任厦门竞存小学、厦门中学堂教员，厦门大学总务处、建筑部主任，集美学校教育推广部主任，曾倡设厦门语言研究会。此书为其厦门语系研究之专著，论述厦门语系之专名、厦门语之来源、闽南话之地区分布与传播、厦门语系之风俗等内容。

厦门音系　罗常培撰　国立中央研究院历史语言研究所民国十九年（1930年）刊行；科学出版社1956年再版

罗常培（1899—1958年），北京人。1926年任教于厦门大学，对厦门方言深入调研，编纂此书。此书应用现代语音学的方法，对厦门方言的语音、音韵、标音等进行详细分析，准确描写其音值的细微区别，归纳出厦门话"字音"和"话音"转变条理的三种类型，并根据国语罗马字的原则拟订了一个厦门方言罗马字系统。

二、文字、词汇

正谷堂千字文（二卷）　（明）洪朱祉编纂　"中国书网"有缩微品

洪朱祉，字尔蕃，同安翔凤柏埔（今翔安区洪厝村）人，洪觐光之子。明贡生出身，历官鸿胪寺序班、广西南海卫经历，崇祯四年至七年（1631—1634年），任广西藤县主簿（见同治《梧州府志》，而民国《同安县志》则作"知藤县事"）。此书为篆释《千字文》，民国《同安县志·选举》有贡生洪朱祉"篆释《千字文》及《诗韵》"之记载，《晃岩集》中收有池显方所撰之《篆千字文序》，序云："吾友洪尔蕃氏，笃学嗜古、工诗善绘，皆希唐以上，不染近代。宦游归隐，复追神古篆。日搜残碑名帖三十六种，书体于《千字文》，下集七千七百有六字，敌《说文》九千三百余字，括《玉篇》二十余万字，以课儿曹，仿周礼八岁入小学，教六书、汉律，十七岁已上试籀书之意。"

与畊堂学字（二卷）　（明）卢若腾撰　有自序存世

卢若腾（1598—1664年），字闲之，又字海运，号牧洲，同安贤聚（今属金门）人。明崇祯十三年（1640年）进士，授兵部主事，升郎中，外迁浙江布政司左参议，分司宁绍巡海兵备道。南明隆武元年（1645年），授右副都御史，巡抚温、处、宁、台，后加兵部尚书。清军南下，力战负伤，辗转入闽海，归居金门。南明永历十八年（1664年）年东渡赴台，寓澎湖，病亟而卒。此书乃卢若腾为儿辈所编的字书，《与畊堂学字引语自序》云："少壮不勤，老乃大悔，救悔莫如学，而时已晚矣。亟勉儿曹，使及少壮而学焉。聊拈数百字，示以蹊跷，苟玩索而知其味，学当自此而始也。凡某字本作某字，及某字与某字通者，古之所尚，今多不尔。编中并载十之一、二，欲令小子引伸触类，稍悟字有源流，若泥古用之，而谓可以傲人以其所不知，则有不必矣。"卢若腾著作等身，然存世不多。据台湾陈汉光《岛噫诗·弁言》称："民国四十八年春间，余与陈陛章先生合撰《卢若腾之诗文》，收诗三十五首。同年冬，因金门鲁王冢发现，偕廖汉臣兄前往考查，得知若腾《留庵文集》十八卷、《留庵诗集》二卷、《与畊堂学字》二卷、《制义》一卷、《岛噫诗》一卷等书尚存。"

尔雅撮要（一卷）（清）陈耀磻撰　存目载《同安县志·艺文》

陈耀磻，里居、阅历见第二章第一节"二、儒学"之《四书改错》。此书乃作者研习《尔雅》的笔记。

古今文字通释（十四卷）（清）吕世宜撰　清同治二年（1863年）刊本，藏上海馆；清光绪五年（1879年）龙溪林维源刻本，藏福建省馆、福师大馆、厦大历史系、人大馆、国家馆、中科院馆、南京馆；民国十一年（1922年）林菽庄刊本八册，藏厦门市馆、泉州市馆、福建省馆、福师大馆、辽宁省馆、上海馆。另有续修四库全书本，入经部小学类

吕世宜，里居、阅历见第二章第一节"二、儒学"《经传子史集览》。此书原题《宜略识字》，其友庄诚甫易以今名。其晚年定本手稿授予门生龙溪林家，越二十余年，林维源于光绪五年刊刻，有吕世宜于咸丰三年（1853年）所撰自序及林维源、陈棨仁之序。民国刊本又有林菽庄为之序。此书取段玉裁《说文解字注》中的通假字、古今字、或体字、俗字、隶变等方面的字例，从汉字的字形入手详为疏证。陈棨仁序云："同安孝廉吕西村先生，精篆隶之法，盛有时名。沿波订原，因而究心六书之旨。所著《古今文字通释》十四卷，取金坛段氏《说文》之注而甄择之，凡重文者，或体者，经典异文者，篆隶□变者，假借者，通用者，俗作俗淆者，盖四千三百五十三字，依鄹氏部居，详为疏证。最凡用段注者十之六，补段注者十之三，正段注者十之一。略音韵而敷讲形义，于戏先生之书，可谓能得其要者矣。"《福建通志》谓此书"刺取说文之字有假借、通用者，多采诸家之说古之文而成"。

千字文通释（四卷）（清）吕世宜撰　侯官杨浚校抄本，藏福建省馆

此书系对《千字文》之释解。《课余读录》云："乾嘉之际，闽以篆、隶名家者，上游则伊秉绶墨卿，下游则西村。墨卿宜大，西村宜水。其四十九石山房所临汉隶缩本，极为精工，较之钱梅溪，似胜数倍。此书为杨雪沧过录，欲为之刻未刻也。中所释不过千字文，然有本之学，源委分明。小生抱书入学堂，以此为先河之资，亦可不迷于所往矣。"

爱吾庐笔记：不分卷（清）吕世宜撰　清道光二十八年（1848年）以古为鉴之斋藏刻本三册，藏厦门市馆

此书为学术笔记，"采诸家之说古之文"以释经义，引经据典，分辨正误。

其内容包含经义考核、文字考释等。成于日记，随手掇录，乃举以示生徒。陈庆镛序云："实事求是，能于本朝阎潜邱、钱潜研、刘武进数先生外，独辟已见，补所未备。其辨仞古籍，则直追仓史籒流，扫洪、薛、欧、赵而空之。折衷贵当，能发六书神旨，书视桂氏，篇帙稍简，而醇实过之。"《课余偶录》称该书与《义门读书记》相似。

万国通语论　周辨明编译　商务印书馆民国二十二年（1933年）出版

周辨明，里居、阅历见本章本节"一、语音"之《中华国语音声字制》。此书乃采自 Pankhurst 的《国际语之将来》及耶斯柏孙的有关著述编译而成。通过论述"万国通语"（即世界语）的形成、逻辑性、独创性、仿造性及其应具备的条件等方面，对世界语将来的发展进行探讨。作者旨在向国人介绍一种万国通用的语言。

拉丁化呢国语罗马字呢　周辨明撰　厦门大学语言学系民国二十五年（1936年）出版

作者针对拉丁化与国语罗马字学者都主张采用罗马字母拼写新文字趋势，通过拉丁化与国语罗马字二者间的比较，分析两者在注音、声调和读音的不同处，论述其主张采用国语罗马字的理由。

半周字汇索引　周辨明编　厦门出版社民国十七年（1928年）出版

此书介绍汉字分类索引方法。前为索引法说明，后为字表，收6915字。用半周索引法检字。

半周钥笔索引法　周辨明撰　厦门大学语言学系民国二十三年（1934年）出版

半周钥笔索引法为著者创编的汉字检字法，发表于民国十七年（1928年）。此书介绍其检字法、排字法、各类钥笔说明、形目说以及解字方法。

国音字汇及电码书　周辨明撰　厦门大学语言学系民国二十六年（1937年）出版

此书收字万余，每字注明国语罗马字拼音、旧电报号码、罗马字母电码及次序编号。按编者创编的检字法检字。文前有郑贞文、郦承铨、曾国棠、台静农之序和作者自序。

Q.R.国语罗马字基本词汇　周辨明撰　民国二十六年（1937年）出版　出版者未详

此书是作者创造的"通性方言际的拼音"，对《国语罗马字拼音法式》进行修正，旨在"造成一种可以代替国语汉文的文字"。

中文图书索引与半周钥笔法　周辨明撰　厦门大学图书馆民国二十四年（1935年）刊行

儿童与成人常用字汇之调查及比较　杜佐周、蒋成堃编　厦门大学教育学

院1933年刊行

杜佐周，里居、阅历见本章第三节"二、教育"之《教育与学校行政原理》。此书收集日常说话、读书、写字、作文以及各方面所常用的单字加以分析、统计和比较，以供文字教育参考。

三、外　语

英文文法纲要及句子阵容的分析　周辨明撰　国立厦门大学民国三十六年（1947年）出版，未见

双解实用英汉字典　李登辉编　上海商务印书馆民国二十四年（1935年）出版

李登辉（1873—1947年），字腾飞，同安人，生于印尼雅加达。美国耶鲁大学文学士，历任寰球中国学生会主席、上海复旦公学英文部主任、中华书局英文总编辑、复旦公学校长。此书以 Winston Simplified Dictionary 为蓝本，参考Oxford，Webster，Standard，Century及汉译各大字典、辞典补充而成，共收入5.2余字。取材以实用为主，除普通单字、专门名词外，亦附入成语、俚语、同义字、反义字等。卷末附商用略语200余则。

李氏英语文范　李登辉编　上海商务印书馆民国三十七年（1948年）出版，未见）

文化英文读本（三册）　李登辉编　上海商务印书馆民国十八年（1929年）出版，未见

李氏英语修辞作文合编　李登辉编　上海商务印书馆民国二十一年（1932年）出版，未见

李氏英语修辞学　中国问题之重要因素　李登辉撰，未见

最新英华会话大全　李登辉、杨锦森编　上海中华书局民国十九年（1930年）出版

此书为英汉对照的会话大全，旨在练习语言。全书分两篇，一篇为单语；二篇为会话，计课文68篇。选材概以通常语言为主，不尚高深，务求简洁。

改订新制中华英文教科书（全三册）　李登辉、杨锦森编　上海中华书局1914年、1919年出版

此书为高等小学校专用之英文课本。

英文尺牍大全　李登辉、杨锦森编　上海中华书局民国四年（1915年）出版

此书为英语书信范文，介绍英文书信的形式和要求，社交、私人及商务书信的写法，旨在练习英文书信写作。

翻译问题解答　李登辉编　上海商务印书馆民国十八年（1929年）初版
此书为翻译实习的指导书，英汉对照。
华英菲西商业社交会话大全：厦门音　林世钦撰　博文书局民国二十年（1931年）出版，未见

第四章　文学艺术文献

　　文学是意识的产物。古代称为文学之文献，其文体既包含有文学性的诗、赋、散文等，也有应用性的奏折、碑铭等和学术性的论说、考辨、题跋等。现代之文学，则专指用语言文字塑造形象以反映社会生活、表达思想感情的艺术，通常分为诗歌、散文、小说、戏剧等体裁。文学作品在厦门文献总量中占比最大，且问世最早，唐代陈黯的《颍川先生集》和《裨正书》，导厦门文献之先河。

　　自唐代陈黯以文学崛起一隅，厦门文风彬彬日盛。历朝厦门文人名士多有文集，方志艺文中著录的诗文集存目有四百余部，而今尚存世者有80部，既有为民勤政之作，如苏颂的《苏魏公文集》、陈如松的《莲山堂文集》等；亦有放情山水之咏，如池显方的《晃岩集》、黄日纪的《归田集》等；还有亡国遗恨之叹，如邱葵的《钓矶诗集》、卢若腾的《岛噫集》等，尽是著者毕生立德立言之心声。

　　民国时期，传统的古典文风仍在厦门文学作品中沿袭下来，主要表现在作为中国古典文化瑰宝的旧体诗上。从民国初期林尔嘉菽庄吟社刊行的十多部诗集及吟社成员沈琇莹、龚植、周殿薰等人的诗集，到20年代初鹭江梅社、海天吟社编辑的诗集，再到抗战胜利后的笕笥吟社成员李禧、翁吉人、虞愚等人的诗集，整个民国时期，旧体诗作品仍是不时出现。然而，"五四"新文化运动所刮起的狂风不可避免地冲击厦门的文学创作。20世纪20年代，一批新文化运动的主要人物如林语堂、鲁迅、谢冰莹、汪静之等先后到厦门大学、集美学校任教，在厦门点燃新文化的火种。二三十年代厦门文学社团雨后春笋般涌现，如黄君发等人组织的瞰潮社，曾逸梅等人组织的实艺研究社，马寒冰、赵家欣等人组织的天竹文艺社，童晴岚、连城等人组织的厦门诗歌会，等等。空前活跃的文学活动，催生了一部部以科学民主反封建为主题的文学作品。这些作品体裁丰富，如童晴岚、连城等人的诗歌，陈梦韶、李维修等人的剧本，高云览、洪辛等人的小说，赵家欣的报告文学，库伦、陈荧等人的散文，谢云声的民间文学。

　　除了文学，作为用形象来反映现实的艺术，还包括美术、音乐、舞蹈、戏剧、电影等类型。厦门的艺术文献，古代类型较少，而近现代则发展出绘画、书法、摄影、音乐、戏剧、曲艺等类型作品，民国时期周淑安、江文也的音乐作品，是厦门具有代表性的艺术文献。

第一节 文 学

一、文学研究、评论

林次崖先生编次批点古文类抄（十二卷） （明）林希元编　天一阁藏明刊本；明嘉靖三十年（1551年）陈堂校刻本；嘉靖四十年（1561年）余氏自新斋刻本

林希元，里居、阅历见第二章第一节"二、儒学"之《易经存疑》。此书乃林希元点评先秦至唐宋古文。

骆丞文钞评林　（明）蒋孟育撰　存目载《同安县志·艺文》

蒋孟育（1558—1619年），字道力，号恬庵，同安澳头（今属翔安区新店镇）人，后迁居金门。明万历十六、十七年（1588、1589年）联第进士，授翰林院庶吉士，历国子监祭酒、南吏部侍郎。此书当为作者对唐代《骆宾王文钞》注释、评点的辑录。

客斋诗话（六卷） （明）陈基虞撰　明刻本，藏国家馆

陈基虞（1565—1643年），字志华，号宾门，同安阳翟（今属金门）人。明万历十七年（1589年）进士，初授萧山知县，历南雄府推官、廉州府、顺德府知府，官至广东按察副使。此书乃陈基虞集平素读书所得，杂记历代诗人轶事异闻、名篇佳句，多考订字韵正误、诗语出处、名物典故之类，不甚发明诗学。其主证考，当受杨慎影响，诸卷亦颇可见引据杨氏诗话处。

说诗　（明）池显方撰　存目载《同安县志·艺文》

池显方，里居、阅历见第二章第一节"二、儒学"之《说书》。此书自序载《晃岩集·卷十二》，序云："善说诗者，莫如子夏。大序之传，人犹疑之，况齐、鲁、毛、郑诸家乎？夫说诗与作诗并难者也。作诗者，其感物前、其寄象外；说诗者，本无感寄，而代诗人为感寄。说风而被人不远，说雅而洗俗不净，说颂而形容不真者，不解说也。即说风，而不能通之雅、颂；说雅、颂而不能通之风，亦不解说也。即说风、雅、颂，而仅写诗人之感寄，不能写自心之感寄，亦不解说也。人谓诗之有功于世，不在作而在删者。余谓夫子之有功于诗，不在能删而在能说。括三百于'思无邪'之一言，非圣人能若是说乎？"

沧湄诗话　（明）林霍撰　存目载《同安县志·艺文》

林霍，里居、阅历见第三章第四节"一、语音"之《双声谱》。此书乃作者评论诗歌、诗派的著述。

唐人雅音集　唐七言律式　杜诗三评　夕阳寮诗论　诗韵　（明）阮旻锡撰

存目载《厦门志·艺文略》

阮旻锡,里居、阅历见第二章第一节"二、儒学"之《易阙疑》。阮旻锡擅长诗词创作,且颇有研究,著述甚丰,而佚亡者亦不少。这些著述当为其诗词研究之作品。

明八大家集 (清)张汝瑚辑 清康熙二十一年(1682年)温陵郢雪书林刻本,藏上海馆、天津馆、北师大馆;康熙年间刊本六十二卷、视古堂印本六十七卷,藏人大馆

张汝瑚,字夏钟,号虚岩,同安青屿(今属金门)人。明崇祯十五年(1642年)举人,清顺治十二年(1655年)礼部会试,中乙榜,授清源知县。性嗜学,凡经史子集宋儒诸书,无不熟复玩味。购求明代遗文三百余家,逐一评点。此书辑明代宋濂、刘基、方孝孺、王守仁、唐顺之、王慎中、归有光、茅坤八人文章,分别评点。

明五大家集(五十卷) (清)张汝瑚辑 清康熙二十一年(1682年)视古堂刻本,藏国家馆

此书辑明末清初五大学者黄宗羲、顾炎武、方以智、王夫之、朱舜水的文章,分别评点。

明十一家集(百十四卷) (清)张汝瑚辑 清康熙二十一年(1682年)晋江张氏郢雪书林刻本,藏福师大馆

此书为张汝瑚对明代名家名文之评点。

明六名家集(五十四卷) (清)张汝瑚辑 清康熙二十一年(1682年)视古堂刻本,藏国家馆

此书为张汝瑚对明代名家名文之评点。

宋四家诗评 (清)陈可远撰 存目载《同安县志·艺文》

陈可远,里居、阅历见第二章第一节"二、儒学"之《大易参订》。宋四家当指宋代著名四位才子苏轼、陆游、黄庭坚、范成大。其诗集的代表作为苏轼的《东坡诗钞》、陆游的《放翁诗集》、黄庭坚的《山谷诗钞》和范成大《石湖诗钞》。此书当为作者对四家诗作的评点。

闽中诗话 宋诗论世 (清)叶晴峰撰 存目载《同安县志·艺文》

叶晴峰,字子机,同安感化里人。清代邑诸生,喜读书,工诗赋。

璧峰诗话 唐诗汇韵 (清)张承禄撰 存目载《厦门志·艺文略》

张承禄,字其在,同安嘉禾里(今厦门岛)人。任情适性,啸歌自乐,有古狷者风,为清代厦门云洲诗社"云洲八子"之一。此两部著述当为诗论作品。《嘉禾名胜记》中收有其《游醴泉洞》《钓鳌亭》等诗13首。

古文文法评注 (清)林为洛撰 存目载《厦门志·艺文略》

林为洛,字呈九,号雪巢,先世莆田县黄石人,后居厦门,为诸生教授。

奇文类铨（六卷）（清）林云祥撰　存目载《马巷厅志·人物》

林云祥，字君辑，清代马巷厅人。监生。弱冠父殁，遂辍举业，深研。此书当为其评议经史名篇，分类编辑之作品。

五百石洞天挥麈（十二卷）　丘炜萲撰　清光绪二十五年（1899年）观天演斋校刊本；清光绪二十五年（1899年）富文斋刻本，藏国家馆、厦门市馆；续修四库全书本

丘炜萲（1874—1941年），初名征兰，字萱娱，号菽园，别号啸虹生、绣原，福建海澄新垵（今属厦门海沧区新阳街道）人。清光绪二十年（1894年）举人。次年父丧，赴新加坡继承家业。以"能将文化开南岛"自许，创办《天南新报》，在新加坡传播中华文化。此书采录近人之诗、论，以"诗话"形式援佛谈诗，话题甚活。作者在海外得五百奇石，故名。

挥麈拾遗（六卷）　丘炜萲撰　光绪二十八年（1902年）观天演斋铅印本，藏国家馆；续修四库全书本

此书体例类似"诗话"，为作者对历代诗歌的评论，尤其对多数晚清诗人均有评价，涉及诗人相当宽泛，可存史料，可资参考。同时对闽粤地方文人诗人也很关注。

杜诗研究　李白诗研究　黄鸿翔撰　存目载《近代七言绝句初集》

黄鸿翔（1881—1944年），字幼垣、景度，台湾嘉义人。乙未内渡，定居厦门。光绪二十八年（1902年）中举人。后赴日留学，毕业于日本东京法政大学。曾参与厦门各界反对英国扩占"海后滩"租界的斗争，编成《厦门海后滩交涉档案摘要》，为收回英租界提供交涉的法律根据。1921年应聘为厦门大学教授兼厦门大学董事会董事。1938年厦门沦陷后避难香港。此二书当为其唐诗研究之专著。

唐宋词选注集评　余謇编　青年图书出版社民国三十四年（1945年）出版，藏厦门市馆

余謇（1886—1953年），字仲詹，别署苦竹溪民，江西南昌人。光绪二十九年（1903年）举人，宣统元年（1909年）入京师大学堂。毕业后任教于江西省立一中、江西私立心远大学。1927年受聘为厦门大学教授，直至逝世。此书选注李白、张志和、白居易、韩偓、欧阳炯、欧阳修、王安石、司马光、李清照、陈与义、辛弃疾、文天祥等105人的词200余首。书末附金人吴激、蔡松年、元好问、陈参政4人的词8首。

唐人律诗之研究　诗本事补　食破砚斋谈艺录　苏警予著　存目载《苏警予先生传记》

苏警予（1894—1965年），又名苏甦，字耕余，福建厦门人。早年参加中国同盟会。曾任同文书院等校教员、新民书社编辑。"七七"事变后避居菲律宾，任菲律宾华侨援助抗敌协会秘书，菲律宾诗社"籁社"首届社长。此三书均未见，

《旷劫集》中谢云声所撰的《苏警予先生传记》录有存目。

现代中国艺术界　巴宁撰　文艺批判社民国十九年（1930年）出版，藏上海馆

巴宁（1903—1951年），福建海澄新垵（今属厦门海沧区）人。1921年赴缅甸。曾任缅华文艺界救国后援会常务理事、《新仰光报》笔政。此书为其文学评论集，包括《现代一群作家的尾巴》《现代中国文艺解剖》《提倡新兴艺术的不通》《现代中国艺术的奴性》《给新兴文艺界的谈判》《卖文》6篇文章。

中国文学史　林庚撰　厦门大学民国三十六年（1947年）出版，藏厦门市馆、上海馆、福建省馆

林庚（1910—2006年），字静希，福建闽侯人。1933年毕业于清华大学，1937年任厦门大学教授。此书分成"启蒙时代""黄金时代""白银时代""黑夜时代"四编。作者用诗人的锐眼看中国文学史，阐述了许多独到之见。

谈诗稿　林庚撰　厦大出版组民国三十年（1941年）油印本

此书收入作者谈诗散文19篇，上自风骚，下迄唐宋，多乃零星诗句的点滴体会，如《风雨如晦鸡鸣不已》《青青子衿》及《劝君更尽一杯酒西出阳关无故人》等篇，作者通过不同的角度来取得对诗的概括性认识。

鹧鸪赋笺释　黄典诚撰　厦门大学中国文学系民国三十三年（1944年）刊行

黄典诚，里居、阅历见第三章第四节"一、语音"之《国语罗马字新读本》。此书为黄典诚笺注明末遗民徐枋所作的《鹧鸪赋》。

二、文集、综合集

颍川先生集（五卷）　（唐）陈黯撰　存目载《厦门志·艺文略》

陈黯（约805—877年），字希儒，号昌晦，福建南安嘉禾屿（今厦门岛）人。幼能诗，十三岁献清源牧诗，名闻乡里。然屡举不第，年过花甲仍无功名，遂隐居嘉禾屿金榜山麓，读书终身，自号"场老"。一生诗文甚多，但多毁于兵火。此书为其内侄黄滔从其季子陈蘧处索求遗稿，得文31首，赋若干首，并从他处搜集诗若干首，汇编而成，分文、赋、诗、笺、檄五卷，有黄滔、罗隐为之作序。黄滔序云："先生之文，词不尚奇，切理也；意不偶立，重师古也。其诗篇、词赋、笺檄，皆精而切，于官试尤工。"

禆正书（三卷）　（唐）陈黯撰　存目载《厦门志·艺文略》

此书为南宋朱熹主簿同安时，自陈黯家中访得，亲自校订并为之作序。该序收入朱熹门人陈利用编辑的《朱文公大同集》之中，《厦门志·艺文略》等志书亦载有该序。序云："《禆正书》凡四十九篇。熹所校定，可缮写。熹被府檄，

访境内先贤碑碣事序传，悉上之府，最后得此书及墓表于其家。表文猥近不足观，然述其世次为详。书杂晚唐偶俪之体，而时出奇涩，殆难以句读也。相传浸久，又多讹谬，无善本相参校，特以私意定其一二，而其不可知者，盖阙如也。观其洁身江海之上，不污世俗之垢，纷次辑旧闻以为此书。虽非有险奇放绝之行、瑰怪伟丽之文，然其微词感厉，时有发明义理之致；而切于名教者，亦可谓守正循理不惑之士矣。"

谢升之集 （唐）谢翛撰　存目载《福建通志》

谢翛，字升之，南安县大同场青礁（今属厦门海沧区）人。唐文德元年（888年）进士，乃厦门进士及第之第一人。唐末藩镇割据，遁迹不仕。工于辞赋，文亦精，其归隐所居之山，后人称为"文圃山"。《清源文献》称其著述"自蒲寿庚之变，概遭兵火，无复遗者"。

苏龙图集 （宋）苏绅撰　存目载《同安县志·艺文》

苏绅，原名庆民，字仪甫，同安人。北宋天禧三年（1019年）进士，历宜州、复州、安州推官，大理寺丞等，官至龙图阁学士，知扬州，又以集贤馆修撰知河阳。苏绅博学多才，喜言事，屡屡上疏进言，亦常因此触犯他人，故毛晋跋《魏公题跋》中称"丹扬苏绅在两禁时人病其险谲，其子颂字子容，器局与父迥异"。

苏魏公文集（七十二卷附录一卷） （宋）苏颂撰　清道光二十二年（1842年）苏廷玉刻本十二册，藏厦门市馆、厦大南洋院馆、福建省馆、福师大馆、国家馆、上海馆；民国十四年（1925年）芦山堂石印本十册，藏福建省馆、厦大馆、上海馆、南京馆、辽宁省馆、国家馆、北师大馆；四库全书本，入集部别集类；四库全书珍本，入第四集。

苏颂，里居、阅历见第三章第一节"一、政治"之《华夷鲁卫信录》。此书乃苏颂仕宦之作，于宋绍兴九年（1139年）由其子苏携始编成书，刊刻行世。淳熙十三年（1186年）张几仲重刊，后苏氏后裔又有多次重刊。卷首有序言、缘起、本传、祠文，各卷正文分别为古律诗、古诗、律诗、前后使辽诗、挽词、册文、奏议、谥议、内制、赦书、麻、内制诏书、内制敕书、内制批答、内制口宣、内制册文、内制乐章、外制、外制斋文、祭文、表、启、碑铭、墓表墓碣、墓志、行状、记、序、书、札子、青词、祭文、杂撰。宋绍兴初刊本汪藻序云："丞相魏国苏公出焉，以博学洽闻名重天下者五十余年。卒用儒宗，位宰相，一时高文大册，悉出其手。故自熙宁以来，国家大号令，朝廷大议论，莫不于公文见之。然公事四帝，以名节始终，其见于文者，岂空言哉！论政之得失，则开陈反复而极于忠；论民之利病，则援据该详而本于恕。有所不言则已，既言于上矣，举天下荣辱是非莫能移其所守，可谓大臣以道事君者也。"《四库全书总目提要》云："史称颂天性仁厚，宇量恢廓，在哲宗时称为贤相。平生嗜学，自书契以来，经史九流百家之说，至于图纬、阴阳、五行、律吕、星宫等法，山经本草，无所不通。是其学本博洽，故发之于文，亦多清丽雄赡，卓然可为典则。"

苏侍郎集（一卷） （宋）苏颂撰　收入《两宋名贤小集》

此书乃选辑苏颂之著述。

石赓文集 （宋）石赓撰　存目载《同安县志·艺文》

石赓，字声叔，同安人。北宋皇祐元年（1049年）进士，官至大理寺丞，再转审官院。后与宰相王安石政见不合，迁荆湖南路提点刑狱等职，元祐五年（1090年）以朝奉郎知台州。

许权文集 （宋）许权撰　存目载《同安县志·艺文》

许权，字正衡，号巽齐，同安人。北宋治平元年（1064年）进士。文名显撰，其文一出，人人争相传诵，朱熹尝为其云："文圃山高君莫羡，圣门截辥与天齐。"文集毁于兵乱，仅存《苏魏公赞》《西安桥纪略》二篇传世。

彦忱诗文集 （宋）林棐撰　存目载《同安县志·艺文》

林棐，字彦忱，同安嘉禾里店里（今属湖里区金山街道）人。北宋元丰八年（1085年）进士，通判沂州，以治河劳绩迁郡守，部使者荐拔大府少卿。

尺牍文集 （宋）苏玭撰　存目载《泉州府志·宋仕迹》

苏玭，字训直，同安人，苏颂曾孙。以恩补官至吏部郎中。属文有体制，笔法简达，其"尺牍尤其为时所珍爱，往往藏去"。

大同集 （宋）朱熹撰　元至正十二年（1352年）都璋刻明修本十卷，藏国家馆；明嘉靖二十四年（1545年）同安林希元增订本十三卷（未见）；清乾隆二十年（1755年）陈胪声刻本十五卷四册，藏上海馆、南京馆；四部丛刊本

朱熹（1130—1200年），字符晦，一字仲晦，号晦庵，别称紫阳、考亭，祖籍徽州婺源，生于福建尤溪。绍兴十八年（1148年）进士，绍兴二十三年（1153年）任同安县主簿兼领学事。簿同五年，以教养为先务，兴教化，振文风。毕生致力理学研究，兴办学院、讲学授徒，从学者数百人。其一生著述多达七十余部。此书为朱熹之门人陈利用汇集其簿同时所作诗文编辑而成。元至正十二年（1352年）鄱阳都璋重刻，并纂年谱，题作《朱文公大同集》，计十卷，卷一为古诗、律诗，卷二为记，卷三为序、铭、跋、杂题，卷四为课试，卷五、卷六为策问，卷七为杂说，卷八为书简、启、札状，卷九为杂文，卷十为祝文，卷首附年谱一卷。明嘉靖二十四年（1545年）同安林希元增订，题作《增订朱子大同集》，增为十三卷。此后又有李彰等人重刻。清乾隆二十年（1755年），同安陈胪声据李彰旧本和鲍际明刻本重校、刊刻，增为十五卷，卷一为诗律绝句，卷二至卷六为书，卷七为札状，卷八为序，卷九为记，卷十为跋，卷十一至卷十二为杂撰，卷十三为行状，卷十四为行状、年谱，卷十五为祝文及附录。孔公俊序都璋重刻本时称："《大同集》则岁久刊本不存。适邑寓鄱阳都润玉以祠宇既成，而其集不可不备，遂捐己赀并纂年谱而重刻之。"林希元增订序云："《大

同集》者，集朱子簿同时之文也。旧版岁久坏烂，加以字多讹误，余谓此先贤遗墨，不可使片言只字泯没。尝考晦翁全集，朱子簿同时及门人许顺之辈答问甚多，旧集所收仅十之五六。余谓此先贤至教，不可使一言一句不传。乃取全集参校，坏烂者新之，讹误者正之，遗缺者补之，其去同之后与诸人翰墨往来者亦集焉，从其类也；其有异时论学、论政及于同安者亦附焉，明所自也。旧八卷，今增至十三卷，由是此集遂为完书，余于是见考亭之学与吾乡先哲之学焉。"《四库全书总目提要》云："其称大同者，唐贞观中于同安置大同场，宋时亦有大同驿，从古名也。诗文皆全集所载，问答亦语录所收，别无新异。徒以贤者所莅，人争攀附以为重，故同安人哀刻以夸饰其地，实不足以尽朱子，而朱子亦不藉此表章也。"《正德同安志》则谓："如《大同》一集，文公先生作簿同安时，与门人发明性理之学暨名山胜水、公署私室、记序题咏具载于是。此集名为志书，未为不可。"

钦父文集 （宋）薛舜俞撰　存目载《同安县志·艺文》

薛舜俞，里居、阅历见第二章第一节"二、儒学"《易钞》。此书《续文献通考》撰录为《薛舜俞文集》三百余卷；《通志》撰录为《舜俞集》二百卷。

陈洽遗稿 （宋）陈洽撰　存目载《同安县志·艺文》

陈洽，字泽南，同安人。南宋庆元二年（1196年）进士，授韶州（今韶关）金判，历怀安、漳浦、溧水知县，广州通判。其文如其人，章表奏启，皆典雅精当；诗词文章亦清丽可爱。真德秀荐其"文章根乎理致，政事出于慈祥"。

诗联遗文 （宋）陈必敬撰　存目载《同安县志·人物列传》

陈必敬，号乐所，同安阳翟（今属金门县）人。通五经诸子百家，宋末科举不第，遂绝意进取。尝与邱葵讲明濂洛遗学。有《咏钓台》诗云："公为名利隐，我为名利来，羞见先生面，黄昏过钓台。"又云："已上桐江台，又弄桐江钓，不食桐江鱼，不怕严公笑。"二诗人传诵之。

田舍墨记（四十卷） （宋）许衍撰　存目载《同安县志·艺文》

许衍，同安人，南宋时隐居苦学，博通经传。

铜鱼集 （明）林同撰　存目载《同安县志·艺文》

林同，字于野，福州人，明洪武中寓居同安龙田乡。户部李文郁奉以为师，率其徒受学。文郁荐于朝，授同安训导。"铜鱼"者，同安县城之别称也。昔同安南门溪中有石三块，状如鱼，色若铜，故有"铜鱼城"之称。此书应为林同寓居同安之作，以"铜鱼"冠其集。

林次崖先生文集（十八卷） （明）林希元撰　明万历四十年（1612年）初刊本，已佚；清乾隆十七年（1752年）诒燕堂刻本八册，藏南京馆（题作《林次崖集》）、国家馆（题作《同安林次崖先生文集》）；清乾隆十八年（1753年）诒燕堂重刻本四册，藏福建省馆、辽宁省馆、复旦馆、山西大学馆、川大馆；清光绪二十八年（1902年）厦门会文堂重刊本十册，藏泉州市馆、福建省馆、福师大馆；清光绪二十八年叶勉吾家藏重刻本，藏同安区馆；清钞本七册，藏南京馆，题作《林次崖先生集》；四库全书存目丛书本，入集部别集类

林希元，里居、阅历见第二章第一节"二、儒学"之《易经存疑》。此书为林希元之子林有梧所编，包含奏疏四卷；书二卷附揭帖；序三卷；记、碑共一卷；论、说、议共一卷；杂撰一卷；志、表一卷；传、行状一卷；祭文、哀词二卷；诗二卷附词。初刊于明万历四十年（1612年），有蔡献臣之序，初刊本已佚；重刊于清乾隆十八年（1753年），有沈德潜、雷鋐、陈胪声等三序；再刊于清光绪二十八年（1902年），有叶再枏之序。蔡献臣序称其"《四书》《易经存疑》，海内家传户诵，与蔡文庄《蒙引》等矣。惟是生平蒿目忧世，抗论勇为。当世庙初筮仕南寺，即上《新政八要》，其后复有《荒政丛言》《王政附言》诸疏，亦皆耸动中外，见诸施行"。又云："今读其疏，纤悉剀切，尽关天下大计，即晁、贾、欧、苏未能过之。而其它诗若文雄劲，典质俱发，其中之所欲言，而大指不背于紫阳。"《四库全书总目》云："其诗文皆唯意所如，务尽所欲言乃止，往往俚语与雅词相参，俪句与攻体间用，盖其素志原不欲以是见长也。"

怀兰集（十卷） （明）林希元辑　未见其目，唯自序载于《林次崖先生文集》

林希元自正德十一年（1516年）领乡荐，至嘉靖二十年（1541年）归田，首尾二十六年，升沉得丧，备尝辛甘苦乐。其间，师友袍泽随遇而赠以言，前积后累，遂盈箱箧。是集乃林希元退居后整理赠言编次而成。其自序云："《怀兰》，凡十卷，取《易·系》'二人同心，其利断金'。同心之言，其臭如兰，语也。余生疏戆动寡谐俗，用是取困。故入仕近三十年，浮沉相半，海内君子之交余者，弗以升沉，得丧而有间，可谓同心矣。其言不如兰乎？彼此参商，遗墨俱在，言可味而人不可见，使人触目而兴思，能无怀乎？故曰'怀兰'，余于是重有感焉。"此书疑未曾付梓，或早已散佚。

自鸣稿 （明）林希元撰　未见其目，自序载于《林次崖先生文集》

林希元自序云："余自引疾至谪官以来，时辄有作，积而成帙，不忍弃去，因题曰《自鸣稿》。盖取韩昌黎'凡物不得其平则鸣'语也。"此书疑未曾付梓，或早已散佚。

壁峰集 （明）林应撰　存目载《同安县志·艺文》

林应，里居、阅历见第二章第一节"二、儒学"之《四书便解览》。

白眉子存笥稿 （明）刘汝楠撰　存目载《同安县志·艺文》

刘汝楠（1503—1560年），字孟木，号南郭，同安感化里人。明嘉靖七年（1528年）进士，授湖州司理，官至湖广提学。

龙田遗稿 （明）林玖撰　存目载《同安县志·选举》

林玖，里居、阅历见第二章第一节"二、儒学"之《书经解释》。

结袂堂遗稿（八卷首一卷）（明）刘存德撰 明崇祯三年（1630年）家刻本，已佚；清乾隆三十三年（1768年）重刊本，藏同安区馆

刘存德（1508—1578年），字至仁，号沂东，同安积善里后浦（今属海沧区东孚街道）人，住县城内东桥（今同安区大同街道内）。明嘉靖十六、十七年（1537年、1538年）联捷进士，初授行人，官至广东海道兼番市舶提举司。于同安东溪畔建"结袂堂"，座客常满。所作史评制义，学者奉为宗。此书于《同安县志·艺文》撰录为十卷。现存八卷首一卷，卷一为奏疏，卷二为史评，卷三为赋、古诗、歌、行、乐府、律诗，卷四为绝句、集句，卷五、六为序，卷七为记、碑、状、志、祭文，卷八为杂撰。卷首有林釬所作之序和刘兰等所题之序。该书为其子梦龙、梦雄、梦骍、梦松、梦潮所辑，刊刻于明崇祯三年（1630年）。清乾隆三十三年（1768年），刘存德之七世孙刘兰、刘守、刘敬、刘瀚和八世孙刘清、刘澜重刻。林釬序称："沂东先生以簪笔侍世宗朝，诤四亲邪议，卒霁天威，直声震一时；持斧南畿，执法忤当路；守云间苏穷黎；副粤臬化反侧，是不徒沾沾以著述显者。"

沧南集（明）许开撰 存目载《同安县志·艺文》

许开（1516—1566年），字惟达，号沧南，同安后浦（今属金门）人。明代邑诸生，怀奇博览，善古文词，论古今得失成败，多独见的。

洪芳洲先生文集（明）洪朝选撰 清光绪十八年（1892年）同安洪氏家刻本，藏泉州市馆、集美馆、厦大南洋院馆、福师大馆；手钞本题作《洪芳洲先生全集》，藏福建省馆，系录自光绪年之刻本；四库未收书辑刊本第五辑第十九册收有《洪芳洲先生归田稿三卷奏疏一卷读礼稿三卷》，系以中科院馆藏明刻本影印

洪朝选（1516—1582年），字舜臣，号芳洲，别号静庵，同安翔风里洪厝（今属翔安区新店镇）人。明嘉靖二十年（1541年）进士，官至刑部左侍郎，代理刑部尚书。性刚介，恶逢迎，为官清正，秉公执法，致触犯权贵，被诬陷而死于狱中。洪朝选学识渊博，遗世作品颇多，然昔日之刻版已毁于倭祸，仅存手钞本。清光绪十八年，同安族人曾鸠资重刊；民国初年，侨居南洋族人亦曾以光绪版为底本重新分类编订。此书为洪朝选文稿之全集，收入其《摘稿》《归田稿》《续归田稿》《续稿》《读礼稿》和《忠孝乘》。其中，《摘稿》四卷，卷一为诗，卷二为序、记，卷三为传、墓志铭、圹志，卷四为行状、祭文、碑、颂、说、策问；《归田稿》三卷，其卷一为诗，卷二为序，卷三为记、碑、志铭、墓表、杂撰；《续归田稿》二卷，其卷一为诗、序、记，卷二为碑、志铭、墓表、杂撰；《续稿》三卷，其卷一为诗、论、序，卷二为记、墓志铭、墓表、疏、祭文、题跋，卷三为附集；《读礼稿》三卷，其卷一为奏疏，卷二为诗、序、记、启、赞、祭文、墓志铭，卷三为杂撰；《忠孝乘》一卷，为仕录、祭文、小传、通纪等。光绪年

之刻本有龚显曾、陈棨仁、洪曜离之序。

洪芳洲先生摘稿（四卷） 洪朝选撰 清刻本藏厦门市馆、福建省馆

此书亦收入《洪芳洲先生文集》，乃洪朝选于嘉靖二十四年至三十九年（1545—1560年）之间所撰之文稿，于嘉靖三十九年北上时路过无锡，交与华复初校订付梓。篇首有华复初之序，序云："平生直己守道，刚介绝俗，侃侃不阿，北南铨恒宿署中，博综群籍，罕接人事，其致力也专，故其发挥也大。其文体物引类，根极理要，随其指之所向，而周旋往来，曲尽颠末，盖不主故常，不狗时好，惟欲发吾之意，不诡于道而已，要不可以今人之文目之也。"

天马更生集（二卷） （明）刘梦驺撰 存目载《同安县志·艺文》

刘梦驺（1552—1603年），字国成，号应南，同安人，刘存德之三子。明代县诸生，善文词。因洪朝选案瓜葛，外出逃难。洪案平反，杜门不出。《同安县志·人物录》称其"为古文辞雄伟巨丽，凡达官贵人序述赠送之文，必出其手。其穷愁磊砢之气，时寄予于诗"。此语即出自蔡献臣的《刘国成遗集序》，载《清白堂稿》，疑即此书之序。

南洲诗文集 （明）许廷用撰 存目载《金门志·艺文志》

许廷用，初名畴，字惟范，号南洲，同安后浦（今属金门）人。以恩贡除广东化州学正，明嘉靖十九年（1540年）举河南试六名，明年成进士，授江西新喻知县，升南户部主事。《金门志·艺文志》称"其书久轶，编目见于卢牧洲《留庵文集》所撰序"。

白鹤山存稿 （明）李春芳撰 存目载《同安县志·艺文》

李春芳（1524—1565年），字实夫，号东明，同安驿路（今属同安区大同街道）人。明嘉靖二十九年（1550年）进士，初授户部，迁刑部主事。后出守潮州，适有倭患，招募敢死士，冒石矢奋力抵御，潮州得以无恙。《白鹤山存稿》乃其孙李偕龙刻其遗稿，约成书于崇祯八年（1635年），有蔡献臣、陈如松、池显方为之序。三序尚存，蔡序载《清白堂稿·卷四》中，题作《李东明公白鹤山存稿序》；陈序载《莲山堂文集·下卷》中，题作《白鹤遗集序》；池序载《晃岩集·卷十一》中，题作《白鹤山稿序》。池显方序中称："今读其诗，沉隽清灵，赤牍诸文，明畅简洁，其文章又如斯也。使加以年，精粹之诣，宁复可量？乃仅四十二春秋，惜哉！"

明农集 （明）林丛槐撰 存目载《同安县志·艺文》

林丛槐（1530—1599年），字应昌，号三庭，同安东市（今属同安区五显镇）人。明嘉靖三十五年（1556年）进士，授饶平县令，升南户部主事。以拾遗罢归，构别业于城西，颜其堂曰"崇真"，时与友人饮酒唱和。晚年埋头撰书，尚有《止修说》《养气说》二部著作，亦已佚。

空臆录 怀绰集 居室篇 （明）池浴德撰 存目载《同安县志·艺文》

池浴德（1539—1617年），字仕爵，号明洲，明代同安县中左所（今厦门岛）人。嘉靖四十三、四十四年（1564年、1565年）联捷进士，初授遂昌县令，官至太常寺少卿。《同安县志·人物录》称其"为诗深厚如盛唐"。

百一斋稿　（明）蔡守愚撰　存目载《同安县志·艺文》

蔡守愚，里居、阅历见第三章第一节"一、政治"之《明伦宝鉴》。此书为其诗文集，《金门志·人物列传（二）》称其"为诗有魏、唐风味，文出入经史，自足成家，具载《百一斋稿》中"。《金门志·艺文志》称此书尚有原稿由新加坡蔡氏后裔所藏，然现今存佚情况无由得知。《清白堂稿·卷五》中载有蔡献臣所撰《发吾兄百一斋制义序》，或为该书之序。

清白堂稿（十七卷）　（明）蔡献臣撰　明崇祯间刻本十五册，藏中科院馆；四库未收书辑刊本，入第六辑第二十二册，乃崇祯刻本影印

蔡献臣，里居、阅历见第二章第一节"二、儒学"之《四书合单讲义》。蔡献臣之父蔡贵易，为官崇正清廉，御史苏浚题其堂曰"清白"。蔡献臣之子侄辑其文稿汇编成书，亦以此为书名。其卷一、卷二为奏疏，卷三为时务、职掌，卷四为序题，卷五、卷六为序文，卷七为杂纪、记碑等，卷八为论、引、募疏，卷九、卷十为尺牍，卷十一为四六启，卷十二为古诗、律诗、绝句，卷十三为纪、传、神道碑、墓表，卷十四、卷十五为墓志铭，卷十六为祷祭文，卷十七为其编修万历《同安县志》的各目小引。有王志道所撰序言，赞曰："读虚台先生《清白堂稿》，乃知先生平生为人皆在乎是。先生抗厉守高慕汲长孺，今其文直心必达如其人；先生风格慕李元礼，今其文简切趋峻如其人；先生沈毅慕范忠宣，今其文情至恳恻如其人；先生兼综朱陆如吕伯恭，今其文微参性命而显证事物如其人。"

莲山堂文集（二卷）　（明）陈如松撰　清崇祯十七年（1644年）初刻本，已佚；民国七年（1918年）上海商务印书馆线装铅印本，藏厦门市馆、厦大馆、福建省馆、南京馆、国家馆

陈如松，里居、阅历见第二章第一节"二、儒学"之《学庸解》。此书辑陈如松之论、说、记、序、行状、志铭、檄文等，凡文九十余篇，多为仕宦之作，如《肖山县改河记》《大通桥建塔记》《议招抚郑芝龙檄文》等。初刻于崇祯十七年（1644年），后湮没不可考。同安陈延香得仅存之钞本于其父，爱如珍璧，请邱复共为订正，怂恿族人陈敬贤于民国七年（1918年）刊于上海。重刊本有上杭邱复、建宁范毓桂、晋江叶耀垣、同安吴锡璜、集美陈敬贤及陈延香等作序，并录有《浙江通志》《太仓州志》《泉州府志》所载陈如松之传略以及邱复所撰《明太仓知州同安陈公传》于篇端。吴锡璜序评曰："今读先生《莲山堂集》，渊懿古懋，一种朴诚之气流露行间。又每于小中见大、言外见意，盖以世道人心为重者，不谓之纯乎古文而不可成也。"

文选崇正编　文选未奇编　恬庵遗稿　（明）蒋孟育撰　存目载《同安县志·艺文》

蒋孟育，里居、阅历见第三章第一节"三、法律"之《台阁文宪选粹》。

止岩存稿　（明）林应翔撰　存目载《厦门志·艺文略》

林应翔，字源滉，号负苍，晚年改号止岩，又号念不先生，同安嘉禾里（今厦门岛）人。明万历二十三年（1595年）进士。历任永嘉、京山知县，迁南户部郎中，出守汝宁，调守广州、衢州等职。此书有蔡献臣为之序，今见于《清白堂稿·卷四》中，题作《廿不林止岩存稿序》，序云："大抵四六、序记诸文类，道其中所欲言。而一传古法，非骈靡丽以炫睹记者比。至在官、在里所条议利病便宜，则侃侃石画，可见施行，虽旁持者不能夺也。惟是念不一传，则传神之语、独造之格。其所谓不古不今、不秽不清、不缩不赢、不巧不痴、不兜不撇、不雅不俗云者，自非胸怀洒洒，尽脱名障、断世缘，谁能自描写及此？殆南华老所谓畸于人而侔于天者乎？和靖先生千载一揆矣。"

许钟斗文集（五卷）　（明）许獬撰　明万历三十九年（1611年）温陵李光缙刻本四册，藏国家馆、北大馆、中科院馆；明万历四十年（1612年）洪梦锡等刊本二册，藏国家馆、人大馆、上海馆、南京馆、辽宁省馆；四库全书存目丛书本，入集部别集类，系影印自洪梦锡刊本。

许獬，里居、阅历见第二章第一节"二、儒学"之《四书合喙鸣》。此书为许獬之诗文集，乃其弟汇其遗稿编辑而成，共178篇，卷一为序、传、碑记、说；卷二为论、表、疏、议、辨；卷三为祭文、墓志；卷四为书、启；卷五为颂、赞、铭、赋、歌行、诗。李光缙初刻于明万历三十九年，越年，洪梦锡等购得该本并校雠重刊。李光缙刻本有李光缙、蔡献臣之序，李光缙序云："子逊撰虽未富，然试读其序记，精核哉，如泛太湖云梦焉。读其馆课，魁瑰雄丽哉，如泛大海焉，又如观玄造焉。其为文包罗左国、吐纳庄骚、出入杨马、鞭棰褒雄；其为诗炼格汉魏、借材六朝、同工沈宋、登坛李杜，天府之高华，人文之鸿巨，观止矣。"洪梦锡刊本又增周宇春之跋，跋曰："所为古文词曾未一见，今春吾友周九真、洪嘉名购是集，而余得读之，乃知先生根本六经、渊源邹鲁、漱子史百家之芳润，而发抒为仁义道德之言，冲夷玄澹、出没神奇，动吾天机，而不知其所以然者也，余不知文安，敢妄拟先生之文，为古今何名家知其足以不朽而已矣，先生而天假之年，所谓第一等人品、第一等事业与第一等文章，吾知其非虚言也。"《金门志·艺文志》云："獬以时文名于时，卒时年仅三十余，故成就只此，可惜也。"而《四库全书总目》则云："是集大抵应俗之作，馆课又居强半。盖明自正、嘉以后，甲科愈重，儒者率殚心制义，而不复用意于古文词。洎登第宦成，菁华已竭，乃出余力以为之，故根底不深，去古日远。况獬之制义论者，已有异议，则漫为古调，其所造可知矣。"

丛青轩集（六卷） （明）许獬撰　明崇祯十三年（1640年）同安许氏家刻本，藏泉州市馆、厦大馆、中大馆、中科院馆、福建省馆

此书亦为许獬之诗文集，乃其季子许镛因"集板渐秃，无可应求，乃白之诸父伯兄，鸠工重镌，因搜增一二集作，先成诗文一册"，刊刻于崇祯十三年。该集共收入诗文170篇，卷一为赋、古诗、律诗、绝句；卷二为序、记、传、碑、议、说；卷三为论；卷四为表、疏、敕、策；卷五为颂、赞、铭、墓志、祭文、杂撰；卷六为书、启。其中与《许钟斗文集》重复部分约140篇。许獬以"丛青轩"为书斋，故名以纪之。此书有熊明遇之序和许镛之《识略》，亦收入蔡献臣、李光缙之序，与《许钟斗文集》之序同。熊明遇序曰："观子逊诗，则逸闻清气，动与天游。论，则云行波立；策，则气填膺激；表，则刻羽引觞；序，则扑权规构；柬，则真挚朗发，俱自成一家言。盖邃渊者，思致之密；博综者，涉诵之深；而其鹨羁者，出于廖廓之外，殆天授，非人力也。"

同安许钟斗先生制义　（明）许獬撰　清康熙年间刻本，藏同安区馆

此书为许獬所作的制义，为其三侄许琰钞评并刊刻。书口题《许同安制义》，分集而不分卷，第一集为《九九草》四卷，第二集为《存笥稿》四卷，卷端题为"同安许钟斗先生制义"，并有"大史长洲汪武曹、漳浦蔡梁邨两先生论定、三侄琰保生抄评"。《金门志·著述目录》撰有《九九草》和《存笥稿》，称"藏稿于家"，即为此书。这两部制义，在许琰抄评之前曾刊刻行世。据许獬季子许镛在刊刻《丛青轩集》时所题的《识略》中称，此前许獬之著述"曩曾付剞劂氏，有三集：一曰《九九草》、一曰《存笥草》、一曰《诗文集》"。又据李光缙《景璧集》所载的《许子逊合刻序》所称，许獬去世后，"先是梓有九十九首"，这"九十九首"，可能就是《九九草》。后来，多有"荐绅学士过银同者"，向许獬之父许振之索问遗稿。为此，许振之"乃搜之箧中得二百余首尽镌之"，问序于李光缙。序中称："夫此二百余首者海人所未及目，余曩所弹射而手评者也。"又此序文与李光缙为《许钟斗文集》和《丛青轩文集》所作之序不同，因此，这部《许子逊合刻》应是许獬最早的文集，内容应包含他的三部著作。后来，许獬之弟汇其遗稿编辑了《许钟斗文集》五卷。再后来，因"集板渐秃，无可应求"，许獬季子许镛"乃白之诸父伯兄，鸠工重镌，因搜增一二集作，先成诗文一册，名为《丛青轩集》。而制义仗有识者汇选，抄昔时名公评语约百余篇，再刻以传，曰《垂世草》，此先子当日所自名耳"。这里所称的《垂世草》，可能就是《九九草》和《存笥稿》。直至清康熙年间，许琰抄评刊刻《九九草》和《存笥稿》，汇为一部，名为《许同安制义》。

许子逊稿（一卷） （明）许獬撰　明末陈氏石云居刻本一册，藏国家馆

此书为明陈名夏编《国朝大家制义》四十二种中的一种，收许獬所撰制义文章，有许獬同为辛丑科的王衡为之作序，序曰："子逊之文，题无桷细，遇之

豁然；词无古今，出之皎然。或单言以据胜，或微言以解纷，或侧言而正自明，或直言而曲自跃，实非搏黍虚异空花。其合节蹈款处，心所自喻，口不能言。"当代罗元信的《金门艺文访佚》中称此书即为《存笥稿》。然据许豸季子许镛在刊刻《丛青轩集》时所题《识略》中称"而制义仅有识者汇选，抄昔时名公评语约百余篇，再刻以传，曰《垂世草》，此先子当日所自名耳"，此书或为《垂世草》。另汤显祖所辑之《汤许二会元制义》，亦收有许豸的制义百余篇。

许钟斗稿 （明）许豸撰 清乾隆三年（1738年）文盛堂刻《可仪堂百二十名家制义》本，藏国家馆；清《名家制义六十一家》抄本藏国家馆

此书为清俞长城选评的《清百二十名家制义》之一种，收入许豸所撰制义16篇，其中13篇《汤许二会元制义》有录。俞长城撰有《题许钟斗稿》，并有点评。其题记称："古文之尽，莫如永叔；时文之尽，莫如钟斗，万物始而含孕，继而发荣，终而烂熳，其必趋于尽者，势也。惟善用尽者，足以持之。永叔之文尽矣，而骨力峭拔，风度委折，使人不觉其尽；钟斗之文亦尽而犹炼古腴，人又不厌其尽也，钟斗其时文中之永叔乎，东乡固城评钟斗文皆嫌其尽，汤若士独曰同安学王钱，王钱之秘至同安而尽泄，夫学王钱者，非学其简朴也，王钱妙于不尽，钟斗妙于尽，钟斗以尽学王钱之不尽，亦犹永叔以尽学史公之不尽，足故善学前人者，未有过于二公者也。"

遯庵全集（十八卷） 遯庵诗集（十卷） 遯庵骈语（五卷） 续骈语（二卷）
（明）蔡复一撰 明刻本《遯庵全集》十八卷、《遯庵骈语》五卷、《续骈语》二卷，藏山西大学馆；明末林文昌刻本《遯庵诗集》十卷、《遯庵骈语》五卷、《续骈语》二卷，藏台北"中央馆"；《遯庵骈语》五卷、《续骈语》二卷藏北大馆；明末刻本《遯庵骈语》五卷藏厦门市馆；四库禁毁书丛刊补编本第六十种，以山西大学馆馆藏影印

蔡复一，里居、阅历见第二章第一节"二、儒学"之《毛诗评》。据《金门志·艺文志》撰录，蔡复一诗文有《遯庵全集》十八卷、《遯庵诗集》十卷、《爨余骈语》（即《遯庵骈语》）五卷、《续骈语》二卷。而《四库提要分纂稿》则撰录："《遯庵全集》，文十八卷、诗十卷、骈语五卷、续骈语一卷"，只差《续骈语》一卷。此四部诗文集，在其殁后曾由其弟蔡仁夫、婿林观曾（即林文昌）"搜而梓之"。山西大学图书馆收藏的《遯庵全集》和台北"中央图书馆"收藏的林文昌刻本，其版心皆刻有"遯庵全集"四字，说明此四部著作曾以《遯庵全集》为总书名编成合集。《金门志·艺文志》撰录的《遯庵全集》十八卷，应是《四库提要分纂稿》所称的"文十八卷"。今山西大学图书馆所藏的《遯庵全集》十八卷，由诗集十卷、牍八卷组成，不是其原本面貌，因序、记、传、书等散文作品未见其中。疑是文集部分散佚十卷，后人以尚存诗集与文集凑为十八卷。绣佛斋手抄本《遯庵蔡先生文集》，收其序、记、传、书等散文作品，极可能即

其散佚的一部分。全集有何乔远、蔡献臣、谭元春、郑之玄等为之序，今在各人之文集中可见。蔡献臣《清宪蔡公遯庵全集序》评曰："公学博才高，下笔千言，弱冠尤工四六，其诸著作，皆崇论宏议，涵古茹今；至书牍奏议之文，慷慨谈天下事，切劘豪贵，披吐肝胆，无所避忌；而诗则出入汉魏盛晚唐之间，盖居然一代名家，千秋盛事矣。"诗集有池显方为之序，序云："其诗渊远雄浑，触事不露、感时不伤。其一往深情处，读者如听唱'大江东去'兼'晓风残月'之致。其用意厚，故发音亦厚，而本之自然之致。"朱竹垞《静志居诗话》亦称："先生四六不屑犹人，而诗则染钟谭一派。"《遯庵骈语》《续骈语》二书乃其宦楚、宦滇时酬答之作，篇首"小引"称："逮入楚，酬酢不能废，辄办咄嗟，安得从容。问代斲间以缓者，属诸生草创，而其词皆袭也、腐也、谀也，意不能已。复自拈弄，积四年得五卷，学问政事之暑，十夺其二，刻之以志苦且志愧。"蔡复一为文秉直，无所避忌，《四库全书》编纂时，其诗文被视为"狂悖"而遭禁毁，故未被收入。《四库提要分纂稿》称："此书内悖触违碍处粘签至五十处，而又有一本全签出者，恐不可据此存目，则或除应销毁者外，另就余卷存目可否？"又《军机处奏准全毁书目》列有《遯庵集》，称："皆其所作诗文，书中狂悖之处不一而足，应请销毁。"

遯庵蔡先生文集（不分卷）（明）蔡复一撰　绣佛斋手抄本，藏台北"中央馆"，金门出版的郭哲铭校释本据此校释

此书乃绣佛斋抄录蔡复一的部分序、记、传、书等散文作品，《遯庵文集》的佚失部分可从中窥视一斑。

观海堂平平编　（明）林宗载撰　存目载《厦门志·艺文略》

林宗载，字允坤，号亨万，同安嘉禾里塔头（今属思明区滨海街道）人。明万历三十九年（1611年）进士，授浮梁县令，官至太常寺卿。此书有蔡复一序，序称："吾友允坤林君独行，其博士言曰'平平编'。"又称"允坤读书之堂曰'观海'"，故此书以之名。

义方堂文集（二十五卷）（明）王高立撰　存目载《厦门志·艺文略》

王高立里居、阅历见第二章第一节"二、儒学"之《毛诗小传》。其堂曰"义方"，乃县令表彰其义气而书，其文集以此名。

晃岩集（二十二卷）（明）池显方撰　明崇祯十五年（1642年）自刻本，藏天津馆、厦门市馆、浙江省馆（残本）

池显方，里居、阅历见第二章第一节"二、儒学"之《说书》。池显方中举后，以母老不赴春官，辞荣入道，结庐于同安端山之晃岩，山栖读书。以晃岩之"晃"字名其园，自号"晃园主人"，而其文集亦以"晃岩"命名。此书卷一为四言古诗，卷二为五言古诗，卷三为七言古诗，卷四为五言律诗，卷五为七言律诗，卷六为五言排律，卷七为本言排律，卷八为五言绝句，卷九为七言绝句，卷十为六

言诗，卷十一、十二为序，卷十三为传，卷十四、十五为记，卷十六为赞，卷十七为铭，卷十八为疏，卷十九为偈，卷二十为祭文，卷二十一、二十二为书。所载厦门、同安之人文史事尤多，乃研究明代厦门地方史之重要文献。如《与蔡体国书》《与阙褐公书》《与姜育芝书》等文，陈言漳厦抵御红夷之攻防策略，而《五老山》《冬游洪济山》等诗，为厦门胜景留下名篇佳句。

留庵文集（十八卷） （明）卢若腾撰　存目载《同安县志·艺文》

卢若腾，里居、阅历见第三章第四节"二、文字、词汇"之《与畊堂学字》。此书为其文集，《同安县志·艺文》撰录为二十六卷，而《金门志·艺文志》称："旧题十八卷，里人林树梅搜得十五卷，末三卷久轶，尚存篇目。其遗诗一百四首，笔力清劲，迥非雕刻者所能。树梅得自同安童宗莹，为校而刊之。"台湾文献史料丛刊本之陈汉光《岛噫诗·弁言》称"因金门明鲁王冢发现，偕廖汉臣兄前往考查，得知若腾《留庵文集》十八卷、《留庵文集》二卷、《与耕堂学字》二卷、《制义》一卷、《岛噫诗》一卷尚存"，然《留庵文集》未见面世。今台湾文献史料丛刊与台湾文献丛刊所收之《岛噫诗》附有《留庵文选》，当为《留庵文集》之遗篇，计收序十篇、书二篇、疏十篇、露布一篇、传一篇。序者，有《骆亦至诗序》《林子濩诗序》等；书者，有《复熊雨殷书》《答熊东孺书》；疏者，有《微臣已入浙境恭报确闻情形兼陈制胜要撰疏》《上永历皇帝疏》等；露布有《代延平王嗣子告谕将士》，皆关当年抗清史事。

白业　（明）卢若腾撰　自题小引载《留庵文集》

此书未见，诸志艺文亦未著录。据自题小引，此书为作者的制义，曾刊刻。另据台湾陈汉光《岛噫诗·弁言》中称，考察金门明鲁王冢时，卢若腾尚存著述中有"《制义》一卷"，疑为此书。

焚余草　（明）卢若腾撰　自题小引载《留庵文集》

此书未见，诸志艺文亦未著录。据自题小引称，里邻因细事构衅，大姓怒而放火烧屋，卢若腾"数椽之居并前人遗书数箧，倏忽煨烬"。此书乃其家遭毁后，捡得残余旧作付梓刊行，故称。

卢海韵制义　（明）卢若腾撰　序载《清白堂稿》

此书未见，诸志艺文亦未著录，仅蔡献臣之序载《清白堂稿·卷五》，题作《题文元卢海韵制义》。其作者不详，以蔡序所言，应为卢若腾。卢若腾，字闲之，又字海运，即序中所称"卢海韵"，为蔡献臣之晚辈。此书乃其为诸生时所作制义，或即《白业》一书。

细斋咏业　（明）卢若腾撰　存目载《同安县志·艺文》

《同安县志·艺文》等诸志艺文之存目中，此书皆依《通志》所著录，然《金门志·人物列传》则称此书为其子卢饶研所著。或为卢若腾撰、卢饶研校雠未可，存疑。

纪太史诗文集 （明）纪文畴撰　抄本四册，藏中科院馆

纪文畴（1598—1648年），字南书，一字符昉，同安后麝（今属同安区洪塘镇）人。南明隆武时任中书舍人、翰林院待诏。曾纂《圣安实录》，故称"纪太史"。八闽沦陷后，避居鹭岛。此书为其诗文作品集。

湄龙堂集　（明）纪文畴撰　存目载《同安县志·艺文》

纪文畴初家居湄龙，所遗诗文集即以湄龙名。此书有华亭徐孚远为之序，以黄道周、纪文畴比作欧阳修与苏洵，以纪文畴之子纪许国、纪保国兄弟比作苏轼、苏辙，称"纪氏之媲美苏氏日可俟也"。

沧湄文集　（明）林霍撰　存目载《同安县志·艺文》。

林霍，里居、阅历见第三章第四节"一、语音"之《双声谱》。

吾浩然堂诗文集（四卷）　（明）纪许国撰　存目载《同安县志·艺文》

纪许国，里居、阅历见第二章第一节"二、儒学"之《焦书》。明季，清军入闽，随父避居厦门，与流寓诸公交往，忠愤忧愁之意，尽寓于诗文。此书为其诗文集，其时之作或为不少。

名山集　拂尘集　望燕吟　石青遗稿　（明）纪许国撰　存目载《同安县志·艺文》

此当为纪许国各个时期之作品，或已归入其诗文集。

延平二王遗集（一卷）　（明）郑成功、郑经撰　清抄本，藏南京馆、复旦馆、暨大馆；清末民国间抄本，藏国家馆、中科院馆；另有玄览堂丛书续集本、台湾文献丛刊本，第67种之附录。

据集后未署年月姓名之跋文称，此书乃东海夫子发现于表侄家之书堆中，"向之假归"，不果。当晚借机"急抄一通，将书置原处而归"。后"表侄忽来饶舌，谓余抄此书以害之"。东海夫子"拒之不能，邀亲友共保无事，始恨恨而去"，遂得以保留。此书收录郑成功诗《复台》《出师讨满夷自瓜州至金陵》《游剑门》《游桃源涧》等8首，郑经诗《痛孝陵沦陷》（两首）、《效行行重行行》、《效迢迢牵牛星》等12首，谕文"谕忠振伯洪旭""谕东都群臣""谕承天知府郑省英""谕周全斌呈进兵方略""谕兵都事张宸"等5篇，可补典籍记载之不足。

夕阳寮文稿　（明）阮旻锡撰　存目载《厦门志·艺文略》

阮旻锡，里居、阅历见第二章第一节"二、儒学"之《易阙疑》。《厦门志》载有陈俞侯为此书所撰之序，序云："阮子深究性理，默契六经，自道藏。释典、诸子、百家，以至兵法、战阵、医卜。方技，下及稗官野乘之书，无所不览，而采其精华，去其糟粕，故自成一家言。昔人评《史记》只一'洁'字，阮子之文，足以当之。凤岁阮子至济上，予与藩司黄公德臣欲为刻其藏稿，阮子方且南游，不遑少待。近臬司丁公雁水已刻其诗于金陵，阮子将应靖海将军施公乡山之请，文方授梓，予亟分清俸以速其成。"可见此书曾刊行。

许敦夫制义 （明）许钺撰　序载《清白堂稿》

许钺，字敦夫（亦作则敦），同安人，许獬之次子，明末生童，阅历不详。此书诸志艺文不撰录，仅蔡献臣所撰之序载《清白堂稿·卷五》中。蔡献臣序曰："其神骏、其思深、其韵远而脱去径蹊，超超玄撰，更有出于训诂传注之外者。筠西李侯署同大加奖重，语云：'弓冶箕裘，岂虚也哉！'"

静观斋制义 （明）林鳞伯撰　序载《清白堂稿》

林鳞伯，同安人，林应翔之子，明末生童，阅历不详。此书诸志艺文不撰录，仅《清白堂稿·卷五》中载有蔡献臣所撰之序，题作《题林鳞伯静观斋制义》。蔡献臣序曰："因得窥长君所为制义，则清神秀骨，不落俗障，而说理铸词处更抉微入妙，如列子之风行，而藐姑之冰雪也。"

四稽斋稿 （清）陈观泰撰　题词载《清白堂稿》

陈观泰（1605—1683年），原名琬，字允雅，号上庵，同安感化里松田（今属同安区大同街道）人。明崇祯六年（1633年）举人，清初任封仪县知县。此书诸志艺文不撰录，仅《清白堂稿·卷五》中载有蔡献臣所撰之题词。题词曰："允雅故世家子，然屏纷华、简交游，退然若不胜衣，而专气致柔，下帷发愤。固宜其出为制举艺者，非时辈诡蔓之所为文，而切理阐绎绰约之文也。"

匏野文集（二十卷） （清）张汝瑚撰　康熙年间视古堂刻本，藏泉州市馆

张汝瑚，里居、阅历见本章本节"一、文学研究、评论"之《明八大家集》。此书乃其个人文集，卷一至卷三为序，卷四为论，卷五至卷十为读，卷十一、卷十二为原，卷十三、十四为答问，卷十五为杂著，卷十六为记，卷十七为传，卷十八为辨，卷十九为书牍，卷二十为行状、墓志铭、祭文等。今存前十卷。卷首有翁叔元、高士奇、臧眉锡、钱澄之、郑重、高联壁等序。《金门志·艺文志》著录有《匏野初集》《匏野二集》，应为此书。

贤思堂文集 （清）张汝瑚撰　存目载《同安县志·艺文》

此书于《金门志·艺文志》著录为《贤赏堂文集》。

江园集（十五卷） （清）陈常夏撰　清康熙二十五年（1686年）闽中陈氏刻本十册，藏国家馆

陈常夏（1630—1694年），字长宾，号江园，同安人。清顺治八年（1651年）举人，顺治十八年（1661年）会试第一，授米脂知县，辞归，筑屋躬耕漳州马岐山下，讲学不倦，学者称为铁山先生。此书为其诗文集，诗四卷，文十卷。并附《课儿》一卷。《课儿》之目次为：大要、则、养生、学书、释字、辩字、疏法、茶经、时令、杂事。嘉庆《同安县志·艺文志》有题为《江园诗文汇》及《课儿家乘》两部书目，应为此集。该集有李光地为之序，序曰："今得读全集于友人所，因叙而论之：诗歌追陶、谢，论事似西汉，笺答似晋魏，碑志似欧、曾，叙记、什撰似郦、柳。先生不名一家者，故其落腕纷会，皆悠然而成其质。

先生无意于文，犹先生之无意于元。无意于元而元以得，无意于文而文以工，工而传固其所也。"

错叟文钞 （清）卢勋吾撰　存目载《金门志·艺文志》

卢勋吾，字载群，同安贤聚（今属金门）人。淡进取，读书不学制义，以诗文自娱乐，日取祖父卢若腾所著书校雠，《金门志·艺文志》称其"诗亦能不愧家学"。尝撰《方舆互考补遗》。

可园诗文集 （清）陈睿思撰　存目载《同安县志·艺文》

陈睿思，字子将，号鹤屏，又号宜亭，同安感化里松田（今属同安区大同街道）人，陈观泰子。清康熙六年（1667年）进士，授中书舍人，改行人，后晋户部主事。尝捐资倡修轮山朱子讲堂。

怨醉集（二卷）（清）周奠邦撰　存目载《同安县志·艺文》

周奠邦，里居、阅历见第二章第一节"二、儒学"之《易说》。

躬行堂诗文集 （清）周奇照撰　存目载《同安县志·艺文》

周奇照，同安人。清诸生，通经史，授徒多成才，晚年志力诗文。

日闲斋稿　水余集 （清）蔡骥良撰　存目载《同安县志·艺文》

蔡骥良，字德夫，号素亭，同安安仁里十六都东西蔡（今属集美区灌口镇）人。清康熙十九年（1680年）以漳浦学中举人，授同安教谕，日聚生徒会课不怠，在任十七年。曾九上公车，于康熙四十五年（1706年）中进士。

求斋别集 （清）池其绳撰　存目载《厦门志·艺文略》

池其绳，里居、阅历见第二章第一节"二、儒学"之《四书讲录》。

声永集　四书歌 （清）黄霭云撰　存目载民国《同安县志·选举》

黄霭云，同安金柄（今属翔安区新圩镇）人。清康熙五十九年（1720年）漳州府学岁贡生，授闽县训导。此二书，前者为其制义作品，后者或为其所编的启蒙读本。

瑶州文集 （清）许琰撰　存目载《同安县志·艺文》

许琰（1689—1755年），字保生，号瑶州，同安后浦（今属金门）人。清雍正五年（1727年）进士，授翰林庶吉士。因生性傲兀，为睚眦者所中，遂飘然琴剑，放浪于燕、齐、楚、豫、吴越之间，尽发牢骚不平之气，境益穷而诗益工。

华严文集 （清）陈重琳撰　存目载《同安县志·艺文》

陈重琳，人称"华严先生"，里居、阅历见第二章第一节"二、儒学"之《四书汇钞》。

东麓文艺 （清）邵天球撰　存目载《同安县志·选举》

邵天球，字符御，号虁鸣，同安感化里双圳头（今属同安区大同街道）人。清雍正十年（1732年）举人，越年联捷进士。

轮山存稿　鹤崖后稿 （清）陈皋撰　存目载《同安县志·艺文》

陈皋，里居、阅历见第二章第一节"二、儒学"之《周易标旨》。

后村文集（四卷） 外集（二卷） （清）刘蔚撰 存目载《同安县志·艺文》

刘蔚，里居、阅历见第二章第一节"二、儒学"之《四书卧薪集》。

梅庄文集 （清）刘兰撰 存目载《同安县志·艺文》

刘兰，里居、阅历见第二章第一节"二、儒学"之《四书集说》。

湖山稿评选 （清）张星徽撰 存目载《同安县志·艺文》

张星徽，里居、阅历见第二章第一节"二、儒学"之《四传管窥》。

秋怀集 磊园纪概 至见录 （清）李其蔚撰 存目载《同安县志·艺文》

李其蔚，字豹君，同安山边（今属海沧区东孚街道）人，入晋江庠学，明崇祯十五年（1642年）举人，清顺治九年（1652年）进士，任汾州府推官。

闻过堂集 斋园论文续抄 （清）蔡士哲撰 存目载《同安县志·艺文》

蔡士哲，字少真，号九村，同安人。清代郡庠生，操履端严，为文有特识，诗古文皆高老自成家。

桥东刘氏家稿 （清）刘梦潮等撰、刘运章等辑 清手抄本两种，藏同安区馆

"桥东刘氏"系指同安县长兴里东桥（今同安区大同街道五甲村）刘氏家族。此书为明末清初刘氏家族刘梦潮及刘霖任、刘佺龄、刘望龄、刘运章等四代祖孙五人的制义。刘梦潮，字国壮，号海若，明万历四十七年（1619年）进士，授南昌知县，官至广西副使。刘霖任，字受之，号澹明，刘梦潮之子，明崇祯九年（1636年）举人。刘佺龄，字偓仙，刘梦潮之孙，刘霖任之长子，清顺治十七年（1660年）举人，任南阳知县。刘望龄，原名广龄，字尔三，刘梦潮之孙，清顺治十五年（1658年）进士，任开封府推官，迁云龙州判官。刘运章，字僤卿，刘梦潮之曾孙。该家稿的第一种抄本，收刘梦潮文八篇、刘霖任文三篇、刘佺龄文十五篇、刘望龄文十一篇、刘运章文一篇；第二种抄本无刘望龄之文，而刘佺龄的文只收十四篇。

泉山文献 （清）叶晴峰撰 存目载《同安县志·艺文》

叶晴峰，字子机，同安感化里人。清代邑诸生，喜读书，工诗赋。

锦庄诗文稿 （清）黄江撰 存目载《同安县志·艺文》

黄江，里居、阅历见第二章第一节"二、儒学"之《四书日抄》。其书稿多藏于家，惟该书曾与其弟黄涛之书稿合集梓行。

古今文集 （清）黄涛撰 存目载《同安县志·儒林录》

黄涛，里居、阅历见第二章第一节"二、儒学"之《质疑集》。

古文类选 敦斋文艺（十二卷） （清）林添筹纂辑 存目载《马巷厅志·人物》

林添筹，里居、阅历见第二章第一节"二、儒学"之《礼记三注粹钞》。

瑞周诗文集 （清）王凤来撰　存目载《厦门志·列传》

王凤来，字瑞周，号竹山，福建龙溪新岱人，迁居厦门石埕，由贡生补漳平训导，升苏州府同知，迁刑部员外郎，授怀庆府知府，转兵部员外郎。《厦门志·列传》称"所著诗文集，各以居所名，藏于家"。故此书或未曾刊刻。

灏溪文集　灏溪杂作　（清）叶廷梅撰　存目载《同安县志·艺文》

叶廷梅，字近光，号兰春，又号鼎居，同安城内人。清乾隆三十年（1765年）举人。多行义举，倡疏铜鱼池、改拓儒学大门、建观澜亭、修文庙，并次第修葺名宦、乡贤、忠孝、节烈四祠堂。

浏江文集　（清）高一挥撰　存目载《同安县志·艺文》

高一挥，里居、阅历见第二章第一节"二、儒学"之《尚书训解》。

蠡测文集（十卷）　（清）蔡德辉撰　存目载《厦门志·艺文略》

蔡德辉，字子耿，自号觉昨叟，同安嘉禾里（今厦门岛）人。喜诗赋，时或吟咏自遣。

友竹亭诗文集　松雪窠试艺　（清）刘先登撰　存目载《同安县志·艺文》

刘先登，里居、阅历见第二章第一节"二、儒学"之《重订周易求义》。此二书，前者为其诗文作品，后者乃其制义。

格叙集（二卷）　（清）刘红荣撰　存目载民国《同安县志·选举》

刘红荣，同安东桥人。清乾隆六年（1741年）举人，工古文诗赋。此书为其诗文集。

石村集　（清）廖飞鹏撰　存目载《厦门志·艺文略》

廖飞鹏，字翼搏，号石川，龙溪籍，居厦门霞溪。清乾隆十五年（1750年）举人，次年成进士。知河南汲县、宜阳县事，改汀州教授。曾主讲玉屏、丹霞书院。

月山诗文集　（清）李正捷撰　存目载《同安县志·艺文》

李正捷，字逊之，同安人。能诗工书，善鼓琴，深究天文地理之学，兼精剑术。

仰斋稿　（清）许钟岳撰　存目载《同安县志·选举》

许钟岳，字英甫，同安田厝（今属同安区大同街道）人，住同安北门内。清乾隆十四年（1749年）岁贡生。

挫鲛精时艺　（清）黄日纪撰　存目载《厦门志·艺文略》

黄日纪（1718—？），字叶庵，号荔崖，别号叶三，福建龙溪（今龙海）人，迁居厦门。清乾隆十二年（1747年）以生员特用吏部中书，擢兵部主事。后丁父艰，归居厦门。工诗文，著述颇丰。此书为黄日纪所作的制艺（即八股文）。

黄莲士文集（二卷）　草庵文集（二卷）　（清）黄彬撰　存目载《厦门志·艺文略》

黄彬，字莲士，福建晋江人。清乾隆时期寓厦卖书，笃志力学。与薛起凤、莫凤翔、蔡天任、张承禄、蒋国梁、林明堤、张锡麟等结云洲诗社，人称"云洲八子"。

张锡麟文集（二卷） （清）张锡麟撰　存目载《厦门志·艺文略》

张锡麟，字尔苇，福建龙溪（今龙海）人。屡试不第，遂无意场屋，乃放情山水，以吟咏自娱。居厦门双莲池之上，因号池上翁。为"云洲八子"之一。

韵斋诗文集 （清）郭希洛撰　存目载《厦门志·艺文略》

郭希洛，字宗程，号南瀍，福建海澄人，移居厦门。清乾隆四十八年（1783年）举人，作文苦心孤诣，不轻下笔。

如雨居稿　琴香书屋稿 （清）许温其撰　存目载《厦门志·艺文略》

许温其，字玉如，同安嘉禾里人，居外清（今属思明区中华街道）。清乾隆五十七年（1792年）副贡生。曾于福建、广东地方官府任幕僚。一生文名驰外，精通篆刻。

一经堂文集 （清）林云祥撰　存目载《马巷厅志·人物》

林云祥，字君辑，马巷厅人。清代监生。弱冠父殁，遂辍举业，深研经史。

内自讼斋文集十卷年谱（一卷） （清）周凯撰　清道光二十年（1840年）爱吾庐刻本八册，藏厦门市馆、南京馆、港大馆、国家馆；清同治六年（1867年）皖怀丁曰健刻本，藏国家馆

周凯（1779—1837年），字仲礼，号芸皋，浙江富阳人。清嘉庆十六年（1811年）进士，道光十年（1830年）任兴泉永兵备道，政绩卓然，厦人感教养之成，辟祠祀之。此书集周凯所撰之说、记、序、书、议、传、铭、行述、墓志铭等作品，卷首有周凯自纂年谱及其墓志铭。其卷一为任职襄阳时所作；卷二至四为任职黄州时所作；卷五为居家时所作；卷六至卷十为任职厦门时所作，其中多有记述闽南之事。厦门林鹗腾等校刊，光泽高澍然为之序，云："澍然每读先生文，未尝不首肯而适独坐也。……其积之既厚，光晔溢于外，变化行于中……"

竹畦诗文抄（十卷）　竹畦笔尘（四卷） （清）林焜熿撰　存目载《同安县志·艺文》

林焜熿，字逊辉，马巷厅金门人，居厦门。清代岁贡生，问业于兴泉永道周凯。清道光十年至十二年（1830—1832年）从周凯分纂《厦门志》，而后自任采访并搜讨志籍，撰《金门志》。

重订省心记（一卷） （清）刘宗成撰　存目载《同安县志·艺文》

刘宗成，字念修，号默存，同安洋坂（今属同安区大同街道）人。清嘉庆十三年（1808年）举人，历任大名、东明、东鹿、迁安诸县知县。尝撰有诗文集四卷，未见存世。

亦佳室诗文抄（八卷） （清）苏廷玉撰　咸丰六年（1856年）同安苏氏刻本四册，藏同安区馆、中科院馆、南京馆、福师大馆

苏廷玉（1783—1852年），字韫玉，号鳌石，马巷厅澳头（今属翔安区新店镇）人。清嘉庆十九年（1814年）进士，授刑部主事，历松江、苏州知府，山东、四川按察使，官至代理四川总督，迁大理寺少卿。此书系苏廷玉归田后所编，为诗抄四卷、文抄四卷，计骈散文共70余篇、古今体诗200余首。其文关于时务如练兵、造船、御寇，安边之作尤有卓见。此书有杨庆琛、陈庆镛、徐宗干为之序。杨庆琛序云："此诗中，一种不可磨灭之气流露于楮墨间，滔滔不竭，非胸中确有卓识，直抒所见，下笔乌能若是？"陈庆镛序云："平夷一策，京中传抄，已为之纸贵。至集中时论两书，及夷患先后说、练兵造船说、拟善后自强议数大篇，尤有关于御寇安边，海内固未之见，而足为当世采择者正复不少。"徐宗干序谓："如时务说，本忠愤所蓄而发为不易之论，至今读之，尤凛凛有生气。其示子士准书，论战阵之法，悉本杨忠武公之言为训。惜乎遽归道山，不能与当世将兵者大声疾呼，以作士气，以张国威。"

温陵盛事（一卷）（清）苏廷玉主编 清道光二十七年（1847年）刻本一册，藏厦大南洋院馆

此书记载泉州府学明伦堂立匾之盛事。卷首为苏廷玉所撰《泉州府学明伦堂立匾记》及泉郡士绅联袂所作《采访录》，续之分门别类罗列各匾及立匾者姓名，后附泉郡人士所作《纪盛诗》，末有陈庆镛《泉州府学明伦堂立匾后序》。

爱吾庐文钞（三卷）（清）吕世宜撰 清咸丰年间刻本，藏厦门市馆；清同治光绪年间吴县潘祖荫滂喜斋丛书刻本，藏辽宁省馆、国家馆；清光绪三年（1877年）刻本，藏福建省馆、国家馆、中科院馆；清抄本，藏福建省馆；丛书集成初编本。

吕世宜，里居、阅历见第二章第一节"二、儒学"之《经传子史集览》。此书收吕世宜著述67篇，其上卷为论、辩、书、序、叙；中卷为记、传、碑铭、跋；下卷为杂撰等。文中对当时岛上之名物风光及人事多有所记述。其所撰序跋中，有序《鹤巢吟草》《劝葬录》等已散佚之厦人文献，有助文献考证。卷首有陈庆镛序，后有其自叙。陈庆镛序云："吾友西村，耆学好古，读书自束发，识字寝馈凡四五十年。"又云："治经先之以声音训诂，其于一辞一字，古注有异同者，必明辨而缕分之，崖略已见于笔记中桀行。而读史则博综上下，判黑白、别是非，故其摇笔纚纚数千言，其简处又一语不苟下。余观其《论渑池》《论与夷》及《拟昌黎伯夷颂》《答李翊卫中》《行吕医山人》诸作，识见高卓，即起唐、宋诸贤，亦无不钡至。所撰碑志及传记，动与古会，出入经史而不自知。"查陈庆镛《籀经堂类稿》卷十二所收之《吕西村类稿序》，与此书之序一字不差，可证《厦门市志·艺文志》中所录之《吕西村类稿》即为此书。

秋柯草堂文集 （清）李廷钰撰 存目载《同安县志·艺文》

李廷钰，里居、阅历见第三章第一节"一、政治"之《承恩堂奏稿》。李廷

钰为儒将，其一生著述颇丰，卒后家人整理其遗作《七省海疆纪程》《新编靖海论》《行军纪律》《美荫堂书画论跋》等刊刻行世，此书为其文集，与《承恩堂奏稿》《自治官书》及诗集等七种未梓。

啸云文钞 （清）林树梅撰　十四卷本，题为《啸云文抄初编》：清道光二十一年（1841年）刻本，藏福建省馆；道光二十四年（1844年）刻本，藏厦门市馆、南开馆；传抄本，藏福师大馆。十卷传抄本，题为《啸云山人文抄》，后附诗抄四卷，藏福师大馆，《台湾文献汇刊》第四辑第一册即以此本影印

林树梅，里居、阅历见第三章第一节"四、军事"之《闽安记略》。此书所收书、论、议、记、序、传、说等，多关台湾掌故、政事、人物及金门人物古迹，论事真确。其中，《闽海握要图说》对闽台沿海海道、风向、潮水、港道及兵船巡海之法，或记其实，或建其议。并及南明事迹、抗清事略、台湾地方乱事，如《渡台湾记》《明监国鲁王墓园记》等。书前有高澍然之序。

静远斋文抄（不分卷） （清）林树梅撰　道光十六年（1836年）刻本，藏福建省馆；收入台湾文献汇刊

林树梅平生好山水游，闻见颇广，所至之所，辄随笔记录。此书收林树梅所作序、记、传、行述、志、铭、赞、书、启等文28篇，于闽台之风俗民情、人物人文皆有表见，并及南明事迹、抗清事略、台湾地方乱事。其中，《闽安记略自序》，述其道光八年待其父协镇闽安镇，搜寻旧简、采摭遗闻编成《闽安记略》一书之事。书前有武平李致云之序及林树梅自序。自序称："闻乡里父老谈先哲文章气节事，心辄向往，且毕力搜寻，据事直书，盖欲存间闾风流，惜遗佚心血，以备问俗之采。"书后另有东越沈祖年题跋一则，云："余向藏有《啸云山人文钞》十四卷，嗣得此册，只知其为初刻本，置之箧中久矣。今日偶以二刻对勘，此册有文十一篇为十四卷本所未收。"其中可见此书与《啸云山人文钞》十四卷本之异同。

竹里馆诗文集 （清）彭培桂撰　存目载《同安县志·垦荒录》

彭培桂，字逊兰，同安人。少随父游台湾，居淡水康榔庄。清咸丰六年（1856年）为恩贡生，在淡水乡里设教，门多俊士，竹堑豪富争相聘请。

芳园诗文集（二卷） （清）陈柏芬撰　存目载《同安县志·艺文》

陈柏芬，同安感化里松田（今属同安区大同街道）人。清同治元年（1862年）副贡生，任清流训导。

马巷集（不分卷） （清）黄家鼎撰　光绪二十一年（1895年）福州刻本，藏厦门市馆、厦大馆、福师大馆、国家馆、中科院馆；台湾文献汇刊本，为第四辑第十八册

黄家鼎，字骏孙，浙江鄞县人。光绪年间知福建泉州马巷厅（今属厦门翔安区）事。是集黄家鼎任职马巷时之著述，因称之为《马巷集》，收入记、序、碑、

传等共22篇,并附诗6首。所载多涉及马巷、金门之事迹,如《马巷舫山书院碑记》《小刀会匪纪略》《苏廷玉传》等,足资地方研究之参证。篇首有会稽孙星华之序,序曰:"骏孙太守出示前年权倅马巷时所作记、序、碑、传、杂文及各体诗属为编纂。星华受而读之,率皆表彰其地之贤达与夫忠义节烈之事。显微阐幽,有功名教者,良匪浅鲜。不仅备一代文献之征也,若夫书院、节祠、育婴堂诸碑记,尤见其勤求民瘼,教养兼施,以实心行实政,而非徒饰虚文者,仁人之言,其利溥岂不信哉。"

冠悔堂全集（二十一卷）（清）杨浚撰　清光绪十八年至二十一年（1892—1895年）刻本,藏福建省馆、福师大馆、南京馆、东北师大馆

杨浚,里居、阅历见第二章第二节"二、道教"之《四神志略》。此书为杨浚的诗钞八卷、骈体文钞六卷、赋钞四卷、楹语三卷的合辑。详见本章本节"三、诗歌"之《冠悔堂诗钞》《冠悔堂骈体文钞》《冠悔堂赋钞》和"七、散文、杂著"《冠悔堂楹语》之著录。

诵清堂诗文集（三十六卷）　**诵清堂文集**（二十卷）　**诵清堂别集**（六卷）　**诵清堂古文选**（十六卷）（清）林豪撰　存目载《同安县志·艺文》

林豪（1831—1918年）,本名杰,字卓人,一字嘉卓,号次逋,马巷厅金门人,林焜熿之子。清咸丰九年（1859年）举人,同治元年（1862年）至台湾,淡水族人林占梅延主竹堑里第之潜园,后主讲澎湖文石书院,并修撰《澎湖厅志》等。期间,往返金、厦,承继父业,重修《金门志》。晚年曾游历南洋。林豪著作等身,多以"诵清堂"号之。

霞庵文集　（清）杨树功撰　书目载民国《厦门市志·艺文志》

杨树功,字卜臣,号朴斋,福建漳州石码镇人,后迁居厦门。襟怀爽朗,善于诱掖后进,名声远播,厦门司马徐荁园闻其名,聘主养正义学。

九峰斋集稿删辑　（清）陈耀磻撰　书目载《同安县志·艺文》

陈耀磻,里居、阅历见第二章第一节"二、儒学"之《四书改错》。

留余草堂文集（四卷）（清）林玉堂撰

林玉堂,字六琴,号琼楼,同安在坊里铜鱼馆（今属同安区大同街道）人。清宣统三年（1911年）恩贡。此书未见。

后苏龛文稿（二卷）（清）施士洁撰　稿本,辑入《后苏龛合集》,有台湾文献史料丛刊本

施士洁（1855—1922年）,字云舫,号芸况,又号喆园,晚年号耐公,台湾台南人。清光绪三年（1877年）进士,官工部郎中。乙未割台,挈眷内渡,居鼓浪屿。宣统三年（1911年）任马巷厅通判。民国改元,日与名流唱和,卒于鼓浪屿。其生辰与苏轼同日,尝以苏氏再世自况,故各种著作皆冠以"后苏龛"。其逝世后,菽庄主人欲将《后苏龛集》镂刻出版,然其后人未能同意,携稿返

回台湾，一直深藏家中，未曾刊行。1964年，台湾学者黄典权始在施氏后人处发现这些遗作，经多次商洽，终于全部购得。黄典权以《后苏龛文稿》《后苏龛诗钞》《后苏龛词草》三种定稿作基础，另就其他诗文稿中，选其有关台湾史料者，作为"补编"，合编为《后苏龛合集》。此文稿含序跋、传志、碑记、祭文、祝词、题赞、书启等文，颇富传记资料。

橡笔楼初集（二卷）（清）胡铉撰　清光绪二十五年（1899年）番禺曹受培家刻本二册，藏港大馆、中大馆；清光绪三十三年（1907年）上海国粹学报社铅印本，藏南京馆；宣统三年（1911年）同安胡氏铅印本，藏厦门市馆、福师大馆、上海馆；近代中国史料丛刊本，为第六十九辑

胡铉（约1867—1917年），字鼎三，同安铜鱼馆（今属同安区大同街道）人。少工书，喜作擘窠大字。传梦游凌碧山，得仙叟指授书法，削棕榈自制橡笔，笔长丈有二寸。游京师，出入以橡笔自随。回梓营商，其楼署"橡笔楼"。此书为其十二岁至十九岁之作品集，上卷为纪梦七言二十韵、记十七篇；下卷为记十一篇，说一篇，每篇记后皆附诗，或一二首，或多首。卷首有郑晓、叶大年、陈文纬、潘飞声之序，高稹之《墨仙小传》，小云谷老人之《大魁引并序》和黄修益之《橡笔楼集颂》；卷末有夏同龢、梁渻之跋，林劭彝之《致橡笔楼主人书》，陈棨仁、吴增等人之题句和题图诗，并附有张紫莺寄赠诗二十八首。潘飞声序云："墨仙又不仅以书名，游历之诗，皆能写是处之景，无奇不状。余游其所游处，乃叹其诗之真切，非若逞奇而虚构者。而墨仙又不仅以诗名，所为古文真意贯注，法律严谨，不落迂腐，于转捩间得意外神解。"

读易草堂文集（二卷）（清）辜汤生撰　民国十一年（1922年）刻本，藏上海馆；民国十四年（1925年）厦门辜氏铅印本，入中国古籍总目；1934年铅印本，藏上海馆

辜汤生，即辜鸿铭，原名汤生，字鸿铭，里居、阅历见第二章第一节"一、政治"之《张文襄幕府纪闻》。此书为辜鸿铭之个人文集，分为《内篇》一卷、《外篇》一卷。《内篇》包括《上德宗皇帝书》《上张制军书》《尊王篇释疑解祸论》《义利辨》《广学解》《蒙养弦歌序》《正气集序》七篇；《外篇》包括《西洋礼教考略》《西洋官制考略》《西洋议院考略》《英将戈登事略》《附录》五篇。

棣华吟馆诗文集　周殿薰撰

周殿薰（1867—1929年）字墨史，号曙岚，同安杏林（今属集美区杏林街道）人。清光绪二十三年（1897年）举人。历任玉屏书院大董、厦门中学堂学监、同文书院校董。厦门光复，被推选为厦门参事会会长。倡办厦门图书馆，任馆长，兼任思明县修志局局长。此书未见，仅余存目。

柳塘诗文集　汪春源撰

汪春源（1869—1923年），号杏泉，晚年自署柳塘，台湾台南人。清光绪

十四年（1888年）举人，光绪二十四年（1898年）进士。清政府割台后，弃家内渡。历宰宜春、大庾、安仁、安义等县。辛亥革命后，定居鼓浪屿。此书为其诗文作品集，于战乱之中遗失，今未见，仅留存目，而其存世之诗作尚有20余首。

卧云楼游草　苏逸云撰　著者民国七年（1918年）刊行，藏厦门市馆

苏逸云（1878—1958年），又名寿乔，号卧云居士，福建龙岩人。清末省谘议局议员，曾任光泽县知事、北京政府众议院秘书、省长公署机要秘书、《龙岩县志》总纂、龙岩县知事。1928年移居鼓浪屿，曾任厦门堤工处秘书。1947年出任《厦门志》总纂。此书为其诗文作品，收有《游北海记》《重游金陵记》《京口游记》等10篇游记，后附有《陶然亭》《姑苏台》等古近体诗。文前有其自序。

止园集　陈延谦撰　南洋印务公司民国二十六年（1937年）出版，藏厦门市馆

陈延谦（1881—1943年），字逊南，又字益吾，别号止园老人，同安感化里澳溪（今属同安区莲花镇）人。18岁到新加坡，曾任新加坡同盟分会会长、南侨总会常务委员，为新加坡著名富商与侨领。此书为其经商和从政之余的诗文作品集，包括三部分：《止园诗集》，收古近体诗190余题，卷前有洪镜湖所撰《陈延谦先生传》和作者自撰的《自序》与《自述》，还有丘菽园、黄宝光等8人的序跋和李肇基等15人的题词；《止园文集》，收作者各类文章12篇，各篇体裁不一，内容多样，有论文、游记、志铭等；附录《止园吟侣唱和集》收友朋酬赠唱和之作，计54题、83首。

草堂别集（三卷）　江煦撰　岭南春满堂1954年刊行，藏厦门市馆

江煦（1895—？年），原名启漳，字仲春，号晓香，福建海澄贞庵（今属厦门海沧区嵩屿街道）人。民国时期，任职厦门英商集记、和记洋行、海关。晚年移居澳门。此书为其诗文集，卷一为《读我书室文存》，收文30篇；卷二为《风月平分草堂诗存》，收古近体诗百余首；卷三为《无尽藏庐词存》，收词数十阕。文前有朱家驹、林尔嘉、苏逸云（寿乔）之序及作者自序。林尔嘉序曰："江子仲春，好学不倦，生平所为诗文词甚多，皆为匡时济世有益于人心者，是得古人为诗文之旨"。

菽庄小兰亭征文录　林尔嘉编　华洋印务书馆民国十七年（1928年）出版

林尔嘉，里居、阅历见第三章第二节之《为菽庄石桥被毁及私权横受侵害事谨告同胞书》。民国十三年（1924年），菽庄花园内小兰亭建成，林尔嘉邀菽庄吟社社侣修禊于小兰亭。初会有21人，再会有25人，三会有28人。征得小兰亭修禊文多篇。此书选录30篇，汇辑刊刻。

绣铁盦丛集（一）　贺仲禹撰　厦门新民书社、鼓浪屿圣教书局、闽南职业学校民国十五年（1926年）刊行，藏厦门市馆、厦大馆

贺仲禹，里居、阅历见第二章第二节"三、基督教"之《孔子与基督教》。此书为作者之作品综合集，收入其所撰文24篇、古体诗291首、诗余24阕、墨余15则。前有汪煌辉、鄢耀枢之序。汪煌辉称其"勇于治学，作吾道中枢"，鄢耀枢赞其为文"如行云流水，纯任自然"。

绣铁盦丛集（二） 贺仲禹撰 厦门新民书社、鼓浪屿圣教书局、闽南职业学校民国十七年（1928年）出版

此书为《绣铁盦丛集》之续，收入作者所撰文30篇、古体诗232首、墨余52则。前有林文庆、汪煌辉、杜唐之序。林文庆赞其诗文"于民生日用中批示道德之指归，于布帛菽粟中导衍文化之源泉。在君为游戏三昧，而出其绪余足以为后进之师资、青年之指导"。

鹭江丙组梅社课钞 鹭江梅社编 萃经堂印务公司民国十年（1921年）出版，藏厦门市馆

鹭江梅社，为民国初年创办的以保存国粹为宗旨的诗社组织，南安人陈屏青任社长，社址在典宝街镒成号楼上。有第一吟室为活动场所，社员分组活动。此书为民国九年（1920年）鹭江梅社丙组社员于各期课艺活动所作文章的辑刊。丙组专课以文，亦附杂作，每季一期，每期一刊，每刊刊载社员习作，并列有社员名单。

大方广室诗文存 李芳远撰 泉州民国二十九年（1940年）刊行

李芳远（1924—1981年），笔名空照、晴翠山民、离离斋主，福建永春人，随父李汉青居厦门。13岁随父到日光岩寺拜谒驻锡于此的弘一法师，结下忘年之缘。1943年入私立福建学院，获法学学士学位。1947年任厦门鼓浪屿中山图书馆馆长。

弘一大师文抄 释弘一撰 李芳远编选 北风书屋民国三十五年（1946年）刊行

此书为李芳远编选弘一法师诗文遗作，选录弘一法师出家前后所作的诗、词、歌曲、赞颂、碑铭、记文、序跋、疏启、传记、论述以及琐墨集锦。文前有丁保福、柳亚子、蒋维乔、陆丹林、蔡丏因、朱剑芒所作之序。

厦门青年作品选集 叶帆风主编 厦门青年文艺社1933年出版，藏厦门市馆

此书收入厦门青年的创作作品，计小说11篇、独幕剧1篇、小品1篇、诗歌19篇以及翻译小说1篇。书前有著名女作家谢冰莹为之序。

三、诗 歌

冷然斋集（八卷） （宋）苏洞撰 清赵氏星凤阁抄本，藏南京馆；民国

二十二年（1933年）藏园傅氏抄本，藏国家馆；四库全书本、四库全书珍本，入集部别集类；四库善本丛书初编本

苏泂，字召叟，同安人，苏颂之四世孙。少时即从其祖游宦入蜀，长而落拓走四方。尝以荐得官，而终偃蹇不遇以老。曾师事陆游，生平所与往来唱和者，如辛弃疾、刘过、王柟、潘柽、赵师秀、周文璞、姜夔、葛天民等，皆一时之名士。此书曾于《直斋书录解题》中撰录，为二十卷，然久已亡佚。四库全书校官从《永乐大典》所载采辑排比，共得其诗850余篇，厘为八卷。卷一为五言古诗，卷二为七言古诗，卷三为五言律诗，卷四为五言律词，卷五为七言律诗，卷六为五言绝句，卷七、卷八为七言绝句。《四库全书总目提要》称"其所作皆能镂刻淬炼，自出清新，在江湖诗派之中可谓卓然特出"。

金陵杂兴（一卷） （宋）苏泂撰　清道光二十年（1840年）金陵吴继曾双梧轩刻本一册，藏南京馆、国家馆；清道光二十三年（1843年）刊本一册，藏上海馆；民国时期红兰馆小丛书抄本一册，题作《召叟诗录》，副题《金陵杂兴二百首》，藏泉州市馆

苏泂曾在荆湖、金陵等地作幕宾，此书乃其居金陵时之诗作，计200首，亦收入《泠然斋集》。《四库全书总目提要》称"其《金陵杂咏》多至二百首，尤为出奇无穷。周文璞为作跋，以刘禹锡、杜牧之、王安石比之，虽称许不免过情要，其才力富赡，实一时之秀也"。

笔苑（五卷） （宋）黄万顷撰　存目载《同安县志·艺文》；《续文献通考》题为《古今诗话笔苑》五卷，入诗集类

黄万顷，字景度，同安金柄（今属同安区新圩镇）人。南宋绍兴二十七年（1157年）进士，历知雷州、廉州、琼州等。此书辑其自撰诗文数百篇，又收录古今诗话编纂而成。

钓矶诗集：五卷 （宋）邱葵撰　清康熙年间独乐轩刊本三卷，已佚；清道光二十六年（1846年）汲古书屋刻本五卷，藏南京馆、国家馆，内封题为《钓矶先生诗集》；清同治十三年（1874年）正谊堂重刊本四卷，藏厦门市馆、泉州市馆、福建省馆、福师大馆、首都馆、上海馆、国家馆；续修四库全书本，入集部别集类，乃影印清道光汲古书屋刻本

邱葵，里居、阅历见第二章第一节"二、儒学"之《周礼补亡》。此书原为家传写本，明万历二十八年（1600年）林霍得之，由其师卢若腾订正，然谋梓未果。康熙年间，裔孙邱国玟以所得邱葵诗194首，辑为三卷，题曰《独乐轩诗集》，付之剞劂。清道光二十六年（1846年），龙溪林国华自童宗莹处借得所藏抄本，分五卷，刊刻付梓，是为汲古书屋本。道光三十年（1850年），新城罗以智借江铁樵所藏旧钞本，并以独乐轩刊本补钞本，得诗274首，分为四卷，抄录成集，仍足本。同治十三年（1874年），邱葵裔孙邱炳忠从陆心源处借得罗以智

手抄本，请杨浚佐以林国华本及独乐轩本校雠重刊，是为正谊堂本。此书卷一为五言、七言古诗；卷二为五言律诗；卷三为七言律诗；卷四为五言、七言绝句；卷五为警学遗。书中附有邱葵撰《梅花赋》《周礼全书序》《吕圭叔先生赞》，以及张日益撰《访邱钓矶先生故居记》。汲古书室本有卢若腾、林霍序及林国华重刊书后；正谊堂重刊本增道光钞本罗以智跋和林鸿年、杨浚、邱炳忠之序，然无卷五之警学遗。另查陆心源《仪顾堂集·卷七》有其所写之序跋，详述是集刊刻流布情况，然正谊堂本并无收入，不知何故。明林霍序云："先生为宋诸生而遭易代，有《怪事》《天阴》《暮雨》《秋兴》诸作，愤郁无聊，至于不欲生。乃其衰老尚有'满目乾坤都是恨，头毛白尽更愁吟'之句，歌之，可以当泣焉。"清陆心源跋云："其诗清丽芊绵，不染元人靡靡之习。五言如'白发兄和弟，清江夏亦秋''哀音虫外笛，远影雁边舟''风霜秋一叶，山水暮多愁''日色带霜淡，风声过海狂''疏泉防蚁过，扫地悭牛眠''豪来无一世，狂发有千诗''雨过山仍绿，春归花尽红'；七言如'波荡日光翻素壁，水涵云影倒青天''雨过残阳如月色，风来老树作潮音''老去已知今世错，贫来剩得一身闲''败叶能令沟水黑，乱云不放夕阳红''白鸟去边春日落，青山断处晚潮来''鹤沾卫禄犹堪薄，松受泰封岂足高''杯残炙冷穷工部，齿豁头童老退之'，皆佳句也。"

洪芳洲集（一卷）（明）洪朝选撰、俞宪辑　明嘉靖隆庆间无锡俞宪刊本，藏国家馆、上海馆、青海省馆等

洪朝选，里居、阅历见本章本节"二、文集、综合集"之《洪芳洲先生文集》。此书为俞宪汇辑洪朝选诗作，收入其所编《盛明百家诗》中。

榕斋诗稿　（明）邵应魁撰　存目载《同安县志·艺文》

邵应魁，里居、阅历见第三章第一节"四、军事"之《榕斋射法》。《同安县志》等诸志艺文撰录其著述，皆作《榕斋射法诗稿》。然据蔡献臣《清白堂稿·明昭勇将军惠潮参将榕斋邵公暨配淑人吴氏墓志铭》称："所著《射法》行世，《诗稿》藏于家。"故邵氏著述实为《榕斋射法》《榕斋诗稿》二种。

山房学步诗集（四卷）（明）陈廷佐撰　存目载《金门志·艺文志》

陈廷佐（1545—1621年），字时守，号仰台，同安阳翟（今属金门）人。因子陈基虞成进士，封南大理寺评事、中宪大夫、顺德知府。感触时事，多发于诗。蔡复一序其诗集谓："仰台称诗在六秩以后，年老弥笃。"又谓："其诗和而调峭，采结而音流。"

鹭门山人诗集　（明）傅钥撰　存目载民国《厦门市志·艺文志》

傅钥，字国毗，自号鹭门山人，同安嘉禾里（今厦门岛）人。少习武，久之厌去，一意为诗，以诗交友，与何乔远、俞大猷、丁一中等相吟唱和。道光《厦门志·列传下》"傅钥传"称"何乔远尝叙之行世"。查何乔远《何氏万历集·卷十八》中，有何乔远所作《傅国毗诗序》，或为此诗集所作。

醉墨楼诗草 （明）傅钥撰　序载《何氏万历集》

此书为傅钥早期诗作，未见刊本存世，诸志艺文亦未见著录，惟《何氏万历集·卷十七》中有何乔远所撰之序。何乔远所作《傅国毗诗序》称："予向尝序国毗诗，曰：'国毗于诗，一字未妥，千金不易，昼则忘昃，夜以申旦。'"而此句正是《傅国毗诗序》中之句，故此书当成于《鹭门山人诗集》（《傅国毗诗》）之前。

百篇诗　老来吟 （明）陈如松撰　存目载《金门志·艺文志》

陈如松，里居、阅历见第二章第一节"二、儒学"之《学庸解》。二书乃陈如松已失佚之诗作，叶耀垣序《莲山堂文集》称："白南之文，则有若《语抄》，有若《学庸解》，有若《百篇诗》，有若《老来吟》，皆散失不传，传者唯此《莲山堂文集》。"

池致夫迈征堂诗义 （明）池显京撰　序载《清白堂稿》

池显京（1571—？），字致夫，号念苍，池显方之兄，同安中左所（今厦门岛）人。明万历三十七年（1609年）举人，初授和州知州，补湖州通判，转怀庆同知。其堂曰"迈征"，其作诗义亦以名之。此书乃池显京关于诗歌之释义。蔡献臣为之撰序《清白堂稿·卷五》中尚存所。蔡献臣序曰："其所为业，坊贾有行其诗义者，致夫持以示余。忆余谈诗欲如画家白描山水，不撰一色相。而致夫以醲艳胜，中无遗思，外无遗境，韩子所谓正而葩者，盖庶几焉。"

就正草 （明）张廷拱撰　序载《清白堂稿》

张廷拱（1585—1655年），字尚宰，号辅吾，同安翔凤大嶝（今翔安区大嶝街道）人。明万历二十九年（1601年）进士，授怀宁知县，历任丰城、迁安，擢祠祭司郎中。因不媚宦官权贵，削职归。崇祯即位，复职，官佥都御史，巡抚大同。卒，谥"襄靖"。此书乃其早期之作，约刊刻于万历二十七年。《清白堂稿·卷五》中尚存蔡献臣所撰之序，题作《题张尚宰就正草》，序曰："张君为人光明洞达，爽朗疏畅，文亦如之，而思出青天，调遏行云，至其所匠心处，居然前辈矩矱也。"

玉屏集 （明）池显方撰　存目载《同安县志·艺文》

池显方，里居、阅历见第二章第一节"二、儒学"之《说书》。此书为其诗集之一，有何乔远、蔡复一之序存世。何乔远之序载《镜山全集》，题为《玉屏诗草序》，云："池直夫通禅而禅其诗，凡禅中妙义无所不遍举；好奇而奇其诗，若人间俚杂之事之语，无所不插入也。其慧照了于精微，故参禅而诗无所不合；其心思入之玄渺，故杂俚之事之语无所不供其转使运动也，此直夫之禅之奇也。"蔡复一之序载《厦门市志·艺文志》，云："吾乡里之才，莫如池直夫，禅其心，山其骨，而发之于诗，曰《玉屏集》。吾未及至玉屏，而以斯集为玉屏，卧而游之。划然而开，则以为有诗眼；窈然而邃，则以为有诗胸；嫣然而相怿，则以为有诗容；突然而自恣，则以为有诗胆。而一言以蔽之，曰'诗才'。"

南参集 （明）池显方撰　存目载《同安县志·艺文》

此书为其诗集之一，有池显方自序，载《晃岩集·卷十二》。序曰："善财南方所参者，知识也；余所参者，山水耳。知识无情而能觉有情者也，山水无情而能发有情者也。情之所发，籁辄随之，颇觉神也、机也、韵也、法也。视在玉屏者不同，玉屏似不足发我也。参不广者，量不周、见不圆，此妙峰山不足而加以五十二位也。是山水者，我之导师，能拶出我之神、之机、之韵、之法也。然使不勤于参，则虽经一百十城，仍旧福城东一童子耳。"自我表白其创作灵感来自"性耽山水"，故其诗能"举山川磅礴清华之气，缩之于笔端，故空灵飘忽，不可方物"。

澹远诗集 （明）池显方撰　存目载《同安县志·艺文》

此书为其诗集之一，有蔡献臣之序，载《清白堂稿·卷四》，题作《池直夫澹远诗序》。序称："论其所为诗，直夫初入门辄沉酣汉魏柴桑家言，故寒山之率、长吉之奇、白苏之疏，散时错落毫楮间，而或疑其出入于袁钟诸才人蹊径，盖任其材之所至，道其中所欲言，非有意慕效之也。比修业东山，益有味于陶之冲澹闲远，一切尘坋不留肺腑，故题其庵曰'澹远'，而诗亦以名。"

雪诗编 （明）蔡复一辑　存目载《金门志·艺文志》

蔡复一，里居、阅历见第二章第一节"二、儒学"之《毛诗评》。此书乃作者汇编雪景之诗作，其自序云："是编所取皆古人之言雪者。携此而归，清风佳月坐松梅下，寒色照人，吾乡乃亦有雪矣。"《金门志·艺文志》谓："复一历官数省，操守极清，是编殆以自况耳。"

恢奇斋新葂 （明）蔡国光撰　题记载《清白堂稿》

蔡国光，字士观，号贲服，同安平林（今属金门）人。明天启七年（1627年）举人，崇祯七年（1634年）进士，初授高安知县，擢礼部给事中。未几，李自成陷京师时被执。后释归乡里，闭门却扫。旋依附郑成功。清军攻陷金厦后，落发披缁，筑楼栖其上，终身不下楼。此书有蔡献臣所撰题记，载《清白堂稿·卷五》，题作《题士观侄恢奇斋新葂》。序曰："今观其所为新葂，绝不蹈袭时蹊，而种种发其中所独得，盖其语本经术，而动乎天机。当其神情所至，沛如河决、迅如机张，蓬蓬然如风起北海入南海，莫知其所以然而然也。异哉！技至此乎，是非徒寻行数墨游方之内者矣。"

千云斋诗初集 （明）蔡谦光撰　存目载《金门志·艺文志》

蔡谦光（1585—1636年），字裒卿，号六吉，同安平林（今属金门）人。明代县诸生，蔡献臣之长子。此书有池显方之序，载《晃岩集》，序称其为诗"娟秀高华而出之自然"。

恢斋近草 （明）蔡甘光撰　存目载《金门志·艺文志》

蔡甘光，字雨卿，同安平林（今属金门）人。蔡谦光弟，明代恩贡生。此书又名《恢斋集》，有池显方之序，载《晃岩集》。序称："雨卿好士，门多车座盈客、盘餐札墨之酬应。复旁及于诗章，下笔有微云疏雨、晓风残月之致。居极纷之世味，抒极静之文心，则澹尤难也。"

白雪山楼初集 （明）洪朱祉撰　序载《镜山全集》

洪朱祉，里居、阅历见第三章第四节"二、文字、词汇"之《正谷堂千字文》。此书当为诗集，诸志艺文不见著录，仅《镜山全集》尚存何乔远所撰之序。序赞之"其韵调响振，若为之数十年者"。另据池显方的《闲园合集序》称，蔡复一亦曾为其作序，然今未见。

闲园合集 （明）洪朱祉撰　序载《晃岩集》

此书乃作者"挂冠归隐，辟闲园于西郊"时汇刻的诗集，诸志艺文不见著录，仅《晃岩集》尚存池显方所撰之序。池显方评其诗"有温柔敦厚者，有悲壮激烈者，有沉雄深秀者，无语不肖古，无语肯摹古，或谓其微带楚音"。

茪草集 （明）张璀撰　存目载《同安县志·艺文》

张璀，字万之，号知非，同安在坊里朝元门（今属同安区大同街道）人。明崇祯七年（1634年）进士，曾任万安知州、户部郎中。

岛噫集：不分卷 （明）卢若腾撰　清道光十二年（1832年）林树梅刊本一册，题作《留庵岛噫诗集》，藏国家馆、东北师大馆；抄本一册，藏福建省馆；民国二十年（1931年）陈掌谔铅印本，藏厦门市馆；台湾文献史料丛刊本，入第八辑；台湾文献丛刊本，为第245种

卢若腾，里居、阅历见第三章第四节"二、文字、词汇"之《与畊堂学字》。此书共收卢若腾诗104首，为五言古诗34首、七言古诗33首、五言律诗4首、七言律诗23首。所咏颇足反映明郑时代戎马倥偬之社会状况，具有史料价值。民国本收有作者自序、苏大山序和林树梅、陈掌谔之跋。苏大山序云："岛噫一集，感怀时事，寓意诗草，讬之长言，读而三叹。吉光片羽，可当璆□；断简残篇，如聆韶濩。"林霍《沧湄诗话》称："斯集身世感遇、悲愁愤懑之什，皆根于血性注洒毫端，非无病而呻吟也。"林树梅刊本为铜活字印本，光绪年间之收藏者丁芸题识称："此集仅一卷，道光十二年，林瘦云先生从林君文仪借活字铜板排印，仅刷五十部。"台湾文献丛刊本乃据1959年金门明鲁王墓中出土之旧抄本影印，原书封面题"明自许先生岛噫集"，书内题"岛噫诗"，系其八世胞侄孙卢德资抄录。台湾文献丛刊本还附有《留庵文选》，收序、书、疏、露布、传，共24篇，皆关当年抗清史事，当为《留庵文集》之遗篇。

海山集 （明）曾世衮撰　存目载民国《厦门市志·艺文志》

曾世衮，字牧仲，福建兴化平海卫（今属莆田秀屿区）人。明天启四年（1624年）举人。南明永历二年（1648年）聚义师反清，兵溃遁居厦门。闭门读书，

日夕吟咏，感事怀人，流连三叹，终忧愤而死。此书有纪许国为之序。

卢君常诗集 （明）卢君常撰 存目载《金门志·艺文志》

卢君常，卢若腾族弟，生平不详。此书有卢若腾所撰之序，原载于卢若腾之《留庵文集》，今载于台湾文献丛刊之《岛噫诗·附留庵文选·序》。

钓璜堂存稿（二十卷） （明）徐孚远撰 民国十五年（1926年）金山姚氏怀旧楼刻本

徐孚远（1599—1665年），字暗公，华亭（今上海松江）人。明崇祯十五年（1642年）举人。南明永历五年（1651年）随鲁王入闽，后为郑成功幕僚，居厦门曾厝垵。南明永历十二年（1658年），受封左都御史，往云南晋见永历帝，误入安南（今越南）境而未达。返厦后，与叶后诏等结为方外七友，浮沉于金厦海岛达十四年直到去世。此书收徐孚远之古近体诗2700多首，卷首有海宁陈乃干和江浦陈洙纂辑的《徐暗公先生年谱》。民国《厦门市志·艺文志》撰录为《钓璜堂集》。

奇零草（二卷） （明）张煌言撰 清二砚窝抄本，藏国家馆、天一阁；清徐时栋抄本，藏天一阁；清遗香楼抄本附补遗一卷，藏河南省馆；清抄本附遗草一卷，藏天津馆；清抄本分作六卷，藏国家馆；清抄本不分卷，藏浙大馆

张煌言（1620—1664年），字玄箸，号苍水，浙江鄞县人。明崇祯十五年（1642年）举人，累官至兵部尚书兼东阁大学士。明亡，举义兵抗清。师溃，扈鲁王入闽，依郑成功居厦门。南明永历十四年（1660年）再次返浙，招军天台，合张名振之师北上丹阳，会郑成功攻打南京。兵败，返天台树旗抗清。然势单力薄，被获，死于杭州。此书乃其诗集，收录张煌言横戈浮海间所作部分诗词近400首，多记当时史事。集中不少吟咏闽南尤其厦门之诗篇，如《夏日过鼓浪屿饮程嘉将军府中》《四月八日过仙洞访石田和尚》等。

骆亦至诗集 （明）骆亦至撰 存目载《金门志·艺文志》

骆亦至，失其籍贯，明末忠明之士，寓居厦门半山寺。此书有卢若腾之序，载《留庵文集》。序云："自兴义师以来，吾乡志节之士，咸集海上。其中贫困弥甚而耿介不渝者，莫如骆子亦至，余爱之、重之。其胸中垒块，时时泄之于诗。诗朴厚近古，余亦爱之、重之。"

许而鉴诗集 （明）许而鉴撰 存目载《金门志·艺文志》

许而鉴，同安金门人。清军进犯同安，倾囊募士，从诸义师抗清，毁家佐饷，义无反顾。事败，伏处海滨，愤激牢骚之况，泄之于诗。此书有卢若腾之序，载《留庵文集》。序曰："而鉴能茹苦耐忧，与诸才略志节之士暴其血诚以待时会，即使椎钝不能诗，已足称为吾岛中铮铮自见之人，而况其词章之敏赡若此乎！况其虚怀求益，乐人之砭其瑕累若此乎！又况其诗画丝桐，触手生致，不仅以诗之一途若此乎！"

尚华集 （明）纪文畴撰　序载《留庵文集》

纪文畴，里居、阅历见本章本节"二、文集、综合集"之《纪太史诗文集》。此书乃纪文畴退回厦门与郑成功共事时所作的诗文集。诸志艺文不撰录，惟存有卢若腾之序，载《留庵文集》，题作《纪南书尚华集序》。序曰："所遗《尚华集》，皆两年间悲愤激楚之作。读其诗文并其自叙，而南书固未死也。"又云："南书固工诗，此时不复作文字想，而绝以忠义心血注洒毫端，虽以极庸、极懦人读之，亦当慨然发其枕戈击楫之壮怀，故曰南书未死也！"

蓄山居诗 （明）纪文畴撰　序载《晃岩集》

此书未见，诸志艺文亦未见著录，或未刊。《晃岩集·卷十一》载池显方所作之序。序云："纪君取张曲江'尝蓄名山意'之语，以'蓄山'字居，以居字集。夫蓄名山者，非一岳、一洞可了也。直至芥子须弥、毫端宝刹而蓄，始无尽以纪君清峭之思、玄隽之致，富其才、廓其见、澄湛其识，如岩头所云：'向自己胸中流出将来，与我盖天盖地去。'"

鹣草 （明）叶后诏撰　存目载《同安县志·艺文》

叶后诏，里居、阅历见第二章第一节"二、儒学"之《五经讲义》。此书有池显方为之序，载《晃岩集》中。序赞"其文立海奔山，穿石裂云"，又称"名曰《鹣草》，夫鹣并翼而飞，独翼则不能飞，亦犹精、气、神单修则不能成上真"。

鹣亭诗草　荷楼诗选 （明）林霍撰　存目载《同安县志·艺文》

林霍，里居、阅历见第三章第四节"一、语音"之《双声谱》。卢若腾曾序其诗集，载《留庵文集》，题作《林子濩诗序》。序称：凡所为诗，皆根心为言，不待外借。行幅之间，生气勃然，盖与《铁函心史》《晞发集》并为宇内真文字。中兴有期，褒奖实行之士，直以是集为券焉。若犹以诗家气格声调绳之，是尚未知诗之本领，又乌能知子濩之涯涘哉！纪许国亦曾序其诗，谓"如空山发翠，馨香不绝，别留神韵于笔墨之外"。

石函录 （明）庄潜撰　序载《厦门志·艺文略》

庄潜，字伏之，同安人。纪文畴弟子。南明亡，避居鹭岛，孤愤难释，与纪许国、林霍相与扁舟携诗登虎岩，入吴庄，从容放歌月下。意欲纂述南明旧闻为一书，以耳目睹记不及，遍览中州事迹，偶得明季遗闻数卷，遂搜罗弘光逸事，参酌编纂，继以诗歌，成为此书。有纪许国之序，载《厦门志·列传下》。序云："庄子伏之自纂其诗一帙，题曰《石函录》，录中有吊黄文明、陈卧子、夏彝仲、林子野、林燕公、傅公、熊阁部、钱希声、曾峡江、揭临川及哀同安、哀云中、秋感诸什，皆悲愤抒情，淋漓翰墨。余读而有感，未尝不为之流涕也。嗟乎国事之坏，有由来矣！"又云："余以是读庄子之诗，而重悲世道之不幸也。庄子怀咏赠答诸篇，皆坚光峭朴与元、柳上下，余不具志，特因其所感而为之序云。"

束书后诗 （明）陈士京撰　存目载《同安县志·艺文》

陈士京，字佛庄、齐木，浙江明州人。明末进士，官给事中、光禄侍卿。明亡，随鲁王泛海入厦，寓居鼓浪屿。与谈古今忠义及世运成败兴废之迹，辄扼腕、废眠食。其诗崛崒奇伟，尤擅长诗。此书疑为寓居之作，有纪许国序之，序云："悲宕激壮，忧时悯世之意，尽托行墨间。"

浩然小草（二卷） （明）杨秉机撰　存目载《同安县志·艺文》

杨秉机，字允中，同安中左所（今厦门岛）人。明崇祯间邑诸生。明亡，削发为僧，自号鹭岛遁人，浪迹江湖，苍茫吊古，感事怀人，一记于诗。其诗作《天津西望》《舟泛浙江》《渡扬子江》《抵俨石》等篇，乃其寻觅陈迹名胜之所见所感。《金门志·艺文志》称其"诗境颇壮浪"。

西山遗稿 （明）郭守一撰　存目载《同安县志·选举》

郭守一，同安在坊里后郭人。少颖异，十三岁补弟子员。明崇祯十五年（1642年）副榜，任赣州府通判。此书为其诗集。

同岑草 （明）纪许国、林说、林尊贤撰　存目载《同安县志·艺文》

此书乃纪许国于明崇祯十五年（1642年）乡试中举后，与同榜举人林说、林尊贤合撰。

纪保国诗集 （明）纪保国撰　存目载《同安县志·艺文》

纪保国，字安卿，纪许国弟。幼随父兄浮家鹭岛。及长，落发披缁，出游五岳，徒步千里，栉风沐雨以寻师。此书有林霍之序，存《同安县志·艺文志》，序赞曰："嗟乎！君年少耳，而所存已如是，自沧桑以来，山川朋友不复一致，有能砥行于闾巷难矣，而况欲绝迹飞骞于风尘外乎？余于是益叹安卿为畸士也。"《厦门市志·流寓传》称"其诗清隽绝俗，飘飘如其人"。

夕阳寮诗稿（十二卷） （明）阮旻锡撰　约清康熙三十二年（1693年）刻本，藏于民间私家

阮旻锡，里居、阅历见第二章第一节"二、儒学"之《易阙疑》。此书原本为十二卷，分订三册，其第一册（卷一、卷二）已佚。其书口题为《夕阳寮诗稿》，现存十卷的各卷卷端则题为《夕阳寮存稿》，并有"同安阮旻锡畸生撰，温陵丁炜淡汝阅"两行题字。查道光《厦门志·艺文略》的撰录，阮旻锡的著述有《夕阳寮诗稿》，然无《夕阳寮存稿》，故该本题名应为《夕阳寮诗稿》，其书后的阮旻锡自跋，称这部诗稿为"涉江前后稿"。道光《厦门志·艺文略》撰录的阮旻锡著述则有《涉江诗抄》，故这部诗稿极可能即是《涉江诗抄》的刊刻本。尚存的十卷，卷三、卷四为"七言古诗"，卷五、卷六为"五言律诗"，卷七、卷八、卷九为"七言律诗"，卷十为"排律"，卷十一为"五言绝句"，卷十二为"七言绝句"，所缺的卷一和卷二当为"五言古诗"。现存十卷总共收录从康熙二年（1663年）到康熙三十二年（1693年）三十余间阮旻锡的各体诗作565首。或

记事，或咏物，或感怀，或唱和，作者个人家世、朋辈交往、江湖游踪于其中可窥。曾由晋江丁炜刻于金陵，阮旻锡于"后记"述其刊梓始末："岁戊辰十月，雁水丁先生重至鄂渚，全以涉江前后稿就正。忽闻有左迁姚安守之命，从者匆匆，俱有难色。是夜，先生与林子公蕴阅予诗，依唐人命题书官爵例，用蝇头细字添注，至五鼓始罢。时先生目眚尚未愈也。次日，即为全序而刻之。"

清源诗会编 （明）阮旻锡撰　民国红兰馆抄本，藏泉州市馆

此书乃阮旻锡于明崇祯十二年至十四年（1639—1641年）参加清源诗会唱酬时所写的诗作，于清康熙四十年（1701年）整理并作跋。有林佶为之序，序曰："君为前代遗民，晚逃于佛，实郑守南、谢皋羽之流亚。顾其为诗，冲微澹远，一以正始为宗，无凌厉激亢之音。"

击筑集 （明）阮旻锡撰　存目载《厦门志·艺文略》

此书系阮旻锡留滞燕之作，有其自序，载《厦门志·艺文略》。序称："《击筑集》者，阮子客燕作也。阮子自丙午入都，计六易寒暑矣。然岁丁未则自燕而返闽，戊申则复自燕而走豫，故断自己酉以下为《击筑集》也。"又云："击筑之思，亦犹怀古之志也。"

啸草 （明）阮旻锡撰　存目载《厦门志·艺文略》

此书有纪许国之序，载《厦门志·艺文略》。序云："余侨居岛上已五载，诸友人有言阮子隽敏善诗歌者，予心识之。既面阮子出'啸草'相示，罗罗清疏，言必称乎情。如咏郑所南《心史》及赠陈白云、和王百谷诸作，皆峭出无世俗雕镂绮缋之习。然则阮子其瑰伟、怀感慨而有以自振者欤？阮子年甚少，思甚锐，由是而造焉，其以追于古不难。"

阮畴生诗 （明）阮旻锡撰　存目载《厦门志·艺文略》

《魏敬士文集》称："先生于闽，尝师事峡江曾公樱。曾公死于义，先生遂频年远游，抵吴越，达中州，涉齐、鲁、燕、赵之乡。庚申夏，先生携其《涉江》《燕山纪游》诗，来访家大人于翠微，因属家大人序其集。"或此书为阮旻锡《涉江诗抄》《燕山纪游》等诗集之统称。

幔亭游稿 （明）阮旻锡撰　存目载《厦门志·艺文略》

此书乃阮旻锡游武夷山所著之诗文集，晋江丁炜为之序，载《问山文集·卷一》，题作《幔亭游草序》。序称："师抱胸中之奇，无可告语。一遇奇山水，遂即写之，为记为诗，以寄其愤惋难平之概，故奇气亦英发而莫可御。"

燕山纪游　同和东坡韵诗　夕阳寮词　慧庵唱和韵选　轮山诗稿　梦庵长短句 （明）阮旻锡撰　存目载《厦门志·艺文略》

阮旻锡诗词作品甚丰，而佚亡者亦不少。

东壁楼集（八卷） （明）郑经撰　刻本，藏日本内阁文库

郑经（1642—1681年），一名郑锦，字贤之、元之，号式天，昵称"锦舍"，

郑成功长子。随父参与战事，郑成功复台后，奉命据守厦门。郑成功病逝，急赴台湾弭平准备继位的郑袭，继承延平郡王爵位。金厦两岛陷后，撤退台湾，在陈永华的辅政下，抚土民，通商贩，兴学校，进人才，定制度，境内大治。此书无作者名款，唯卷首自序署"永历甲寅，潜苑主人自识"。其序称："缘国祚中衰，胡氛正炽。余年颇长，乃日事弓马，不务刀笔。及先王宾天，始出临戎。嗣守东宁，以图大举。……日者房运将终，四方并起。余爱整大师，直抵闽疆。思恢复有期，毋负居东吟咏之意。"且该书钤有"式天氏"与"潜苑主人"两印，"式天"即为郑经之号，由此可证此诗集为郑经所作。而其诗文之行述亦可为证。

偶然草 （明）释明光撰　存目载《厦门志·艺文略》

释明光，本姓王，号上中。明末为僧泉州开元寺，后常居厦门寺庙。喜书法，尤工草书，同寺僧如寿精于楷书，与明光齐名，人称"明光草，如寿真"。晚年常与阮旻锡唱和。此书乃阮旻锡选其诗三百余首编辑而成，缙绅苏埙、陈镇峰序而刊之。

伐檀草 （明）蒋升撰　序载《清白堂稿》

蒋升，字仲旭，同安人，蒋孟育之子，阅历不详。此书诸志艺文不撰录，唯有蔡献臣之序，载《清白堂稿·卷五》，题作《蒋仲旭伐檀草序》。序曰："龙溪蒋子升者，恬庵宗伯子也。年方弱冠，而文章奇天下。其笔意之飞动超迈种种，出人意表，盖其体裁虽有迩来风尚，而另有一段超逸之致，经生家谓是必建旗鼓而唾手大物者。"

九山堂补书诗集　铜城怀古八咏　性情留编 （清）蔡士哲撰　存目载《同安县志·艺文》

蔡士哲，里居、阅历见本章本节"二、文集、综合集"之《闻过堂集》。

澹若斋前后编　咏古集　井桃集　蜩音集　余狂集 （清）张赞宗撰　存目载《同安县志·艺文》

张赞宗，字子参，同安人。生平慕古好学，为诗文，奇思伟论，独出手眼。筑斋于双溪桥，题额曰："澹若"，学者称为澹若老人，晚自号不然翁。闽中孙士杰尝为其集作序并刊刻。

戏余草 （清）卢勩吾撰　存目载《金门志·艺文志》

卢勩吾，里居、阅历见本章本节"二、文集、综合集"之《错叟文钞》

然斋诗草（四卷） （清）池继溥撰　存目载《厦门志·艺文略》

池继溥，同安嘉禾里（今厦门岛）人，池浴德孙。清康熙二十九年（1690年）举人，知曲州县。

涧香编 （清）陈可远撰　存目载《同安县志·艺文》

陈可远，里居、阅历见第二章第一节"二、儒家"之《大易参订》。

西村诗集 （清）林之浚撰　存目载《厦门市志·流寓传》

林之浚，字巨川，号象湖，福建惠安人。清康熙四十四年（1705年）顺天举人，翌年进士，授翰林院编修。康熙五十五年（1716年）督学江南。归田后，长期居住厦门，酷爱白鹿洞、虎溪岩、万石岩诸胜，均撰有游草。

同江集（十二卷） （清）张对墀撰　存目载《金门志·艺文志》

张对墀，里居、阅历见第二章第一节"二、儒家"之《四书文》。张对墀博学多识，诗作出众，被称为泉州第一诗。

讷园诗选 （清）黄而挥撰　存目载《同安县志·艺文》

黄而挥，字述之，同安人。好学工诗，为诗冲淡隽远，华亭董俞称其诗"如飞黄蹑影，瞬息千里而步骤有度，不负泛驾之累。又如于洞庭湖心吹铁笛，清声俊韵，能令波涛滉瀁、鱼龙出听"。田茂遇称其诗"和平而俊爽，幽细而稳实，洋洋汎汎于风雅，穷泳游而身厉揭"。

宁我草堂诗钞（二卷）　宁我草堂诗余（一卷） （清）许琰撰　清乾隆间刻本四册，藏国家馆

许琰里居、阅历见本章本节"二、文集、综合集"之《瑶州文集》。许琰的诗作，据《同安县志·艺文志》撰录有《玉森轩稿》《鳌峰近咏》《余麟集》《木游集》《方知集》《宁我草堂诗钞》《诗余》《词调》，而今可见的只有国家馆藏《宁我草堂诗钞》二卷、《宁我草堂诗余》一卷，合为一函。据《同安县志·文苑录》称"所著有《玉森轩稿》《鳌峰近咏》《余麟集》《木游集》《方知集》，寓金陵时合梓为《宁我草堂诗钞》"，故许琰的诗作大多存世，唯有《词调》未见。诸志艺文多将《诗余》《词调》合撰为《诗余词调》一部，然今《诗余》尚存，可见《诗余》《词调》应为两部。

鹭洲拾草　远游闲居草　知以集 （清）林翼池撰　存目载《厦门志·艺文略》

林翼池，里居、阅历见第二章第一节"二、儒家"之《尚书捷解》。

未斋集　粤游草 （清）庄天能撰　存目载《同安县志·艺文》

庄天能，字景又，同安社坛人，清雍正十三年（1735年）岁贡生。博览群书，下笔千言立就，学问渊博，尤通韩柳，主讲双溪书院时生徒众多。

爱霜篇　更炊草 （清）刘宝玉撰　存目载《同安县志·艺文》

刘宝玉，字敬承，同安长兴里东桥人，清代廪生。

愧雅轩诗集 （清）陈皋撰　存目载《同安县志·艺文》

陈皋，里居、阅历见第二章第一节"二、儒家"之《周易标旨》。

百花诗 （清）曾源昌撰　乾隆五十年（1785年）刻本，已佚；民国十九年（1930年）厦门新民书社编译部丛书本

曾源昌，字幼泉，同安嘉禾里曾厝垵（今属思明区滨海街道）人。清康熙六十年（1721年）岁贡生，官训导。是集为其少年之作，原刻于乾隆五十年（1785

年),有释超全(即阮旻锡)、林佶作序,何连城题跋。原版年久湮没,民国十八年(1929年),李禧据其所藏残本,对照其叔父石溪公抄本校订,补足百什,重刊付梓。此书收入曾源昌咏花诗百首,而原版卷下旧附五言律《逢斋美人百咏》,因残缺不全,又无他本可补订,故弃之。书后仍附仅存何连城之跋,跋云:"陶靖节诗中有酒,王摩诘诗中有画,皆其才情兴会,蕴结而流露也。曾幼泉《百花诗》才情横溢,兴会不浅,或肖春貌,或取其神,或得其韵,致自觉行间绰约、纸上氤氲,即谓之诗中有花也。百花皆有诗,安得百诗皆有花,盖别具一段风神,自为蕴结,自为流露,而其供人相赏相怜,更当何如?夫读靖节诗,则壶中酒不空;读摩诘诗,则四壁环列图画;读幼泉诗,恍在春园夏沼、霜篱雪坞吟雅调也。置百花诗一卷于案头,因题其上曰:入室有香常对友,读诗无日不看花。是大快事,是大快事。"

澎游草(一卷) 台湾杂咏 逢斋诗集(八卷) (清)曾源昌撰 存目载《厦门志·艺文略》

此三部诗集,为曾源昌旅居台澎之作。《厦门志·列传下》称其"后游台、澎,有《澎游草》一卷,《台湾杂咏》三十首。提督施世骠延主鹭津书院,课其子弟。有《逢斋诗集八卷》"。

自遣偶草 (清)林郡升撰 存目载《同安县志·艺文》

林郡升,里居、阅历见第三章第一节"一、政治"之《救荒备览》。

碧涯诗集 (清)吴必达撰 存目载《同安县志·艺文》

吴必达,里居、阅历见第三章第一节"四、军事"之《水师要略》。

清斋杂咏 (清)陈元章撰 存目载民国《同安县志·选举》

陈元章,字一侯,同安感化里松田(今属同安区大同街道)人,陈观泰孙。清乾隆三年(1738年)举人。磊落不群,淹贯经史。

印江诗草 (清)陈世泽撰 存目载《同安县志·艺文》

陈世泽,字荣仲,同安阳翟人,住在坊里。清代郡廪生。性古朴,究心经史,喜咏诗,从学者甚众。

买脂轩诗草 (清)洪凤撰 存目载《马巷厅志·人物》

洪凤,马巷厅人。少师从进士苏遂,研究声律,工吟咏兼擅书法。

锦江诗 (清)黄涛撰 存目载《同安县志·儒林录》

黄涛,里居、阅历见第二章第一节"二、儒家"之《质疑集》。

抒箧诗集 (清)叶廷梅撰 存目载《同安县志·艺文》

叶廷梅,里居、阅历见本章本节"二、文集、综合集"之《灞溪文集》。

鸣秋草(五卷) (清)蔡德辉撰 存目载《厦门志·艺文略》

蔡德辉,里居、阅历见本章本节"二、文集、综合集"之《蠡测文集》。

苍筼诗 (清)林应震撰 存目载《同安县志·选举》

林应震，字鲤湖，同安人。清乾隆九年（1744年）举人，任南靖教谕。

荔崖诗钞 （清）黄日纪撰　抄本一册，藏福建省馆

黄日纪，里居、阅历见本章本节"二、文集、综合集"之《挫鲛精时艺》。此书成于黄日纪擢兵部主事之前，乃其旧作《奚囊》《内史》《中枢》等诗集校订合刊。长洲沈归愚序云："丁丑秋，叶庵将补官兵曹，道经吴中，既相见，道别离情事外，出诗数卷示余，索为序。读之如名花艳，如美女婷也；挺峙如山之立，奔放如水之涌也；严整如老吏之断狱，无能出入也；平淡如名泉之煮宋树茶，无味而中含至味也。视向时风格又一变矣。"

奚囊集　内史集　中枢集　龙江集 （清）黄日纪撰　存目载《厦门志·艺文略》

此等为黄日纪不同时期之作。据薛起凤序《归田集》中所云："先生昔方远游则有《奚囊集》，在薇垣则有《内史集》，在驾部则有《中枢集》，其在丹霞则有《龙江集》，皆因时因地而异其名。"

归田集 （清）黄日纪撰　清乾隆三十二年（1767年）刻本一册，藏厦门市馆

是集乃黄日纪归隐故里，寄情山水之作，由其子黄贞焕编校，有蓝应元、薛起凤、王国选为之序。漳浦蓝应元序云："三年中，得亲见荔崖为乡先生，凡有关名教者，无论事之轻重难易，皆必力肩其任。暇日，即偕诸同志寻山问水。即景分韵，触物抒怀，因而积成卷轴，名其集曰《归田》，而属余为序。夫荔崖之诗，自昔岁《奚囊》《内史》《中枢》诸集出，久已脍炙人口。则是集之刻，愈精愈熟，如景星、庆云，贤愚皆知为美瑞，岂待喷有烦言哉？"

嘉禾名胜记（二卷）（清）黄日纪辑　清乾隆三十二年（1767年）刻本一册，藏厦门市馆

黄日纪归居厦门，时"具壶觞作东道"，邀地方宦绅、文人墨客共游鹭岛山水。"每至一处，饮酒吟诗，必穷日之力而后反。凡山之秀，水之清，台榭之曲折，木石之奇特，无不低徊留而不置。至于峭壁颓垣、荒烟蔓草之中，苔藓剥落之余，有题咏者，辄命录之。"此书乃黄日纪搜录前人题咏之诗，并汇诸友咏景之作编就而成，采用以景带诗之体例，记厦门名胜23处，收入自明代至清朝乾隆间数十位作者之五律、七律、绝句及记事碑记共300首，蔡新、薛起凤为之序。蔡新序中赞曰："嘉禾自海氛而后，沧桑一变，名山古迹半消沉于蔓草荒烟之中，即间有入郡邑乘者，亦多阙略不详。荔崖家居数载，苦心勒成此书，讹者正之，微者阐之，俾一展卷而晓然心目间，山灵有知，不且深许为知已乎！况夫峭壁苍苔之文不惮搜罗，骚客游人之咏不遗采辑，集狐成裘，以定斯美。则读是记者，又岂徒得其山川形势，并亦可观夫古今人文之盛也已。"

榕林汇咏（一卷）（清）黄日纪辑　清乾隆三十五年（1770年）刻本，藏

上海馆

黄日纪归居厦门，营别墅于凤凰山麓，饶泉石亭榭之胜。园多古榕，蔡文恭公题曰"榕林"。日纪性好客，常邀文人名士，吟咏唱和其间。此书为当时吟咏汇辑。

榕林偶吹倡和集　（清）黄日纪辑　存目载《厦门志·艺文略》

此书未见，或与《榕林汇咏》相似之诗集。《厦门市志·艺文志》作《榕林偶吹》《榕林唱和》两部。

全闽诗儁（六卷）　（清）黄日纪辑　曾朝英编校　清乾隆三十三年（1768年）刻本，藏福师大馆

此书为黄日纪归田后所辑的闽人诗集，录欧阳詹以下233人之诗，人各一传，附以一诗或数诗，颇似诗话。所列厦门籍诗家有邱葵、林希元、洪朝选、蔡复一、池显方、陈常夏、蔡德辉、李正捷等。卷首有王国选之序，序云："乃归园，暇日辑《全闽诗儁》，纪其人可以论其世也，录其诗可以逆其志也。虽其中品有高下，诗有浅洊，要皆有真性真情流露于楮光墨彩之中，而无不可以征吾闽人文之盛。昔严仪部撰《沧浪诗话》，高典籍选《唐诗正声》，识解超卓，决择精严，久为海内所推服，然是诗家科律无关故乡文献。先生斯集，表前哲之风流，为后学之宗法"。

草庵诗集（四卷）　（清）黄彬撰　存目载《厦门志·艺文略》

黄彬，为清代厦门云洲诗社"云洲八子"之一，里居、阅历见本章本节"二、文集、综合集"之《黄莲士文集》。此书乃其寓厦时之诗作，已佚。其诗作在《嘉禾名胜记》中可见到《半月池》《秋日登旷怡台》等57首。

看山楼唱和诗（一卷）　（清）黄彬撰　存目载《厦门志·列传下》

此书乃其寓厦时与云洲诗社诸友唱和之作。其自序云："乙亥冬，儿辈于鹭岛和凤后堡，赁廛墨耕，余于晋水往来其门，苦其湫隘。戊子仲秋，借良朋力，始得移廛对宇。廛之后，地势凭虚，架小楼辅之。楼辟二窗，其南对峰窠石、凤凰山一带，其西则鼓浪屿、大观山在焉。昔诵唐人诗有'临街新起看山楼'之名，心焉爱之，而景适与称，因以'看山'名楼。楼之大只五尺，与廛合而丈有奇。束楼瓦之水，巡檐而归一筒，壁之半，窗之下，以笕承之，绕楼而下于渠，小作泉声，大作瀑布。中有书万卷，炉香茗碗，花鸟盆鱼，时与心会，地去海不数武，风帆贾舶，欸乃渔歌，亦时闻于耳。每月出则由南牖过西窗，楼中常得月。诸同志尝相过从，谈笑言欢，或拈韵赋诗，或论文对酒，历寒暑无间。而鸡坛巨宿，秋水伊人，亦复闻声相思，不吝珠玉，寄和佳章，邮筒远至，可谓一时之盛事矣。"

池上草初集（十二卷）　（清）张锡麟撰　近代抄本一册，藏厦门市馆

张锡麟，亦为清代厦门云洲诗社"云洲八子"之一，里居、阅历见本章本

节"二、文集、综合集"之《张锡麟文集》。此书乃张锡麟之子辑其所著诗草,其卷一为赋、卷二为乐府、卷三为五言古诗、卷四为七言古诗、卷五为五言律诗、卷六为七言律诗、卷七为五言绝句、卷八为七言绝句、卷九为五言排律、卷十为七言排律、卷十一为杂体诗、卷十二为诗余,有李廷钦、倪邦良、王国选、允和、林为洛为之序。倪邦良序云:"观《池上草》,集中皆清雅而和平,逍遥而晦适,嘲风月、吟莺花,饰山川之□容,抉古今之遗事,不搜奇以为意,不剔诡以为词,惟率吾真盎然出之以自畅,其情绝无凄怆之音、愤惋之态,其清篇秀句,中世之工者,或莫之过。"按,张锡麟之《池上草》应有三集,今只见初集。

时斋倡和诗(二卷) (清)张锡麟撰 清乾隆三十三年(1768年)时斋刻本

此书乃张锡麟与当时厦门文士骚客唱和之诗集,收张锡麟所作《芸亭课艺》《育圃联吟》《幽偏坐雨》等十二事诗,而后续以林为洛、张允和、倪邦良、廖飞鹏、刘承业等人之随题唱和诗,由张允和选、张锡麟辑、张名扬校,于乾隆三十三年(1768年)秋刊刻,篇首有黄彬、张继祖之序。张继祖序曰:"窃意所谓《芸亭课艺》者,绍书香也;《洗玉开樽》者,广乐群也;《警柝》《闻钟》,可以发其深省;《拾翠》《观鱼》所以乘乎在机,寄古调之独弹,故以《抚琴》寄意;欢奇文之共赏,故以《联吟》为有。若夫《植桂》自况,《坐雨》顺时,陶性情于《步云》,会卷舒于《观云》,皆有关于学,植用寓物以箴铭,兄之命名或有取尔也,且时之义大矣。"

应秋草 (清)林明瑅撰 存目载《厦门志·艺文略》

林明瑅,字子美,同安嘉禾里(今厦门岛)人。为清代厦门云洲诗社"云洲八子"之一。生活备极坎坷,而为诗声调和平,无牢骚抑塞之态,可谓达观。《嘉禾名胜记》中收有其《秋日同游紫云岩》等诗8首。

长啸集 (清)蒋国梁撰 存目载《厦门志·艺文略》

蒋国梁,字祯士,同安嘉禾里溪仔乾人。为清代厦门云洲诗社"云洲八子"之一,性耿介,胸怀洒落。能诗善画,笔意仿文衡山、倪云林诸家。《嘉禾名胜记》中收有其《紫云岩水洞听泉》等诗3首。

鹭门草(四卷) 碧山草堂诗抄(一卷) (清)莫凤翔撰 存目载《厦门志·艺文略》

莫凤翔,字子瑞,同安嘉禾里人。幼学诗于黄梦琳,潜心声律,为清代厦门云洲诗社"云洲八子"之一。莆田林兆鲲曾序《碧山草堂诗抄》,谓其"有孝思语,有勉励语,有小惩大诫语,有留心世道语,与凿空强作、寻章摘句者不同"。《嘉禾名胜记》中收有其《大观楼》《游天界寺》等诗17首。

雾隐草 (清)蔡天任撰 存目载《厦门志·艺文略》

蔡天任,字弼卿,同安嘉禾里人。博涉书史,亦留情吟咏,为清代厦门云洲诗社"云洲八子"之一，时与诸君唱和。《嘉禾名胜记》中收有其《游黄亭》等诗6首。

梧山草 （清）薛起凤撰　存目载《厦门志·艺文略》

薛起凤，字飞三，号震湖，福建海澄镇海卫人，后迁厦门。清乾隆三十年（1765年）举人，尝主纂《鹭江志》。为清代厦门云洲诗社"云洲八子"之一。《嘉禾名胜记》中收有其《虎溪桥》《中秋日同诸友集白鹿洞》等诗17首。

得溪诗集 （清）叶时茂撰　存目载《同安县志·艺文》

叶时茂，字允丰，号得溪，同安瑶头（今属同安区西柯镇）人。年少时拜师习武，清乾隆二十八年（1763年）武进士，历任柳州游击、融怀参将、新大副将。乾隆末年归家，喜吟诗唱和。

沧语集 （清）张廷仪撰　存目载《厦门志·艺文略》

张廷仪，字希五，同安人，居住厦门。清代廪生。读书过目成诵，为文摇笔立就。

消闲草 （清）黄名香撰　存目载《厦门志·艺文略》

黄名香，字兰友，同安嘉禾里张厝保（今属思明区中华街道）人。性情恬淡，咏诗自娱。尝助薛起凤撰写《鹭江志》。

韵斋集 （清）徐宏音撰　存目载《厦门志·艺文略》

徐宏音，字次徽，居住厦门。清代龙溪诸生。

渔城诗草（四卷） （清）林遇青撰　清乾隆时期刻本，藏同安区馆

林遇青，字春三，一字春贤，同安人，居厦门。清代同安县庠生，肄业玉屏书院。以《期门佽飞赋》见赏于巡道蔡琛，由此得名。该书有黄日纪和蔡天任所撰的序，蔡序云："自髫年即有志古艺士之林，以故生平著作极富，若古文诗词，无体不讲究，观察蔡公见其《期门佽飞赋》，便叹为才士。他若《此君传》《游醉乡记》《仲兄墓志铭》诸篇，尤为诸同人所击赏。"又云："林君之诗，宗法唐人，或沉浸于开元，或含咀于大历，一字一句无不规摹前哲。而其间序事说理，则独出以真性真情，视世之借风云月露为骚坛倡和者，相去奚啻霄壤。则读其诗可以知其心思学问之卓越寻常，并亦可想见其稿中诸体之作，无不类如斯之熨贴完美也。"林遇青另有文集二卷，亦已散佚。

酴醿山房诗集 （清）林文湘撰　存目载《同安县志·艺文》

林文湘，字珠卿，同安后浦（今属金门）人，学者称秋泉先生。游长泰庠，屡屈秋闱，遂不复置意，肆力于诗词。此书初名《铁岩诗抄》，晚更今名。《金门志·艺文志》云："文湘诗学韩、杜，犹工骈体文，一时老名宿无能出其右者。"

春潭集 （清）黄秉元撰　存目载《厦门志·列传》

黄秉元，字调叔，号春潭，同安嘉禾里人。清代龙溪诸生。时与云洲诗社相唱和，诗文挥毫立就，而措词稳称。

两岛怡情集　（清）黄梦琳撰　存目载《厦门志·列传》

黄梦琳，字球卿，号雪舟，福建晋江人。清乾隆年间为蓝元枚帐下幕宾，后迁居金门。柬牍余闲，来往金、厦两岛之间。擅诗，兴酣落笔，意致殊豪。岛中名士，多从之问诗。是集乃其居金、厦之作。

灞亭小咏　灞亭诗钞　（清）庄光前撰　存目载民国《同安县志·选举》

庄光前，字希迪，号灞亭，祖籍龙溪，住同安在坊里松柏林（今属同安区大同街道）。清乾隆二十五年（1760年）举人，乾隆三十一年（1766年）挑选一等，分发河南候补知县。据民国《同安县志·选举》称，《灞亭小咏》曾刊刻行世，而《灞亭诗抄》则未梓。

李忠毅公遗诗（一卷）　（清）李长庚撰　稿本，藏厦大馆；清同治五年（1866年）刻本藏厦门市馆、同安区馆、福建省馆

李长庚（1751—1808），字超人，号西岩，马巷厅后莲保后滨（今属翔安区马巷镇）人。清乾隆三十六年（1771年）武进士，授蓝翎侍卫，历福建海坛镇总兵、铜山参将、澎湖协副将、定海镇总兵、嘉庆五年（1800年）擢浙江水师提督。嘉庆十二年（1807年）征剿蔡牵海上武装，至黑水洋，中炮身亡，赐祭葬，谥"忠毅"。深究兵法韬略，亦娴诗古文词。此书乃其养子李廷钰汇其诗作编辑而成，其孙辈刊刻于同治五年（1866年），有郭尚光、许邦光为序，苏廷玉、顾皋、李璋煜、廖鸿藻、杨振麟作跋，书后附录有题词、小传。许邦光序赞曰："忠毅公大节在天地，作诗其余事也。然卷中诸什于骨肉手足之间，绸缪往复，字字从肺腑中流出，由天性滇至然耳。其云'只恐瘁躬难报国'，又云'酬恩务尽寸心诚'，则公之矢志，致命早已情见乎。辞至其悲，眼前之事业，谢身后之荣名，风狂浪阻，头白心丹，读是篇者想见孤忠之苦，不禁悚慨交心酸，愤未能自己也。"

晞窗吟草　梦亭赋稿　（清）刘启熊撰　存目载《厦门志·艺文略》

刘启熊，字幼痴，同安嘉禾里人。自小有"神童"之誉。曾奉命作《巡道德寿》诗，一晚速成六十章。惜早殁。

留春草堂诗抄（七卷）　（清）伊秉绶撰　清嘉庆十九年（1814年）秋水园刻本

伊秉绶（1754—1815年），字墨卿，福建宁化人。清乾隆五十四年（1789年）进士，授刑部主事，历员外郎，惠州、扬州知府。久寓厦门榕林，工古文词，喜诗画，工汉隶，与吕世宜齐名。

生芝草堂诗存　（清）刘逢升撰　清刻本残卷（尚存卷七、卷八），藏同安区馆

刘逢升（1762—1811年），字仲允，号南吉，同安康浔（今属同安区洪塘镇）人。清乾隆五十三年（1788年）举人，主轮山书院讲席。此书系刘逢升辞世后，

孙刘棻龄校刊，后有附录，为友人所作的"遗稿奉题"。据"遗稿奉题"所称，此书又名《独弦吟稿》。

筦渔近草 （清）许温其撰　存目载《厦门志·艺文略》

许温其，里居、阅历见本章本节"二、文集、综合集"之《如雨居稿》。

李廷钰诗稿 （清）李廷钰撰　梵夹装手稿本一册，藏中科院馆

李廷钰，里居、阅历见本章本节"二、文集、综合集"之《秋柯草堂文集》。李廷钰有多部著述未刊刻，该手稿应为其中未梓之诗集。

悔莠小草 （清）周礼撰　存目载《厦门志·艺文略》

周礼，字世崇，一字敬堂。晋江诸生，设教鹭门，遂定居。十岁能文，有神童誉。

琢斋集 （清）蔡洪壁撰　存目载《厦门志·艺文略》

蔡洪壁，字尔荆，福建漳州镇海人，居厦门。教生徒，朝夕讲解，必尽其详。

日光岩诗（一卷）　九闽赋（一卷） （清）黄成振撰　存目载《厦门志·艺文略》

黄成振，里居、阅历见第二章第一节"二、儒学"之《四书存要》。

鹭江赠别诗抄 （清）倪琇撰　存目载《厦门志·艺文略》

倪琇，字竹泉，昆明人，清嘉庆六年（1801年）进士，历知府，嘉庆二十四年（1819年）任兴泉永道，多政德。

拙拙草壶山草诗集 （清）林云祥撰　存目载《马巷厅志·人物》

林云祥，里居、阅历见本章本节"二、文集、综合集"之《一经堂文集》。

镜花楼诗稿 （清）章淑云撰　存目载《厦门志·艺文略》

章淑云，字琼田，同安嘉禾里外清（今属思明区中华街道）人，清代游击陈廷俊之妻，善棋能琴。此书有兴泉永道倪琇为之序，应完稿于嘉庆年间。《厦门志·烈女传》录有其《重阳》《卖花》《落花》诸篇诗句，称："皆可诵。"其夫陈廷俊进京时，携其稿与俱，道卒，稿失。而其兄藏有副本，谅今亦无可觅。

内自讼斋诗抄（八卷） （清）周凯撰　清道光六年（1826年）自刻本二册，藏南京馆；又有作四卷二册，藏中科院馆

周凯，里居、阅历见本章本节"二、文集、综合集"之《内自讼斋文集》。

宫闺诗话（四卷） （清）林焜熿撰　存目载《同安县志·艺文》

林焜熿，里居、阅历见本章本节"二、文集、综合集"之《竹畦诗文抄》。

怡园诗草（一卷） （清）陈贻琨撰　存目载《同安县志·艺文》

陈贻琨，号凤山山人，同安人。清道光二年（1822年）领乡荐。曾在同安溪边九曜山麓建别业，名曰"怡园"，故其诗集因而命名。

表忠录（四卷） （清）梅曾亮等辑　咸丰二年（1852年）刻本，藏厦门博物馆

道光二十二年（1842年），抗英名将陈化成率部于吴淞口抗击入侵英军，壮烈殉国，朝野为之震撼，社会各界以诗文悼念之。此书汇集陈化成抗英史迹之碑、铭、传、记和录自文集、日记、志书等有关记载，以及当时江苏、浙江、闽南二百四十九位人士近三百首悼念诗文。计四卷，卷一收入《御制祭文》《御制碑文》，同安苏廷玉撰《皇清诰授建威将军江南提督忠愍陈公神道碑》和《墓志铭》，宝山黄树滋撰《陈忠愍公殉节始末记》，东溟姚莹撰《陈忠愍小传》，莆田陈池养撰《记故江南水陆提督陈忠愍公逸事》等；卷二收入《陈忠愍公遗像诗卷》及部分未题的悼念诗；卷三亦为悼念诗文；卷四收入上海陈兆奎、印经、戴宏琦等人辑录的《表忠崇义集》和《表忠崇义集补编》。诗文作者均为陈化成之同乡、同僚或料理其后事者，故叙事翔实可靠，乃研究中国近代史和陈化成史事之重要文献。厦门市图书馆藏《陈化成抗英事略》抄本不分卷二册，其内容与咸丰刻本基本相同。方文图、方友义主编之《陈化成研究》，其"纪念诗歌"和"研究参考资料"部分即录自该书。

圭峰吟稿 （清）薛炯垣撰　存目载《金门志·人物列传》

薛炯垣，字允中，马巷厅山仔兜人（今属金门）。以子师仪官参将，赠武功将军。素性淡泊，喜为诗，常把卷高吟。

问云山房诗存 （清）李正华撰　《闽三家诗》合辑本，题为《问云山房诗选》，与吕澂《默庵诗选》一卷、施乾《健庵诗选》一卷合为一册，藏福建省馆；1956年李禧石印本，附李禧撰《梦梅花馆诗抄》，藏厦门市馆、厦大馆、福建省馆、福师大馆、国家馆

李正华（1762—1811年），字望之，嘉禾里厦港（今属思明区厦港街道）人。清道光五年（1825年）贡生，掌教紫阳书院，门下之士多有成名。李禧刊刻时序云："此册为吴景川学友所贻册，有其世父渭竹丈小印。据《小梅诗存》称，问云山房诗文甚丰，藏其婿侯锡恩家。李、侯二家后人已无识者，知为问云山房诗已湮没久矣。渭竹丈从吴小梅先生学诗，而小梅又为望之先生再传弟子，其诗脉一贯如。此《厦门市志》采问云山房诗颇多，其诗风潇洒，时有警句，不及今刊出恐又遭散失。"

啸云诗抄 （清）林树梅撰　道光年间刻本八卷，题为《啸云诗抄初编》，藏厦门市馆、烟台市馆；传抄本四卷，题为《啸云山人诗抄》，藏福师大馆

林树梅，里居、阅历见第三章第一节"四、军事"之《闽安记略》。此书乃林树梅自选诗集，收录古今体诗近三百首，多为咏怀纪事之作。有两个版本：八卷本，收录清道光元年至三十年（1821—1850年）之诗作；四卷本，收录清道光四年至二十一年（1824—1841年）之诗作，附于《啸云山人文抄》十卷传抄本之后，合为十四卷，为较早的版本，诗中并附有"光泽高雨农夫子"之评语。有高澍然之序，序云："诗多奇气，如其文悲壮苍郁，近《秋笳集》，更进而益上，

可至李君，虞因汇其生平行事为之序，俾四方阅生诗者，知生孕奇于性，不徒恃，气之弗夺也。"

云影集 （清）林树梅编　清抄本存民间藏家

此书乃林树梅师王渔洋《感旧集》之意，汇集其友朋之诗草编辑而成的诗集。集中各篇作者皆为各地知名人士，"人各一卷，卷各有序，详其籍贯、出处，可以一览而知生平，矧学诗根柢"。其排序无先后，以到为序。有《附录凡例五则》及林树梅自序，自序称："夫以吾友怀抱雄奇，岂斤斤仅以诗见。乃天则若故阨其遇，使之幽忧拂抑，辗转靡常，而其感今怀古，郁塞难遣之情，不能不于诗乎发之，则吾此集即未足不朽吾友，而以传吾友之才志，固自信其庶几耳。"

鹤巢吟草 （清）胥贞咸撰　存目载《同安县志·艺文》

胥贞咸，字鹤巢，马巷厅后浦（今属金门）人。其祖有功于清朝，世袭云骑尉，任厦门守备，署游击，年三十三亡。此书于《金门志·艺文志》著录为《胥鹤巢诗集》。吕世宜之序，载《爱吾庐文钞》。序云："竟其卷，粹然如琢玉，五言尤工，可诵也。惜香奁诗外多牢骚不平，哀怨之音使人不乐。"

什竹诗钞 （清）童蒙升撰　存目载《同安县志·艺文》

童蒙升，字偕人，同安后城人。《同安县志·文苑录》称该书为其父童宗莹（字肯堂）所撰，盖童宗莹曾在同安西门内建一书斋，名"什竹山房"。

韵香诗草（一卷） （清）童蒙求撰　存目载《同安县志·艺文》

童蒙求，同安后城人，童蒙升之弟。

鸣秋草 （清）孙长龄撰　存目载民国《厦门市志·艺文志》

孙长龄，同安嘉禾里（今厦门岛）人，孙云鸿之子。以优贡通判高州，决狱如神，敷政严制。

西海纪游草 （清）林针撰　清同治刻本，藏闽地民间书家

林针，字景周，号留轩，祖籍福州，世居厦门。清道光二十七年（1847年）受聘赴美教习中文，行踪遍及美国南北。其时，有潮州人被英人诱拐至美国，身陷囹圄。林针悉之，出为营救，二十六名同胞得以脱难归梓。而林针旋为英人所陷，几遭监禁。幸美国友人代剖曲直，方脱此厄，于道光二十九年（1849年）返厦。此书乃其返厦后，以在美亲身经历与感受，用诗文形式撰写而成。书中对19世纪40年代美国医学、科技、教育、工艺、交通、建筑等状况之描述，较为全面系统。并附有《救回被诱潮人记》一篇，记述营救潮州同胞之事。此书约于同治六年（1867年）前后付梓刊刻，有林针自序、周揆源序与林树梅跋，亦有甚多厦金名人为之题词，林树梅跋云："其中往来之跋涉，遭际之奇异，以及人情土俗、物产天时，无不一一详记，使人了然于目，了然于心。"又诗赞曰："西极舟航古未通，壮游似子有谁同。足心相对一球地，海面长乘万里风。留意所收皆药石，搜奇多识到鱼虫。此行不负平生学，历尽波涛悟化工。"

蕴石山房诗稿 （清）吴登龙撰　　存目载《同安县志·文苑录》

吴登龙，字振玉，号云溪，同安北门内（今属同安区大同街道）人。以教书为业，善作诗文，暇日辄与汪西之、陈柏芬等相唱和。

榴荫诗草（一卷） （清）汪西之撰　　存目载《同安县志·艺文》

汪西之，同安人，清光绪元年（1875年）举人。筑书舍，曰"秋斋"，藏书数千卷。

寄园诗稿 （清）杨元华撰　　存目载《厦门市志·文苑传》

杨元华，字石松，同安嘉禾里（今厦门岛）人。授广东知县。爱好天文，尝制自转机器地球仪，有黄道、赤道、众星等。喜咏诗，其诗《厦门市志·文苑传》中录有若干首。

绘秋楼诗抄（二卷） （清）吴葆年撰　　清光绪二十五年（1899年）刻本藏厦门市馆；上海书局铅印本，藏北师大馆

吴葆年（？—1868年），字如南，号梅臣，同安嘉禾里（今厦门岛）人。署汀州永定县学，授大理司直，能文工诗。此书辑其诗作，原稿零落，其子兆荃极意搜寻，于同治七年（1868年）始得，欲编辑付梓，不幸于是年弃世。后其孙韵琮请吕澄、王步蟾两人同为校勘，于清光绪二十五年（1899年）刊刻。有杨浚作序，韵琮作跋，并附有柯培元所撰之墓志铭以及多人题词。杨浚序云："先生为鹭门望族，萧然出尘，故其下笔清若壶冰，盖多获江山助也。"

小梅诗存（四卷） （清）吴兆荃撰　　清同治三年（1864年）惜红馆刻本二册，藏厦门市馆、同安区馆、福建省馆

吴兆荃，字丹农，号小梅，同安嘉禾里（今厦门岛）人，吴葆年子。幼学诗，九岁即解吟咏。清咸丰三年（1853年），厦门告警，入提督王得禄幕，挥旗杀贼，又奉檄往建瓯，帮办军务，积劳成疾，请假以还。讵料到家又丧妻亡子，于是病弥笃、家弥贫，廉隅弥砺、诗学弥工。其弟杏农校刊其稿，题之曰《小梅诗存》。此书收其古今体诗、剩句348首，卷首有陈荣试、匡开益、孙长龄、陈采、杨凤来五人之序文和吴兆荃自序，并附有题词。杨凤来序曰："其四言则不失雅颂之旨；其五言，则迫近汉晋之音；其香奁近体，则如呢喃小儿女私语于绿窗绮阁之间；其长古诸什，则如幽燕老将军纵横于万马千兵之际；其凭吊古今也，则其忠诚可见；其赞述祖德也，则其孝思可见；其观我五咏，消寒十二，则与夫浩歌时事、赋物感怀，则其廉、其洁、其才、其学，亦无不可见。"

棣萼楼诗稿 （清）吴廷绶撰　　存目载民国《厦门市志·艺文志》

吴廷绶，字葆初，同安嘉禾里（今厦门岛）人。清代邑诸生。入幕府，以军功议叙六品顶戴。能文工诗。

鹭门草堂诗集 （清）林崇光撰　　存目载《厦门市志·文苑传》

林崇光，字春波，自号草堂生，同安嘉禾里（今厦门岛）人。从医，工吟咏。

第四章　文学艺术文献

观海楼诗草　（清）林凤梧撰　存目载民国《厦门市志·艺文志》

林凤梧，同安人，居关仔内（今属思明区中华街道）。清代生员。与林崇光、吴兆荃相唱和。

筼筜渔隐集　（清）方兆福撰　存目载民国《厦门市志·艺文志》

方兆福，字六谦，号星航，同安民安里下乡（今属同安区西柯镇）人，迁厦门禾山，住美头社。清同治十二年（1873年）解元。为文"情韵悠然，字韶秀圆润，诗俊逸沮新"。素号"筼筜渔隐"，是集乃以其号命之。

柏香居士遗集　（清）杨凤来撰　存目载民国《厦门市志·艺文志》

杨凤来，字紫庭，晚号止庭，居住厦门。清代龙溪附贡生。

鹭门同咏集　（清）周揆源辑　清同治二年（1863年）刻本，藏同安区馆

此书收有陈骏三、苏瑞书、陈廷菜、陈廷芸、林鄂翔、曾瀚、方兆福、胡承烈、陈炳坤、林朝邦、孙长龄、杨凤来等同安、厦门籍以及其他外地籍人士的吟咏诗。

鹭江杂咏（一卷）　（清）李鼎臣撰　存目载民国《厦门市志·艺文志》

李鼎臣（1830—1911年），字梅生，以字行，同安人，居厦门草埔尾（今属思明区开元街道）。弱冠入县学，精研数理、音韵学。创造一种注音字母，笔画简而音韵易通，妇人孺子费数时均可领会。性嗜酒，老而颓唐，怪诞特甚。另著有《香奁诗》数卷，版没于同安洪水。

同安竹枝词百首　李鼎臣撰　存目载《紫燕金鱼室笔记》

此书曾为李禧所得，请施士洁校阅，以备采录入《厦门市志》，无奈失于施士洁之手，遂无可复考。

竹泉诗草　（清）陈青撰　存目载《同安著作人物考》

陈青，字君赠，号小山，同安感化里松田（今属同安区大同街道）人，清代邑诸生。喜好诗文，尤长书法。

秋槎诗草　（清）颜润廷撰　存目载《同安县志·文苑录》

颜润廷，字子洋，同安后塘（今属同安区五显镇）人。清代邑诸生，深于诗学。

鹭江竹枝词（一卷）　（清）萧宝菜撰　清赌棋山庄抄本，藏湖北博物馆；厦门民间藏书

萧宝菜，字韵秋，闽县人。《课余续录》云："韵秋橐笔厦岛，适某观察新任观风，以此命题，韵秋试作四十余篇，名列第一，后遂成三百首。其初，期待虎药、鼠牙、文蠹等篇，皆列有名字，观察欲据以捕治，诸无赖汹惧，将与韵秋为难。韵秋不得已悉删之。诗虽体格未尽合，而有关风土，足备□轩。"此书由谢章铤校并跋。

冠悔堂诗钞（八卷）　（清）杨浚撰　清光绪十八年（1892年）刻本八册，

藏南京馆、河南省馆、中科院馆、南开馆、福师大馆、厦门市馆；清光绪十九年（1893年）刻本，藏南京馆、辽宁省馆；清光绪二十年（1894年）刻本，藏中科院馆；光绪刻本，藏国家馆、南京馆、福建省馆、福师大馆

　　杨浚，里居、阅历见第二章第二节"二、道教"之《四神志略》。此书收杨浚自道光二十七年（1847年）至光绪十六年（1890年）所作古今体诗1616首。首有光绪十九年唐宝鉴、陈榮仁、叶大焯和光绪十八年孙衣言、王轩序各一篇。其卷一收道光二十七年（1847年）至咸丰四年（1854年）诗作158首，卷二收咸丰五年（1855年）至十年（1860年）诗作255首；卷三收咸丰十一年（1861年）至同治六年（1867年）诗作179首；卷四收同治七年（1868年）至光绪三年（1877年）诗作179首，卷五收光绪四年（1878年）至六年（1880年）诗作234首，卷六收光绪七年（1881年）至十年（1884年）诗作193首，卷七收光绪十一年（1885年）至十四年（1888年）诗作151首，卷八收光绪十五年（1889年）至十六年（1890年）诗作267首。其中，卷二的《论次闽诗》90余首，始唐之薛令之，终清之黄忠端，纵贯上下，批评得失；卷六的《台厦杂咏十首》《鹭江感旧诗六十二首》记一地之风俗，录当时之世态。

　　鹭江感旧诗（一卷）（清）杨浚撰　清宣统元年（1909年）刻本二册，藏厦大南洋院馆

　　此书收古今体诗62首，反映当时厦门之风俗世态。曾以单刻本行世，亦收入《冠悔堂诗抄》之卷八。

　　冠悔堂赋钞（四卷）（清）杨浚撰　清光绪十八年（1892年）刻本，藏厦门市馆；光绪十八年刻本，藏南京馆、辽宁省馆；光绪刻本，藏国家馆、南京馆、福建省馆、福师大馆

　　此书收杨浚赋作142篇，其中卷一收拟古赋17篇，其余各卷均为典赋。

　　冠悔堂骈体文钞（六卷）（清）杨浚撰　清光绪十九年（1893年）刻本六册，藏上海馆、南京馆、福建省馆、福师大馆、泉州市馆、厦门市馆；光绪二十年（1894年）刻本，藏中科院馆；光绪刻本，藏国家馆、南京馆、福建省馆

　　此书收杨浚骈体文151篇，卷一收折、序、引，计23篇；卷二收论、传、祭文、表、书、启、颂、赞、铭，计44篇；卷三、卷四收序34篇；卷五收序、弁言、墓志铭、诔文，计15篇；卷六收祝寿文、祭文、呈文、檄文、疏文、启文，计35篇。卷首有光绪二十二年（1896年）钱塘张景祁、光绪二十一年（1895年）嘉平张亨嘉、大兴傅以礼序言各一篇。《石遗室书录》评曰："浚颇能记诵，而骈文多用习见故实且极小虚字，体格亦近律赋，然视古近体则胜矣。"

　　墨蜘蛛（一卷）（清）叶来昌撰　存目载民国《厦门市志·艺术传》

　　叶来昌，字小谷，同安嘉禾里（今厦门岛）人。幼承家学，能书画，筑梅林于靖山下，与妻林祥英偕隐。林祥英为同安锦园人，家饶富，嫁与来昌，能

同甘苦。其妹为巨贾妇，额戴珠如蜘蛛状，价值千金，颇自矜耀。祥英自娘家归，以纨扇乞来昌手绘蜘蛛，亦自题句，出入常在手，士林赋诗张之。来昌为辑一卷，即为此书。

诵清堂诗集（十二卷）（清）林豪撰　林策勋抄本，菲律宾大众印书馆1957年印刷

林豪，里居、阅历见本章本节"二、文集、综合集"之《诵清堂诗文集》。此书为林豪晚年亲手校订之个人诗集，由其族侄孙林策勋誊抄成册。《同安县志·艺文》著录为十卷，林策勋抄本则为十二卷。据林策勋《诵清堂诗集·辑刊序》称，民国六年（1917年），时已八十七岁的林豪"手自删订所著《诵清堂诗集》，多选有关风化、史乘及纪游、乡居之作，视为可存者，编订十二卷，遂命勋手录之。至唱和酬酢之什，多不留稿，或留稿强半删去，故全集无寿人自寿。浮词又如民初曾刊《民权素集》《闽南俚语诗》二十律，虽涉笔成趣，亦视为一时游戏，概从割爱。综其生平所作，约三千首以上，仅删存千余首"。越年，林豪病重，召林策勋至榻前，将抄本托付之，曰："日后有机会，当为余付梓。"林豪卒后不久，林策勋为谋事而远走菲律宾，不敢携之以行，乃将原抄本托族兄林燕诒保存，又恐日后遗佚，另抄副本随身携带。渡菲后，林策勋虽"时时在念，欲付剞劂"，然因太平洋战事而未果。战后，"欲觅所抄正本，渺不可得"，于是就副本请柯伯行、许宗宣二先生校订，于1957年在菲律宾刊行。龚显宗题林豪诗："纵眼读君诗，自拔风尘右；藩篱诹唐宋，体裁辨寒瘦。岛噫有继声，清芬果可漱；诸美靡不收，喜我及时观。"

戒淫诗续咏（一卷）（清）林豪撰

此书乃林豪接续戴湘圃《戒淫诗》而创作，故又题《续戴湘圃先生戒淫诗》。金门郭哲铭的《诵清堂诗集注释》收入《戴湘圃先生戒淫诗》三十首和《续戴湘圃先生戒淫诗》五十五首作为附录。清溪林恢张序曰："先生少时，计偕北上，途次得戴湘圃先生戒淫诗三十首。喜其属对工丽，训词深厚，既为之笺释付梓，复续咏五十四首，补其意所未及。自谓工丽可学，温柔敦厚不易学，要其词旨芬芳，笔意警劲，则无庸多让也。"

闽南俚语对（一卷）（清）林豪撰　存目载《金门县志·艺文》

林乃斌《（林豪）家传》称"乃林豪晚年回忆搜罗游戏笔墨，亦博奕犹贤意耳文"。1991年出版的《金门县志·卷三》收有《集俗语对》二百四十二对，极可能就是《闽南俚语对》。

闽南俗语诗二十律　（清）林豪撰　存目载《金门县志·艺文》

王松《台阳诗话》论林豪集句曰："好集句，此体如满屋散钱，个个上串，惟其线索在手，故能以古人之词为我之词，随意掇拾，所谓不撰一字，尽得风流者。"

诵清堂诗选（十六卷） 清风集（八卷） 潜园诗选（八卷） （清）林豪撰 存目载《同安县志·艺文》

林豪著述颇丰，然佚失亦不少。

朴斋诗萃 （清）杨树功撰 书目载民国《厦门市志·艺文志》

杨树功，里居、阅历见本章本节"二、文集、综合集"之《霞庵文集》。

餐霞仙馆诗集（一卷） （清）许茂龄撰 书目载民国《厦门市志·艺文志》

许茂龄，里居、阅历未详。

福雅堂诗抄 （清）林鹤年撰 清光绪二十九年（1903年）初刻本，未见；民国五年（1916年）都门印书局铅印本四册，藏厦门市馆、泉州市馆、福建省馆、福师大馆、厦大南洋院馆、中科院馆、南京馆、辽宁馆、国家馆

林鹤年（1846—1901年），字氅云，又字谦章，号铁林，福建安溪人。清光绪八年（1882年）举人，官至工部郎中。光绪十八年（1892年）承办台湾茶税和船捐，捐官道员。光绪二十年（1894年）中日甲午战争，清廷战败，割让台湾，林鹤年退居厦门鼓浪屿。此书收林鹤年古近体诗1754首，分为华年、珠讴、山园、岭云、烟浒、水仙、春明、宝林、浇余、万梅、东澥、鼓浪、燕筑、湖游、园隐、唱和16集，各集大体按不同时期、不同题材的诗作辑纂，由许贞干等12人编校，初刻于清光绪二十九年（1903年），篇首有冯誉骢等五人之序言，并有许世英等人所题古近体诗39首。冯誉骢序云："其生平所为诗，随兴标举，慷慨忧时，而气识深沉，仍出于和平冲淡，不露剑拔弩张，其蕴蓄者，宏也。"叶芾棠序云："先生所为诗，气韵沈雄，直入浣花之室，盖先生素好。泛舟至赤嵌城，侨居数载间，尝涉鲲身山、登鹿耳门，见夫岛屿之潆洄、波涛之汹涌，故其诗笔汪洋恣肆，不可端倪。既而陵谷变迁，间关寇乱，感事忧时之作，则又响悲意苦，以歌代哭，几于一字一泪，其忠君爱国之切，视少陵何多让焉。"

小兰雪堂吟稿：十一卷 （清）王步蟾撰 清光绪二十九年（1903年）石印本四册，藏厦门市馆、厦大馆

王步蟾（1853—1904年），号桂庭，字金波，同安嘉禾里（今厦门岛）人。清光绪二年（1876年）优元，光绪五年（1879年）举人。辞闽清县教谕归厦门，掌教禾山、紫阳书院，诱掖后进，不遗余力。性刚直，抗议日人欲租虎头山，尤为坚决。此书乃其诗集，多为遣怀、杂感、凭吊、咏物、咏事等古、近体诗。其胞弟、子、婿及受业弟子同校刊，书名页等题《小兰雪堂诗集》，卷首有吕澂作序及其自序。吕澂序云："鹭门王孝廉桂庭先生，素善为诗，裒其篇若干卷问序于澂。澂尝闻其论诗，盖导源靖节，而兼肆力于香山、玉局者，故其为诗也，跌荡昭彰，纵横如志，而其意之所主，则在于挽颓风、移末俗，故虽时有愤激之言，而不伤于雅。其自述则乐天知命，无出位之思、希世之冀，故虽洊更时变、哀乐相寻，而其胸次悠然，常若有以自得焉。今而后无事于诗则已，如有所事

于诗，知必传于后无疑也。"

默庵诗选（一卷） （清）吕澄撰　《闽三家诗》合辑本，藏泉州市馆、福建省馆

吕澄，字渊甫，号默庵，同安县嘉禾里（今厦门岛）人。光绪十二年（1886年）拔贡，授州判，以母老请改教谕。光绪十九年（1893年）举人。主讲玉屏、紫阳、沧江各书院，门下多以古文名。该书为其诗选，与李正华《问云山房诗选》、施干《健庵诗选》合辑。

青筠堂集 （清）吕澄撰　书目载民国《厦门市志·儒林传》

《紫燕金鱼室笔记》录有青筠堂遗诗《喝水岩》《放生池》《观音阁》《庭树》等四首，并称是诗稿未付梓。

潜庵诗草（二卷） （清）张荙撰　书目载《同安县志·艺文》

张荙，字子庚，号熙堂，同安洋坂保张厝（今属同安区大同街道）人，清光绪十九年（1893年）举人，喜吟咏。

爱莲诗草（一卷） 周冕撰　书目载《同安县志·艺文》

周冕，字为壁，号蕴斋，同安城内人。少孤家贫，刻苦自励，清光绪二十年（1894年）举人。性耽吟诵，书法尤苍劲。

翠云小舍诗文稿 （清）吴锡圭撰　书目载《同安县志·艺文》

九峰斋诗稿 （清）陈耀磻撰　书目载《同安县志·艺文》

陈耀磻，里居、阅历见第二章第一节"二、儒学"之《四书改错》。

浪游随笔　吟稿 （清）倪湜撰　书目载《同安县志·垦荒录》

倪湜，字少梅，又作筱梅，号隐叟，同安铜鱼馆（今属同安区大同街道）人。清光绪年间游幕台南，曾任台湾知府袁闻柝的幕僚，参与剿办生番，以功叙从九归部选，援例授广东分司，任文昌县铺前分司、代理澄迈县捕衙、儋州吏目代理正堂。晚年归隐。此书由其子抄录成册，未刊。

后苏龛诗钞（十二卷）　后苏龛词草（一卷） （清）施士洁撰　稿本；台湾文献史料丛刊本

施士洁，里居、阅历见本章本节"二、文集、综合集"之《后苏龛文稿》。《诗钞》十二卷，其中卷五全卷佚失。所有古今体诗，大体按时日排比，多为内渡后所作，而内渡前诗稿因散失，所存者仅及三卷。《词草》一卷，多寄情遣怀之作。台湾文献史料丛刊将两种诗词作品与《后苏龛文稿》合辑为《后苏龛合集》。

渭树江云之斋诗集 （清）林腾骧撰　存目载《同安县志·文苑录》

林腾骧，字云衢，号睛坡，同安铜鱼馆（今属同安区大同街道）人。清光绪七年（1881年）岁贡生，因有功，授训导。

棣华馆诗草 （清）周殿修撰　存目载民国《厦门市志·艺文志》

周殿修，字梅史，号曙城，同安杏林（今属集美区杏林街道）人，居厦门。

清光绪二十三年（1897年）与弟周殿薰同中举人，试卷刊于闱墨，传诵一时。清末兴办学校，聘为官立中学堂监督。学者闻风向附，游从达数百人。其居所名"棣华吟馆"，诗集故名。

太史叶大年梅珊公诗集 （清）叶大年撰

叶大年（1863—1909年），字廉卿，号梅珊，同安嘉禾里莲坂（今属思明区嘉莲街道）人。初受学于兄叶有年，清光绪十四年（1888年）优贡第一，光绪十七年（1891年）中举，翌年登进士，授翰林院庶吉士，散馆授编修。其光绪壬辰科《叶大年会试朱卷》和光绪乙未科《钦取散馆卷》各一册藏于厦门市馆。光绪二十六年（1900年）入都，适八国联军攻陷北京，有诗记其事。后回厦门，主讲禾山书院。废科举后，与厦门教育界人士周殿薰、黄瀚等人创办厦门中学堂，任总董。此书为后人所辑，未见。

爱国送别编：不分卷 （清）叶大年等撰　清宣统元年（1909年）刊本，藏厦门市馆

此书为厦门绅商学界送别因天仙茶园案而去职的兴泉永道台刘庆汾赠诗颂辞汇编。刘庆汾，字子贞，贵州遵义人。清光绪三十三年（1907年）任职兴泉永道台。宣统元年（1909年）正月十二日，入籍西班牙的玛甘保（华名黄瑞曲）开设的天仙茶园在光绪帝和慈禧太后治丧期间违规演戏，且滋事斗殴。巡警前往禁止，玛甘保父子竟开洋枪抵抗并掳禁、殴打巡警。为此，巡警冲击茶园，逮捕玛甘保之子雷士。法国领事竟闯入道署，强夺雷士而去。刘庆汾严词照会法领事，以护国权，而省宪却慑于洋人之势将刘庆汾去职。厦门绅商学界愤愤不平，赠以诗文颂辞表达心情。

东游诗草　菲游诗草　粤游诗草　黄鸿翔撰　存目载《近代七言绝句续集》

黄鸿翔，里居、阅历见本章本节"一、文学研究、评论"之《杜诗研究》。此三种书未见，唯有存目。

古檗山庄图赞题咏集（一卷）　黄秀烺编　泉州石室居民国十一年（1922年）石刻拓本

黄秀烺（1859—1925年），字犹炳，福建晋江人。旅菲富侨，开设"炳记"商行，积极参与社会公益，曾积极资助孙中山领导辛亥革命，捐巨资修葺泉州西塔、厦门同文书院，营建厦门码头等。古檗山庄位于晋江东石，系黄秀烺营造的园林式家族陵园，营建时函请海内名流、书法家题咏。现存题咏石刻有楹联11幅、匾额9方、古檗山庄全景图1方及晋江公署立碑记1方，还有诗、词、联、跋、赞、题记等178方。此书为全部题咏石刻之拓本。

黄氏古檗山庄（一卷）　黄秀烺编　晋江黄氏民国年间刊行，藏泉州市馆

固哉叟诗集（二卷）　张茂椿撰　厦门风行印书社民国二十七年（1938年）出版，藏厦门市馆

张茂椿（1859—1939年），字冰如，别号清波，福建金门人。清末掌教漳州府学及长泰、海澄等县学。民国后返乡就农会、商会等职务，并协纂《金门县志》。后迁居厦门。此书含初集、续集，诗中叙述个人经历较多，事涉晚清闽南地方人物及事务丰富。

禾山诗抄　黄瀚撰、黄錞编　编者1966年香港刊行

黄瀚（1867—1939年），原名瀚卿，号雁汀，厦门人。清光绪二十八年（1902年）举人。历任厦门中学堂主讲、禾山甲种商业学校校长等。此书收作者古近体诗1400余首，于淡泊平和、通俗流畅之中见闲逸悠然之情调。有陈衍为之作跋，称其"工力甚深，处处是自家语"。

红兰馆诗抄（八卷）　苏大山著　民国十七年（1928年）刊行，藏泉州市馆

苏大山（1869—1957年），初名有洲，字君藻，又字荪浦，自号红兰馆主，福建晋江（今泉州鲤城）人。早年曾参加清末"选士"。1910年始寓居厦门，曾任《南声日报》主笔、商业学堂堂长、崇实小学校长。1919年冬受聘于菽庄吟社，至1932年返回泉州。此书为其诗作，其中，卷一《桐南集》与卷二《桐南后集》为其早年在家所作，卷三《幔亭集》、卷四《镡州集》和卷七《婆娑洋集》分别为游历武夷、南平和台湾之作，卷五《鹭门集》、卷六《甲子诗卷》和卷八《鹿礁集》为寓居厦门之作。其感时诗，忧国悯民；其纪游诗，胸怀山河，时人对其评价甚高。

如愚别馆诗存　龚植撰　民国十四年（1925年）线装手稿本

龚植（1869—1943年），字樵生，号亦楼，福建泉州人，清光绪二十二年（1896年）迁居鼓浪屿，从事诗文书画创作。入菽庄吟社，多有诗作唱和。此书为其诗词作品集。

海天吟社诗存　李时熙等辑　海天吟社民国十二年（1923年）刊行　线装铅印本，藏厦门市馆

海天吟社，为民国时期厦门之诗社，创建于民国六年（1917年），乃钱文显召集同志诗友，由厦门文坛宿老周殿薰介绍台湾诗界泰斗施士洁（字沄舫）主其事。诗社借钱文显之楼为址，以其楼名"海天"而名之。此书为诗社诸友之唱和集，收诗作百余首。书前有周殿薰之序，后附有《施耐师挽诗》，系诗社诸友悼唁施士洁之诗作。

介石道人六十感怀唱和集　蔡谷仁等撰　中华书局民国十七年（1928年）出版　线装铅印本，藏厦门市馆

蔡谷仁，字乃赓，号澍村，又号介石道人，台湾人。1895年清政府割台时，携眷内渡定居鼓浪屿。与许允白、丘沧海等交往。擅长诗词，常与诗友赋诗唱和。此书乃蔡谷仁六十寿辰与诸诗友的唱和诗作，书前有吴承煊、林景仁之序，有沈琇莹（号南岳傲樵）、吴清丽题词，以及施乾、曾遒、黄仲训、陶隆僎的寿序。

寄傲山馆词稿（十四卷） 沈瑮莹撰 林菽庄民国二十九年（1940年）厦门刊行 菽庄丛书之三，藏厦门市馆

沈瑮莹（1870—1944年），字琛笙，号南岳傲樵，湖南衡阳人。光绪年间举人，留学日本。民国二年（1913年）居住鼓浪屿，入菽庄吟社，主持菽庄吟社20余年。其词传承以屈原为代表的湘楚辞赋传统，注重抒发心中悲情。此书为其词集，包括《泡影词稿》四卷、《前燕游词稿》《后燕游词稿》《鲛珠词稿》四卷和《忏绮词稿》四卷。卷首有林尔嘉之序，后有作者自跋和其弟子江煦之跋。

壶天吟（六卷） 沈琛笙撰 林菽庄民国三十二年（1943年）厦门刊行 菽庄丛书之四，藏厦门市馆

此书为沈琛笙之诗作之一。其原有诗稿《湖海吟》《娜偶吟》等五编，藏于行箧。林尔嘉屡索其稿欲刊行，唯许以此诗稿付梓。该书多为个人生活情感的实录和菽庄吟社吟事，包括菽庄吟社的日常社课和其他雅集之作，以及与菽庄主人等吟侣的唱和酬赠，其诗手法上多隶事用典，颇具湖湘派特色，甚有艺术与史料之价值。卷首有林尔嘉之序。

秋声吟屋词稿 欧阳桢著 存目载《近代七言绝句续集》。

欧阳桢（1870—1940年），字少椿，号殁耒散人，厦门人。曾任厦门励志学校教员、厦门大学国文讲师。此书未见，或未刊行。

紫杖诗稿 陈顼著 新加坡陈延谦民国二十一年（1932年）刊行，藏厦门市馆

陈顼（1872—1932年），字梓仲、子仲，别署紫杖，晚号冷翁，同安人，生于鹭岛。早年在家乡行医，后南渡新加坡。善诗，在新加坡参加丘菽园的檀社诗会。此书为其诗作遗稿，其族侄陈延谦出资刊印。

啸虹生诗抄（四卷） 续抄（三卷） 丘炜萲撰 民国十一年（1922年）铅印线装本

丘炜萲，里居、阅历见本章本节"一、文学研究、评论"之《五百石洞天挥麈》。此书乃丘炜萲的主要两部诗集之一，由丘炜萲亲自编订，收入其起光绪十六年（1890年）讫民国六年（1917年）的诗作。

丘菽园居士诗集初编（七卷） 二编（一卷） 三编（一卷） 丘炜萲撰 民国三十八年（1949年）铅印线装本，藏厦门市馆

此书为丘炜萲的另一部诗作，乃丘炜萲逝世后，其女婿王盛治、女儿丘鸣权编选刊行，收入丘炜萲起光绪十九年（1893年）讫民国二十九年（1940年）的诗作。

庚寅偶存（一卷） 壬辰冬兴（一卷） 丘炜萲撰 清光绪二十三年（1897年）自刻本，藏厦门市馆

此两种诗作附于《菽园赘谈》之后，题作《菽园著书三种》。前者为十七岁

之前的诗作，收古近体诗87题、142首；后者为清光绪十八年（1892年）所作，收古近体诗16首。

菽庄丛刻八种　林尔嘉编　编者民国二十九年（1940年）厦门刊行，藏厦门市馆、国家馆

林尔嘉，里居、阅历见第三章第二节之《为菽庄石桥被毁及私权横受侵害事谨告同胞书》。林尔嘉定居厦门鼓浪屿，关心地方利益，追求高雅文化，创建菽庄吟社，引鸿儒硕学，骚人墨客，放歌吟咏。此丛书选菽庄吟社之吟稿佳作八种，包括《虞美人诗录》《黄牡丹诗录》《菽庄吟社七夕四咏》《闰七夕回文合选》《帆影词》《菽庄三九雅集诗录》《壬戌七月既望鹭江泛月赋选》《菽庄小兰亭征文录》。

菽庄主人四十寿言　林尔嘉编　编者民国三年（1914年）刊行，藏厦门市馆

民国二年（1913年），林尔嘉暨夫人龚氏四十双寿。该书为海内诸吟友之祝寿诗作。

虞美人诗录　林尔嘉编　编者民国四年（1915年）刊行，藏厦门市馆

民国四年（1915年）秋，菽庄吟社以"虞美人"（七排二十韵）为题，首度向海内外广征诗作。一时间，近如福建、广东、浙江，远如辽宁、四川乃至香港、台湾、日本等地诗友纷纷投稿，得诗逾千首。该书为此次征诗之优秀作品选编，列前三为龚文青、王睫盦、林米庵。卷前有林尔嘉小序。

黄牡丹菊诗录　林尔嘉编　编者民国五年（1916年）刊行，藏厦门市馆

民国五年（1916年），菽庄吟社以"黄牡丹诗"（七律四首）为题征诗，得诗千余首。此书为此次征诗之优秀作品选编，列前三为诵先芬室、榕峤楚狂、曾恂。卷前有林尔嘉小序。

菽庄吟社七夕四咏　闰七夕回文合选　林尔嘉编　编者民国八年（1919年）刊行，藏厦门市馆

民国八年（1919年），菽庄吟社以"七夕四咏"（七绝四首）、"闰七夕乞巧"（回文七绝）为题征诗，得诗四千余首。此书为两次征诗之优秀作品选编合集，列前三为陈福铭、何良弼、区纬。卷前有林尔嘉小序。

菽庄三九雅集诗录　林尔嘉编　华洋印务书馆民国十一年（1922年）出版，藏厦门市馆

民国十年（1921年），菽庄吟社以"三九雅集"（七古）为题征诗，得诗一千三百余首。此书为此次征诗之优秀作品选编，列前三为朱家驹、沈眉、郭庆。卷前有林尔嘉小序及征诗启。

壬戌七月既望鹭江泛月赋选　林尔嘉编　华洋印务书馆民国十三年（1924年）出版，藏厦门市馆

民国十一年（1922年），菽庄花园内壬秋阁落成，林尔嘉邀友宴饮，泛舟鹭江赏月，以"鹭江泛月"征赋。此书为此次征赋之优秀作品选编，列前三为沈则沆、蛰庐主人、问琴阁之赋。卷前有林尔嘉小序。

菽庄银婚帐词　林尔嘉编　编者民国五年（1916年）刊行

民国五年（1916年）仲冬月十六日为林尔嘉夫妇银婚纪念日，设宴招待佳宾。各路名流纷纷颂贺。此书为贺诗贺词辑集，卷首有施士洁、郑祖庚之序。

庚申菽庄咏菊　林尔嘉编　编者民国九年（1920年）线装油印本，藏厦门市馆

此书为林尔嘉与诸吟友于民国九年的咏菊唱和诗。林尔嘉首唱七律8首，施士洁、龚显灿、汪春源等吟友18人亦各作8首应和。

菽庄先生云环女士结婚三十年帐词　林尔嘉编　编者民国十年（1921年）刊行，藏厦门市馆

此书为林尔嘉与原配云环龚结婚三十年时，友朋名流所赠之幛词。卷首有吴曾祺、陈遵统等人之序。

菽庄梦中得句唱和集　林尔嘉编　华洋印务书馆民国十一年（1922年）出版，藏厦门市馆

此书为林尔嘉征诗之唱和集。因梦中得"雨后风轻人望凉"诗句，遂作七绝四首。有陈海梅、陈增琨、陈望曾等吟友以此唱和，汇为一辑。书前有陈海梅为之序。

菽庄主人四十有八寿诗　林尔嘉编　华洋印务书馆民国十一年（1922年）出版，藏厦门市馆

此书为林尔嘉四十八岁寿辰，陈海梅、刘培元、沈琇莹、汪春源等人之贺诗。

菽庄观菊　菽庄吟社编　编者民国十八年（1929年）刊行，藏厦门市馆

此书为菽庄吟社诗友手题之诗稿，卷首有孙道仁、李汉青等人的题字。

菽庄主人六十寿言　林尔嘉编　编者民国二十三年（1934年）刊行，藏厦门市馆

此书为林尔嘉六十大寿，蒋鼎文、陈绍妫、李禧等人之祝寿文章。

菽庄玩菊诗选：蟫窟（第十期）　全闽报社编　编者民国十年（1921年）刊行，藏厦门市馆

此书为菽庄吟社所征玩菊诗之精选，选入胡国鎏、江玲、张东茂等甲选30名之五言律诗。

林菽庄先生诗稿　林尔嘉撰　沈骥整理　台北林氏1973年刊印

此书为林尔嘉诗作之整理本，包括诗稿与附录两部分。诗稿收录其诗作300多首，附录包括《菽庄花园文献》《庐山文献》《莫干山西湖摩崖》《戊辰三三小兰亭修禊诗存》《戊辰九九登高诗存》6种，既有林尔嘉作品，又有其他文士的

作品，其体裁有楹联、题词、铭文等。卷前有林尔嘉之子林刚义的发刊前言与整理者之序。

寄傲山房诗钞 翁吉人撰 著者民国三十八年（1949年）刊行，藏厦门市馆

翁吉人（1882—？），福建安溪人。民国初在厦经商，曾任厦门市商会监事长。年六十始为诗。有"儒商"之誉。此书收作者诗140余首，其中涉及厦门地方风物甚多，乃珍贵的地方文献。

李绣伊纪游诗 李禧撰 陈光汉抄本，藏厦门市馆

李禧（1883—1964年），字绣伊，号小谷，厦门人。清末毕业于全闽师范学堂。历任厦门竞存小学校长、厦门（思明）教育会副会长、市政会董事、市临时参议员、厦门图书馆馆长等职。此书为李禧诗作之手抄本。

听月楼吟稿 余超撰

余超（1885—1967年），号少文，厦门人。民国四年（1915年）全闽师范学堂毕业，回厦门创办励业女校。民国六年（1917年）任省立十三中学数理教师。厦门图书馆成立时聘为主任，1930年任馆长。此书当为其诗作集稿，今未见，仅见存目。

宝瓠斋杂稿 余謇撰 手稿，未刊，厦门大学出版社2017年据该手稿影印出版

此书为作者诗词曲稿，其创作跨度较大，起始于作者就读京师大学堂时，但主要在于抗战时期。其抗日题材作品尤为显目，充满爱国情怀。而酬赠唱和之作占多数，尽现书生襟怀。

寸寸集 李维修撰 厦门永明印书社民国二十四年（1935年）出版，藏厦门市馆、福建省馆

李维修（1887—1940年），原名嘉瑞，号梅林、悲秋，别号寝石山馆主人，厦门人。清光绪三十年（1904年）赴新加坡。光绪三十三年（1907年）加入同盟会，曾参加广州暴动，后回厦。五四运动后，组织厦门通俗教育社，提倡新文化运动。厦门沦陷后，遭日军缉拿，避居新加坡。此书为李维修的诗集，线装铅印本，收入其古近体诗90题、172首，记述其海内外见闻及对母亲与故里台湾的追思。卷首有黄鸿翔、余超、李伯端、刘锡畴、苏警予、蓝田、洪浩所作之序与作者自序，以及李禧、陈桂琛、谢云声等人之题词。

眇公遗诗 苏郁文撰 新华印刷公司民国三十六年（1947年）出版，藏厦门市馆、泉州市馆、福建省馆、上海馆

苏郁文（1888—1943年），幼名维祯，号眇公，字监亭，福建海澄人。早年求学时，参与反清活动。避难日本时加入中国同盟会。辛亥革命后，历任漳州临时议长、厦门《闽南报》《厦声报》《江声报》等报编辑、总编辑和评论记者。

因抨击袁世凯复辟帝制而被捕入狱,惨遭酷刑致一目失明,故自号眇公。其一生诗文甚多,但大多散失。抗战胜利后,其友李禧搜集得诗170余首,编辑整理成此书。卷首有苏逸云之序和林翰之题诗。

陈丹初先生遗稿 陈桂琛撰 马尼拉1959年刊行

陈桂琛(1889—1944年),字丹初,厦门人。福建师范学校毕业,先后任教思明、同文等校校长。1944年在菲律宾从事抗日活动被捕牺牲。此书为其友苏警予、陈觉夫(即陈治平)为纪念陈桂琛牺牲15周年,选编其创作于二三十年代的诗作,计《鸿爪集》138首、《北溪集》67首、《抗战集》30首、《投荒集》48首,共283首以及10多篇短文。

菲岛竹枝词:十八章 陈桂琛撰 漱石山房民国十三年(1924年)刊行,藏厦门市馆

此书作于菲律宾,曾单册刊行。收入《陈丹初先生遗稿》之《鸿爪集》。

己丑生得子倡和集 陈桂琛撰 著者民国十五年(1926年)刊行

此书为陈桂琛中年得子,厦门文坛诸多耆宿吟诗祝贺之唱和集。有沈琇莹、吴锡璜为其作序。己丑生,乃指陈桂琛,其生于光绪十五年(1889年),是年为己丑年,故称。

无锡杂咏 陈桂琛撰 著者民国十八年(1929年)油印刊行,藏厦门市馆

此书为作者游无锡所作的十二首杂咏诗。

近代七言绝句初集 陈桂琛选评 玉屏学会民国二十五年(1936年)刊行,藏厦门市馆

此书为陈桂琛精选清末民初之近代诗人金和、郑守廉、易顺鼎、施士洁、谢章铤、林抒、陈衍、林旭、吴俊卿、王国维等60余人所作的七言绝句百余首。所选诗作前均有诗人简介,诗后有简略评语。卷首有黄鸿翔之序和陈桂琛自序。

近代七言绝句续集 陈桂琛选评 厦门励志学校民国二十六年(1937年)刊行,藏厦门市馆、泉州市馆

此书为《近代七言绝句初集》之续,精选清末民初之近代诗人杨浚、唐景嵩、龚显曾、陈棨仁、王仁堪、林鹤年、王步蟾、严复、苏眇公、李禧等70余人所作的七言绝句百余首,其中以闽南诗人居多。所选诗作前均有诗人简介,诗后有评语,相对于《初集》较为详细,多述及厦门文坛掌故。卷首有陈桂琛自序。

雪辉斋诗集 陈桂琨、黄星辉著 马尼拉岷江民立印书馆民国十九年(1930年)出版,藏厦门市馆

陈桂琨,字雪蕉,厦门人,陈桂琛之弟。民国十八年(1929年)任教越南堤岸福建学校。黄星辉,字重光,厦门人。民国十一年(1922年)到马尼拉从商。此书为陈桂琨的《雪松斋诗集》和黄星辉《星辉斋诗集》之合集。《雪松斋诗集》又由《雪蕉斋诗集》和《影松斋诗集》两部组成,前者为陈桂琨的古近

体诗,后者为陈桂琨之四弟陈桂琊(字影松)的遗诗。此外,还附有陈桂琛的《漱石山房诗集》。《星辉斋诗集》为黄星辉之古近体诗作,书前有沈彦谦、陈宝善、梁文传、颜文初的序,书后又附有《唱和雪蕉斋诗集》,为厦门等国内诗友和越南华侨诗友的唱和诗作,其中有闽派诗首领人物陈衍的唱和诗。

修竹山房遗稿 陈桂森撰 存目载《近代七言绝句续集》

陈桂森,字樨岑,厦门人。福建师范学堂毕业,任厦门鸿麓小学校长。此书未见,或未刊行。

影儿集 林憾庐著 北新书局民国十八年(1929年)出版,藏上海馆

林憾庐(?—1943年),原名林和清,笔名林憾,林语堂的三哥,福建漳州人。毕业于厦门鼓浪屿寻源中学和鼓浪屿救世医院医科,后在厦门行医7年,又到南洋经商4年,回国后在鼓浪屿开药店。因对文学的执着,1927年紧随林语堂到上海,为鲁迅主编的《奔流》撰稿,笔名林憾。林语堂出国后,接替林语堂主编《宇宙风》,改名憾庐。此书收录其现代白话诗作47篇,附录收有旧诗词近30首,其中有关于鼓浪屿的竹枝词10首。

摩达山漫草 林景仁撰 印度尼西亚棉兰1920年出版,藏厦门市馆、泉州市馆

林景仁(1893—1940年),字健人,号小眉,别署蟫窟主人,台北板桥人,林尔嘉之长子。光绪二十一年(1895年)割台,随父祖内渡,居厦门鼓浪屿。宣统三年(1911年)留学英国牛津大学。回国后侍父左右。1931年出任豫陕晋边区绥靖督办公署上校参议,次年赴沈阳任伪满外交部欧美情报司司长,晚节不保。此书为其代表作品《林小眉三草》之一,作于印尼棉兰岛。书前有梅州舌直之序和作者自序,有许南英、徐贡阁、萧毅君、蔡鹤田、廖嗣兰、萧忠长及其弟眉生、鼎礼、崇智、履信等人题词。

天池草 林景仁撰 新加坡晋益公司民国八年(1919年)出版,藏厦门市馆、泉州市馆、国家馆

此书为其代表作品《林小眉三草》之一,收入其民国七年至八年(1918—1919年)的古近体诗作130首。书前有江显鹤、沈琇莹之序及作者自序。

东宁草 林景仁撰 台湾1924年出版,藏厦门市馆、泉州市馆

此书为其代表作品《林小眉三草》之一,专咏台湾史事与风物。书前有作者之弟林履信(字希庄)之序及作者自序。

忆梅诗录 林景仁编 印度尼西亚棉兰1920年出版,藏厦门市馆

此书当为蟫窟征诗之其中一期获选诗录,按甲、乙、丙三级序列。书前有林景仁《题忆梅诗录即呈同社诸君子》,书后有第七期征诗启。

同声集 徐原白选辑 辑者民国八年(1919年)同安刊行,藏厦门市馆

徐原白(1893—1957年),字致青,浙江临海人。善诗能画,时在同安驻

军中任笔政,为同声诗社发起人。此书为民国七年(1918年)至八年间驻防厦门同安的浙军一师军旅诗社——同声诗社的诗选,共收录40位军旅诗人所作诗290余首。诗集表达了军中诗人对祖国山河的赞美,以及对当时军阀战争的厌弃、对家乡和远方亲人的思念,不仅真实地反映当时闽南时局变化,也体现闽南山川胜迹和人物风情的时况。

鹭江名胜诗抄 江煦编 岭南出版社民国三十七年(1948年)出版 菽庄丛书之六,藏厦门市馆、福建省馆、国家馆

江煦,里居、阅历见本章本节"二、文集、综合集"之《草堂别集》。此书共收录自宋代至近代诗人题咏厦门南普陀寺等16处名景的诗作300篇,每处景点配有风景照片,是一部集诗文、风景照于一体的作品。

圭海集(三卷) 江煦撰 1961年油印本,藏集美馆

此书为江煦早年旧稿,晚年寓居岭南拱北(澳门)时于行箧中检出,厘为三卷,油印刊行。圭海乃月港附近海域之古名,因港口圭屿而得名,位于江煦家乡海澄县东海中央,故江煦以故乡之海名其诗集。

百兰室诗集 鸿渐集 夏云集 王卓生著

王卓生(1894—1955年),原名道,字谷青,同安人。1915年毕业于福建省立政法学堂,曾协助陈敬贤集美学村建设、参与同集公路修建,1927年任同安县建设局长。抗战胜利后参与箦笃吟社活动。其诗作今多散佚不存,仅见存目。

鹡鸰集 林幼琴撰

林幼琴(1895—1954年),字齐飞,同安人。民国四年(1915年)到槟榔屿。民国十年(1921年),出任海外民史馆总编纂。曾被孙中山委为南洋筹饷委员。一生从事报业,荣膺孙中山先生题褒"文章报国"的一代报人。1937年返回故乡。此书今未见,仅见存目。

五全会杂咏 陈掌谔撰 石钟山房民国二十四年(1935年)刊行

陈掌谔,里居、阅历见第三章第五节之《体育漫谈》。民国二十二年(1933年)第五届全国运动会,作者率领福建代表队赴南京参赛,于会中所见所闻,各系以诗,得诗19首,汇为一册付梓。书前有林石钟之序。

松柏长青馆诗 叶长青撰 作者民国十九年(1930年)自刊本,藏厦大馆

叶长青(1899—约1944年),原名俊生,字长卿,福建闽侯人。1921—1926年居厦门,先就读于厦门大学教育系,后任国文系助教,兼闽南佛学院教师。追随"同光体"闽派诗首领人物陈衍,侍读学诗。陈衍《石遗室诗话》云:"余初至厦门大学,可与言诗者,惟叶生俊生长青、龚生达清。"此书包括《鹭江草》《秣陵草》《南归草》《韩阳草》四部分,收录作者1923年10月至1930年6月所作古近体诗118题、136首,其中《鹭江草》收其在厦门大学期间的诗作63题、66首,占全书之近半。

菲岛杂诗　苏警予撰　菲律宾民国二十九年（1940年）刊行，藏厦门市馆

苏警予，里居、阅历见本章本节"一、文学研究、评论"之《唐人律诗之研究》。此书乃苏警予到菲律宾后所作300余首诗优选130首汇辑而成的诗集，抒发作者去国怀乡之感，亦有对当时华人在外处境遭遇之感慨。附录"南游赠诗"和"除夕和诗"两部分，均为友朋唱和之作。

旷劫集　苏警予撰　马尼拉1977年影印刊行

此书为苏警予自选诗集。苏警予逝世后，菲律宾籁社社友因缅怀其首届社长，委托郑华民整理其遗集以刊行。此书收其自1941年迄1949年在菲律宾所作的古近体诗355首。卷首有轩昂所撰的《作者略历》和谢云声、刘纲、陈觉夫、陈茂植的题词，汪煌辉、谢云声、王世昭的序与作者自序，以及谢云声所撰的《苏警予先生传记》。卷后有郑华民的《后语》。书名《旷劫集》，取龚自珍"只今旷劫重生后"诗句之意。

乙亥杂诗　朝气三十律　鹭门名胜杂咏　离忧集　新生集　吟望集　闻鸡集　怀归集　待旦集　稀龄集　东坡生日诗词汇集　苏警予撰　未见，留有存目

星洲集　谢云声撰　民国二十七年（1938年）线装油印本，藏厦门市馆

谢云声（1900—1967年），原名龙文，福建南安人，迁居厦门。曾任厦门同文书院教员，兼《江声报》等报刊副刊编辑部主任。民国二十六年（1937年）赴新加坡，任华侨学校等校校长。此书收录作者赴新加坡时之诗作15题23首。封面题为《南游杂诗之一》。

怀归吟　谢云声撰　新加坡民国三十四年（1945年）刊行，藏厦门市馆

此书收录作者于南洋沦陷期间所作的诗作。书前有黄孟圭、李铁民、张铭慈之题词和张铭慈撰序以及作者自序。自序称："南荒沦陷，杀戮如麻。骚客文人，更为注目。处此危时，唯有寒蝉长噤，应虫无声。而其苦痛之情，则有非笔墨所能形容者矣。然而一腔郁愤，曾不因箝口结舌而稍未减。孤楼短檠，良辰小集，仍一寄之于诗，藉以宣泄其心中之所愤郁。"

夜眠迟楼诗草　谢云声撰　存目载《近代七言绝句续集》

随天付与庐灵箫阁甲子杂诗　苏警予、谢云声撰　厦门文化印书馆民国十五年（1926年）出版，藏上海馆

"随天付与庐"为苏警予斋名，"灵箫阁"乃谢云声斋名。此书系其两人诗作之合刊，前为苏警予后为谢云声，所收均为七言绝句。除一般抒情与怀人酬赠之作外，诗集中有大量关于厦门地方风物的歌咏，既有诗歌创作本身的艺术价值，也有重要的史料价值。卷首有陈桂琛、李禧为之作序。

东社集　厦门东社编　编者民国十三年（1924年）刊行，藏厦门市馆

厦门东社，为民国年间苏警予、谢云声为缔交海内诗文友而共同倡组的文

学社团。此书实为社刊,每季一期,刊载社员诗作以及征诗启、揭晓名单等。

鹭江乙组梅社吟草 鹭江梅社编 萃经堂印务公司民国二十三年(1934年)出版,藏厦门市馆

鹭江梅社,为民国初年创办的以保存国粹为宗旨的诗社组织,乙组以诗词吟咏为其活动内容。此书为民国九年鹭江梅社乙组社员于各期吟咏活动所作诗草的辑刊,每月一期,每期一刊,每刊刊载社员诗作,并列有社员名字、资格、住址。

觉夫诗存 陈治平著 菲律宾马尼拉民国二十九年(1940年)刊行,藏厦门市馆

陈治平,字觉夫,号十愿居士,福建晋江人。厦门同文中学毕业。随陈桂琛学诗。后周殿薰推荐至宿雾中华学校任教。此书原名《琴心剑胆楼诗草》,收其古近体诗作。书前有陈桂琛、陈衍所作之序以及作者自序。

官梅阁诗词集 何适撰 厦门审美书社民国二十年(1931年)出版,藏厦门市馆

何适,字访仙,福建惠安人。民国二十年(1931年)辞国民党惠安县党部委员,赴鹭岛任教于厦门中学。此书为其诗作,收诗143首、词63首。书前有汪煌辉等6人的序各1篇及作者自序。

官梅阁诗余 何适撰 厦门明明印刷公司民国二十四年(1935年)出版,藏厦门市馆

此书为何适的词作,收词143题、154首,书前有汪煌辉之序和题跋及作者自序与题跋。

迍默诗草 胡巽著 存目载《近代七言绝句续集》

胡巽,字军弋,一字迍默,福建惠安人。福建公立法政学校毕业,任教于厦门。1938年厦门沦陷后避居鼓浪屿,在英华书院任教,后因积劳成疾而病逝。此书未见。

忆桂吟 伺波生撰 厦门明明印刷公司民国二十四年(1935年)出版,藏厦门市馆

伺波生,厦门人,阅历不详。此书为作者悼念其爱姬王宝桂的诗集,有其自作的志悼诗文,亦有友人的挽诗。书前有谢云声、洪浩之序和作者所作的叙略,书后有苏甡(即苏警予)所作之跋。

悼珍词 许书表编 厦门风行印刷社民国二十一年(1932年)出版,藏厦门市馆

许书表,字友章,福建晋江人,寓厦门。娶厦门女子叶静珍甫一年,因其产后感冒,延成重疾,不治身亡。此书为许书表征集挽诗并亲自编纂成书,以悼念其亡妻。书前有杜唐、许宗岳之序,许书表所撰之墓碣文,蔡玑、杜唐所

撰之征文启，书后有许书表之跋。

潮音草舍诗存 释太虚撰 民国二十七年（1938年）刊行，藏厦门市馆

释太虚，里居、阅历见第二章第二节"一、佛教"之《法相唯识学概论》。此书为其游历国内名山大川及欧美各国之志游诗作，其弟子李基鸿为其辑编，其中十之六五之诗作曾刊于太虚大师于1920年创刊的《海潮音》。《海潮音》是近代历时最久、影响最大、学术价值最高的佛教期刊。为作纪念，故命名此集为"潮音草舍诗存"。书前有李基鸿之序。

简夫诗存 黄博撰 厦门萃经堂民国二十五年（1936年）出版

黄博，字简夫，厦门人。历任《青光报》笔政、鼓浪屿毓德女中教师等。此书为其诗集汇辑，包括《癸酉杂诗》18首、《秣陵诗稿》75首、《影镜吟》22首、《丙子偶存》19首，共134首。

问路集 巴宁撰 生活周报社1951年出版，未见；北京大学出版社1984年重版

巴宁，里居、阅历见本章本节"一、文学研究、评论"之《现代中国艺术界》。此书为作者民国时期的诗歌作品集。

铁庵诗存 刘铁庵著 著者1979年于菲律宾出版，藏于民间

刘铁庵（1903—1986年），名钢，字子骏，号铁庵，以号行，别称鹭江人，后自号海天万里楼主人，世居厦门。毕业于厦门医专，以中医为业。厦门沦陷时南渡菲律宾。晚年回归故里。其诗书篆画与医术齐名，晚年有诗集与医案刊刻传世。该书为作者生前编定，收录存诗48题、98首，多为近体诗，按写作时间排序，另有附录《诸词长赐和四十自寿诗》，收龚绍庭、蔡斗垣、吴普霖、苏警予等18人和其《四十自寿》诗，计70首，均系厦门沦陷后作者离厦赴菲后所作，面对故国历劫、亲人离散的情景，发出伤时忧国的悲愤之声。

稚华诗稿四卷 罗丹撰 厦门风行印书社民国三十八年（1949年）出版，藏厦门市馆

罗丹（1904—1983年），原名贵秋，字稚华，号慧印居士。福建连城人。民国十六年（1927年）后在漳州、厦门及南洋等地经商和从事印刷业务。以书法名，曾任厦门市书法工作者协会名誉主席等。此书分为"袖海吟集""燕尾楼集""闽台行集"和"鹭门集"四集，共收作者1932年至1950年之间的诗作135篇、159首。

稚华居士四十初度唱和集 罗丹辑 厦门风行印书社民国三十八年（1949年）出版线装铅印本，藏厦门市馆

此书为罗丹四十岁生日时，作《四十初度感怀四首》，寄四方友好索和。遂有旧友新交，和章飞至，嘤鸣相应。故按来诗先后顺序，编辑付梓。集前有作者自序。

惑中集 顾一尘撰 编者民国三十七年（1948年）刊行

顾一尘（1906—1963年），又名金治，字宝辊，别署慧痴、痴寅，福建泉州人。早年就学于上海艺术大学。毕业后，先后在泉州佩实小学、厦门慈勤女中、安海养中等任教。后定居厦门，先后任教于厦门一中、女中、二中、工艺美校等。此书为其诗作结集，计4辑，分别是《披襟辑》，为杂感诗；《嘤嘤辑》，为唱酬诗；《风烟辑》，为纪游诗；《春唱辑》，为抒情诗。卷首有其自序。

寂寞的春天　顾一尘著

此书亦为作者之诗稿，于"文化大革命"中散佚，今只见书目。

鹤唳集　黄松鹤撰　吧城三民印务公司民国二十七年（1938年）出版　线装铅印本，藏厦门市馆

黄松鹤（1909—1988年），字漱园，厦门人。少时南渡印尼。二战期间参加抗日被捕，胜利后出狱。居住香港。1981年居住厦门。此书为作者的古近体诗作，收入五言长句1首、五言律诗3首、五言绝诗4首、七言律诗32首、七言绝句110首，以及附录《鹭江八景新咏》等诗。书前有林祖培、温禹卿、吴紫金、陈正书之序，蒋南山等人之题记以及作者自序，书后有作者自跋。

虚白楼诗　虞愚撰　线装铅印本　厦门风行印刷社民国三十八年（1949年）出版　原版孤本藏于作者处

虞愚，里居、阅历见第二章第一节"四、哲学相关学科"之《佛家心理学》。此书收作者于1949年之前的诗作百余首。书前有其于1943年在长汀厦门大学所作之序。正文以《论诗》一篇始。

南社诗集　会觉、虞愚等撰　南社民国二十五年（1936年）出版，藏厦门市馆

此书为南社吟友之诗歌总集，包含会觉的《枯木吟草》15题、22首，芝峰的《止止斋近作》11题、16首，龚植的《亦楼诗草》6题、31首，虞愚的《竹园诗稿》16题、21首，并附和作10首，黄秋声的《慧灯室杂诗》8题、15首。书前有《南社诗约》。

镜湖吟草　洪镜湖撰　星洲南洋印务有限公司1985年出版

洪镜湖，晚清举人，自幼饱读诗书，能书善画。后经商南洋，成为新加坡著名的侨商。于1931年与陈延谦、林金殿等一起创建新加坡华人地缘社团。

闽院诗刊（第二集）　块然等撰　闽南佛学院民国三十一年（1942年）线装油印本，藏厦门市馆

块然，厦门南普陀僧人，1942—1943年曾代理南普陀寺方丈。此书为闽南佛学院课外文艺之二，刊载僧人之古近体诗和现代诗作品。

黄花集　附鹭江吟草　温树校撰　民国十九年（1930年）刊行，藏厦门市馆

温树校，字伯夏，福建仙游人。诗人，曾任集美学校国文教师，抗战期间写了不少抗战诗歌。此书为其早期诗集，多作于厦门。计三篇：《鹭江吟草》收

古近体诗143题，作于民国十五年至十九年（1926—1930年）；《鲤源渔歌》收词37首，作于民国十七年至十九年（1928—1930年）；《附录》收现代诗歌11首，作于民国十七年至十九年（1928—1930年）。书前有周岸登、包树棠之序，书后有自跋。

梅窗词　王又真撰　厦门风行印刷社1949年出版，藏厦门市馆

王又真，字梅窗，居厦门，阅历不详。此书为其词作。书前有汪照陆、潘受虚之序一篇和余謇等的题词。

南中国的歌　童晴岚撰　诗歌出版社民国二十六年（1937年）出版，藏国家馆

童晴岚（1909—1979年），原名童霁霖，厦门人。民国二十七年（1938年）任厦门青年战时服务团干事会干事，是厦门诗歌会发起人之一，主编《诗歌前哨》。抗战后在厦门省立中学任教。此书系作者第一部诗歌集，收《流浪的盲女》《晌午》《夜》《愉畅的清晨》等21首，书前有著名诗人蒲风作序。

中华轰炸机　童晴岚撰　厦门诗歌会民国二十七年（1938年）刊行，藏福建省馆

此书为作者的第二部诗歌集，收入《厦门港湾》《我守在虎头山上》《中华轰炸机》等国防题材的诗歌，表达抵抗侵略者的决心。

狼　童晴岚撰　香港新诗歌社民国三十七年（1948年）出版

此书为长篇叙事诗。该诗以农民黄五被抓绑、被狼噬的悲惨故事，揭露更大的恶狼——封建统治者的狰狞嘴脸。书后有著名诗人沙鸥为其所作之《后记》。原诗刊登于香港新诗歌丛刊《被压迫的行列》，后出版单行本。

大地的火　连城撰　厦门诗歌会民国二十六年（1937年）刊行

连城，里居、阅历不详，20世纪二三十年代厦门诗歌社主要成员。此书未见，存目载《厦门文化艺术志》。

咆哮　李金基撰　民国二十六年（1937年）出版（出版者不详）

李金基，里居、阅历不详，20世纪二三十年代厦门文坛活跃分子。此书未见，存目载《厦门文化艺术志》。有蒲风为之序。

醒来的时候　鲁藜撰　上海希望社民国三十二年（1943年）出版，藏福建省馆、上海馆

鲁藜（1914—1999年），原名图地，同安许厝（今属翔安区内厝镇）人，旅居越南。民国二十三年（1934年）到上海参与左翼文学活动，民国二十七年（1938年）入延安抗大学习，发表组诗《延河散歌》。中华人民共和国成立后任天津市文协主席。1955年后因胡风问题蒙冤，1979年平反，重返文坛。此书为其在延安时创作的诗集，收入《青春曲》《开荒曲》《雁门关外放歌》等19首现代诗。

锻炼　鲁藜撰　上海海燕书店民国三十六年（1947年）出版，藏上海馆

此书收作者的《锻炼》《一个新战士的故事》《一个同志的死》《老连长和他的儿子》4篇长诗,创作于抗日战争时期的晋察冀根据地。诗作反映当年艰苦卓绝的斗争环境,更充满中国人民必胜的信念。

在新开的路上　林维仁撰　上海南极出版社民国三十七年(1948年)出版,藏厦门市馆、上海馆

林维仁,里居、阅历见第二章第一节"一、世界哲学"之《世界思想史纲》。此书分上、下两辑,收《在新开的路上》《生活小唱》《对岸》《遥寄》《流亡》等20首新诗,书前冠有序。

四、戏　剧

剧艺特刊:京剧专号　厦门通俗教育社编　编者民国十六年(1927年)刊行,藏厦门市馆

此书为厦门通俗教育社京剧部关于厦门地区的京剧推广与研究的专刊,收入《京剧部沿革小史》《从京剧写到闽南杂剧》《厦门京剧与观众》《京剧与通俗教育》等15篇研讨文章,以及《扫松下书》《连环套》《桑园寄子》等6部剧本,并附有戏剧股章程、京剧部部员名录等资料。书前有少庵之序和陈佩真的开场引。

绛洞花主　陈梦韶撰　上海北新书店民国十七年(1928年)出版;厦门大学出版社2005年据残存的"孤本",由原作者审定重刊

陈梦韶,里居、阅历见第二章第一节"二、儒学"之《大同新论》。此书是陈梦韶在20世纪20年代根据《红楼梦》改编的话剧剧本。鲁迅当年为其所撰《绛洞花主小引》评价"《红楼梦》百余回的一部大书,一览可尽,而神情依然具在"。

阿Q剧本(六幕话剧)　陈梦韶撰　上海华通书局民国二十年(1931年)出版,藏上海馆、国家馆、吉林省馆

此书是作者于1928年根据鲁迅小说《阿Q正传》改编,为《阿Q正传》最早改编成话剧的剧本。是年首次搬上鹭岛舞台,得到鲁迅的支持和鼓励。

悲秋剧话集　李维修撰　永明印刷社民国二十四年(1935年)出版,藏厦门市馆

李维修,里居、阅历见本章本节之"三、诗歌"《寸寸集》。辛亥革命后,李维修在厦门参与组织通俗教育社,公演新剧,提倡新文化运动。此书收入以解放婢女为题材的《孰非人子》和以戒酒运动为题材的《杯弓蛇影》2个剧本。卷首有介绍作者从事戏剧编演经过及厦门戏剧情况等文,对剧本、剧种、演员、导演、剧务、舞台监督、台前监督、后台管理等作论述,是作者长期自编自导自演新剧的探索总结。

五、小说、故事

先秦小说选初稿　叶国庆编　民国二十八年（1939年）油印刊行

叶国庆，里居、阅历见第二章第一节"三、诸子哲学"之《庄子研究》。此书未见，只见存目。

前夜　高云览撰　上海湖风书店民国二十一年（1932年）出版

高云览（1910—1956年），原名高怡昌，笔名健尼、耶鲁、法鲁、高友庆，厦门人。任过中小学教员、报纸编辑。1931年加入上海左翼作家联盟及中国诗歌会。1934年返厦，任教中华中学，组织文学研究会、戏剧社等文艺团体。抗战时期，南渡新加坡参加抗日救亡活动，任《南洋商报》战地记者，写下大量通讯报道。1950年回国定居。此书为中篇小说，系其处女作。小说以共产党领导的厦门大劫狱事件为线索，描写党的地下工作者艰苦卓绝的斗争。

罪痕　洪辛、库伦合编　永安人生编译社民国三十四年（1945年）出版

此书为短篇小说选，收入也耶、公盾、许虹、柳虞慧等厦门进步作家的创作作品。未见，存目载《厦门文化艺术志》。

番客婶　许金虎撰　厦门南方出版社民国三十五年（1946年）出版

许金虎，马来亚华侨，1940年回国。此书为作者之长篇小说，叙述一位三十来岁的番客婶，丈夫下南洋十余年未归，靠侨汇过着衣食无忧的生活。因不甘寂寞与他人发生婚外情以致怀孕。日军侵占南洋后，侨汇中断，生活无着落，最终悲惨死去。

焚书　李拓之撰　上海南极出版社民国三十七年（1948年）出版，藏厦门市馆

李拓之（1914—1983年），原名李点，字驰云，号无辩，晚年自号衍碧楼主，福建福州人。长期从事教学与文学创作，自1953年受聘为厦门大学中文系副教授、教授。中国现代作家。此书收入其创作的《听水》《招魂》《焚书》等历史小说12篇。书前有作者自序。

枪　鲁藜撰　上海群益出版社民国三十八年（1949年）出版，藏上海馆

鲁藜，里居、阅历见本章本节"三、诗歌"之《醒来的时候》。此书为作者之短篇小说集，包括《枪》《兄弟》《忏悔》等十余篇。

六、报告文学、通讯

今日的厦门　赵家欣撰　厦门文化界抗敌救亡协会民国二十七年（1938年）刊行，藏厦大馆、福建省馆

赵家欣（1915—2014年），笔名诸葛朱、赵璧，厦门人。厦门《星光日报》记者，民国二十六年（1937年）参加抗日救亡活动。厦门沦陷后，活跃于东南前线。此书作于1937年10月金门沦陷危及厦门之时，收入《今日的厦门》《大炮声响了》《怒吼了的鼓浪屿》等13篇通讯特写，记录这个特定历史时期厦门抗战的时代风云和民族情志。书前有著名诗人蒲风为之序，"七君子"之一的章乃器题写书名，书后附录《四月来敌机骚扰厦禾等表》和作者的《后记》。

沦陷区的故事 赵家欣撰 永安战时中国丛刊社民国三十二年（1943年）出版，藏厦门市馆

此书收录赵家欣的《伪军内幕》、斯琴的《穿走在敌后》、胡曛岚的《伪中央市场内幕》、胡成的《常熟小教的血泪》、史尧的《赣北敌后写实》、执绥的《敌寇统制不了伪军》等16篇介绍日军占领区生活情况的通讯报道。

退出厦门：纪念厦门沦陷半周年 诸葛朱编 民国二十七年（1938年）出版

诸葛朱，即赵家欣之笔名。此书收入赵家欣的《亡岛半年祭》、秋娟的《集体的退却》、王悲婵的《乐山有战事》、江茂夫的《厦门退出记》、张兆汉的《在流亡线上》等10篇通讯报道和忆述文章。

鲁闽风云 长江主编 生活书店民国二十七年（1938年）出版，藏厦大馆、国家馆

收徐盈的《今日的山东》、列岛的《鲁东风云》、老舍《三个月来的济南》、赵家欣的《金门惨象》、正安的《陷落时的金门》与《金门沦陷的前因后果》6篇通讯报道，其中后3篇为厦门记者赵家欣与王正安撰写的日军入侵福建金门岛情况的报道。

南征散记 马寒冰著 东北书店民国三十六年（1947年）出版

马寒冰（1916—1957年），原名马国良，福建海澄霞阳（今属厦门海沧区新阳街道）人。出生于缅甸勃生城，民国十七年（1928年）回国，定居鼓浪屿，就读于英华中学。抗战爆发后，在缅甸参加缅甸华侨文艺界救国后援会工作。民国二十七年（1938年）回国参加八路军，历任三五九旅秘书、后勤部长、宣传部长等职。此书为记述八路军三五九旅南征经过的报告文学，由《王震将军和他的军队》《出发前后》至《胜利的会师中原》等10个章节组成，正文前有《欢迎三五九旅胜利归来》的代序和《王震将军的广播词》一文。

七、散文、杂著

要言三则 （明）洪邦光撰 存目载《同安县志·艺文》

洪邦光，字世龙，号宾吾，同安洪厝人。明隆庆二年（1568年）进士，初

知无为州，官至贵州按察使。

直夫偶抄 （明）池显方撰　存目载《同安县志·艺文》

池显方，里居、阅历见第二章第一节"二、儒学"之《说书》。此书乃作者的读书笔记，有自撰《偶抄引》载《晃岩集》，云"虽然孔子识商羊，世尊问猪子，姥谈妇事、翁学儿行，生处教熟、熟处教生，信手拈来，名曰《偶抄》"。

岛山闲居偶寄（一卷） （明）卢若腾撰　存目载《金门志·艺文志》

卢若腾，里居、阅历见第三章第四节"二、文字、词汇"之《与畔堂学字》。南明隆武朝，卢若腾巡抚浙东，加兵部尚书。清军南下，力战负伤，辗转入闽，归居金门。此书当为其闲居金、厦时的杂著。

都中别话 （清）刘先登撰　存目载《同安县志·艺文》

刘先登，里居、阅历见第二章第一节"二、儒学"《重订周易求义》。

鹇栖琐缀　菜根清谭 （清）黄日纪撰　存目载《厦门志·艺文略》

黄日纪，里居、阅历见本章本节"二、文集、综合集"之《挫鲛精时艺》。此书当为作者之札记类作品。

啸云日记　诗文续钞　文章宝筏 （清）林树梅撰　存目载《同安县志·艺文》

林树梅，里居、阅历见本章本节"二、文集、综合集"之《啸云文抄》。其著述颇丰，《金门志·艺文志》称其"所为文笔意严洁，切于时务，诗亦卓然名家。诗文俱已刊行。"而此三种未见，疑已失佚。

海东随笔（四卷）　可炬录（四卷） （清）林豪撰　存目载《同安县志·艺文》

林豪，里居、阅历见本章本节"二、文集、综合集"之《诵清堂诗文集》。林豪于同治元年（1862年）至台湾，《海东随笔》应为当时的笔记。

陶园求是录（二卷） （清）林豪撰　存目载《金门县志·艺文》

林乃斌《〈林豪〉家传》称"其书不传"，应系未梓，当为林豪的笔记类作品。

同城琐记（一卷）　文苑录　纪事录　文体别裁 （清）陈耀碏撰　书目载《同安县志·艺文》

陈耀碏，里居、阅历见第二章第一节"二、儒学"之《四书改错》。

东游六十四日随笔 （清）李春生撰　福州美华书局光绪二十二年（1896年）出版，藏国家馆、福建省馆；1966年台湾文海出版社再版，藏厦门市馆

李春生，里居、阅历见第二章第二节"三、基督教"之《主津新集》。清光绪二十二年（1896年）李春生受台湾总督桦山资纪之邀访问日本。此书为访问期间所见所闻的杂文集。

菽园赘谈（十四卷） （清）丘炜萲撰　清光绪二十三年（1897年）自刻本，藏厦门市馆

丘炜萲，里居、阅历见本章本节"一、文学研究、评论"之《五百石洞天挥麈》。此书为丘炜萲所撰笔记，成书于光绪年间。主要记载中日甲午战争后英属殖民地新加坡的情况，其内容极其驳杂，"上谈国家政教，下谈乡间礼俗"，举凡政治、文教、兵农、佛道、礼俗、风月等无所不包，皆其时之当务。在文学方面以评介诗文作家为多。卷首有曾宗彦、李季琛之序及黎经迟等人题词。

夜　林庚撰　开明书局民国二十二年（1933年）出版，藏厦门市馆、上海馆

林庚，里居、阅历见本章本节"一、文学研究、评论"之《中国文学史》。此书为作者的诗作，收《风雨之夕》《朦胧》等现代诗43首。卷首有俞平伯的序，序称："他的诗自有其独到之处。……他不赞成词曲谣歌的老调，他不赞成削足适履去学西洋诗，于是他的诗在意境上、音律上，有过种种的尝试，成就一种清新的风裁。"

李树沟的故事　鲁藜撰　上海新文艺出版社1951年出版

鲁藜，里居、阅历见本章本节"三、诗歌"之《醒来的时候》。此书未见，只见存目。

顽石山房笔记　林尔嘉撰　厦门民国三十七年（1948年）线装铅印本，菽庄丛书之五，藏厦门市馆

林尔嘉，里居、阅历见第三章第一节"二、社会"之《为菽庄石桥被毁及私权横受侵害事谨告同胞书》。此书为作者之读书简记，沈琇莹于序中称其"时或泛览诸子百家之书，旁及近人诗古文词，有会心处辄笺记之。"其内容包括国学、诗词、书法和典故趣闻等类。

漱石山房笔记　陈桂琛撰

陈桂琛，里居、阅历见本章本节"三、诗歌"之《陈丹初先生遗稿》。此书未见，留有存目。

卧云楼笔记（七卷）　苏逸云撰　上海洪兴印刷所民国二十九年（1940年）刊行，藏厦门市馆

苏逸云，里居、阅历见本章本节"三、诗歌"之《卧云楼游草》。此书为作者之闻见记录及交游记述，有文有史，保存福州、厦门及龙岩、光泽等地史料及其游历名山大川之感受。其中对厦门、鼓浪屿的风俗与名胜描述细致；记载当世文人活动相当丰富，如与陈宝琛、高雨农、郑孝胥、林纾、李宣龚、梁鸿志等闽地重要文人交往等。书前有作者各时期照片及自序，还有杨士鹏、陈震、王振先之序。

卧云楼笔记续刊（七卷）　苏逸云撰　香港星岛日报社民国三十八年（1949年）出版，藏厦门市馆

此书体例与《卧云楼笔记》相同，所不同的是此书后附有《海外文存》和《南

游诗草》。书前有作者自序。

卧云楼杂著（六卷） 苏逸云撰 著者1950年香港自刊本

此书为作者之杂著汇编，内容涉及私家藏本、各姓谱牒、诗话书评、轶事丛谈，记人记事，文史价值很高。卷一《论史》，收其论史文稿14篇；卷二《游记》，收其苏州虎丘、长城居庸关等地壮游之8篇游记；卷三《文存》，既收学术研究类文章，亦收哀挽哭悼之作，颇显庞杂；卷四《诗存》，收宦游诗作35首；卷五《修志述略》，收入作者任《厦门市志》总纂时为各条目所撰序言26则；卷六《东山景物略》，则记作者故乡龙岩东宝山之景物。卷首有作者撰于1950年的自叙，时年七十三岁。

红叶草堂笔记 黄伯远撰 著者民国三十七年（1948年）自刊本，藏厦门市馆

黄伯远，广东番禺人。久居厦门，为厦门老报人，1949年之前历任《江声报》《民国日报》《新闻画报》编辑及《厦门大报》副刊编辑。此书为作者历年发表之随笔小品整理而成的作品集，计118篇，自时势风云、社会生活至人文状况、文化趣谈，其中不少厦门掌故，留下20世纪30年代厦门社会生态的历史资料。

冠悔堂楹语（三卷） （清）杨浚撰 清光绪二十年（1894年）刻本，藏厦门市馆

杨浚，里居、阅历见第二章第二节"二、道教"之《四神志略》。此书乃杨浚楹联作品集，分为八类，卷一为集句（附集字）、祠庙（附斋坛）；卷二为公廨（附书院、会馆）、第宅（附市场岁时）、酬赠、祝嘏、喜庆，卷三为哀挽（附坟茔），共有1500多副对联。联语涉及左宗棠、沈葆桢、吴鲁、陈启仁等历史人物，题联遍及台湾、陕西、福州、泉州、厦门、漳州等地，内容丰富，尤擅长联。其联颇具高迈古雅、气韵酣畅之风。其联语数量与质量均可称福建之最，联界上乘，比肩福建林则徐、梁章钜、李彦章等一流联家。

绣铁盦联话 贺仲禹撰 厦门新民书社民国二十年（1931年）出版，藏厦门市馆、厦大馆

贺仲禹，里居、阅历见第二章第二节"三、基督教"之《孔子与基督教》。此书为作者关于联语知识、历史及掌故的专著，其内容相当丰富，除各种联语史料外，还间涉厦门等地与联语活动有关的人物掌故。

小报大观 陈菊农编 厦门周报社民国二十年（1931年）出版，藏厦门市馆

陈菊农（1893—1967年），原名浩，字永洁，又字菊农，以字行，厦门寨上（今属湖里区殿前街道）人。民国时期厦门报人，曾独资创办《厦门周报》、参与创办《禾山旬报》。20世纪30年代曾在菲律宾创办《小说丛刊》。此书撷取民国十八年（1929年）厦门各小报中的佳作辑为一书，按内容分为评论、杂俎、

轶闻、名胜、骚坛、谐薮、小说、花讯等八类，留下厦门近代文化史料。

紫燕金鱼室笔记　李禧著　何丙仲、吴仰荣校注　北京广播学院出版社1995年出版

李禧，里居、阅历见本章本节之"三、诗歌"《李绣伊纪游诗》。此书为作者之笔记体文史随笔，于20世纪20年代前后发表于地方报纸之副刊，总数有473篇，记录作者搜集的清末民初厦门社会文化生活见闻，其内容包括鹭门名胜、风俗信仰、政治事件、文物遗迹、名士诗文等，内容相当丰富，具有极其珍贵之史料价值。其原有剪报本已佚，该书依何丙仲之抄本校注刊行。

流亡草　库伦撰　永安人生编译社民国三十四年（1945年）出版，藏泉州市馆

库伦，即吴静吟（1921—2011年），笔名库伦、紫军、骆滨等，厦门人。20世纪30年代即步入文坛，作品涉猎多种体裁，曾创办文学刊物《人生》《明日文艺》，主编过《江声报》副刊。中华人民共和国成立后，一直从事教育事业，并主编《鹭涛》文学月报等。此书为其作品集。

风雨集　柳虞慧撰　永安人生编译社民国三十四年（1945年）出版

柳虞慧（1922—2005年），笔名柳风、柳原，浙江上虞人。1942年由金华迁入福建，曾任《南方日报》编辑，负责副刊《新语》。任教于集美高中。战后创办《人生》杂志社，任社长兼发行人，后接办《明日文艺》。此书为作者的散文作品集。

地狱　陈荧撰　上海南极出版社1948年出版，藏上海馆

收《春天底梦》《南方》《地狱》等18篇。

八、民间文学

古砚斋谜集　（清）许宗岳撰　李禧整理　民国时期油印刊行

许宗岳，字文渊，又字茂才，同安嘉禾里（今厦门岛）人。学问渊博，善制灯谜，著有《仙掌轩谜剩》等，大都散失。其学生李禧费尽心思寻找遗稿，终从陈厚庵处抄下其谜作，然皆无记载谜底。后经谜友共同试猜，补上谜底，重编成此本谜集。此书包括四书五经和字谜等16个类目，共有谜语145则，由李禧油印成书，成书时间大约是20世纪30年代初，是许宗岳唯一得以保存和流传的谜语作品。

小兰雪堂谜集（一卷）　（清）王步蟾撰　存目载《灵箫阁谜话初集》

王步蟾，里居、阅历见本章本节"三、诗歌"之《小兰雪堂吟稿》。此书未见。

古钱轩谜稿（一卷）　（清）柯荣试著　存目载《灵箫阁谜话初集》

柯荣试（1854—1937年），字硕士，别号璞园，同安嘉禾里（今厦门岛）人。

光绪二十三年（1897年）拔贡。朝考二等询门教谕。工诗文，擅长行书。清末厦门书法三大家之一。居厦教授生徒。名其斋曰"古钱"，取其外圆内方之意。此书未见。

师竹山房谜稿（一卷） （清）林嵩龄撰　存目载《灵箫阁谜话初集》

林嵩龄，字景松，别号鹭江钓徒，同安嘉禾里（今厦门岛）人。晚清邑庠生。此书未见。

福建故事（1—4集）　谢云声编　厦门新民书社民国十九年（1930年）出版，藏厦门市馆、厦大馆、上海馆（缺2、4集）

谢云声，里居、阅历见本章本节"三、诗歌"之《星洲集》。此书共4集。第1集为《神话之部》，收录《洛阳桥的故事》《露鳗舍的故事》等33个传说故事；第2集为《童话之部》，收录《月亮里的猴子》《呆母亲生了呆女儿》等17个童话故事；第3集为《故事之部》。收录《郑成功的传说》《吴英故事》等25个民间故事；第4集为《趣事之部》，收录《许獬的滑稽》《过溪妹》等44个趣闻故事。

闽歌甲集　谢云声撰　广州中山大学民国十七年（1928年）刊行，藏厦门市馆、厦大馆

此书为作者采集的福建民间歌谣集锦，共250首，分为民歌和儿歌两大类。书前有顾颉刚序、自序和苏警予跋。

台湾情歌集　谢云声撰　广州国立中山大学语言历史学研究所民国十七年（1928年）刊行，藏厦门市馆、厦大馆、上海馆

此书为作者采集的台湾民间情歌集锦，收入《水锦开花白波波》等台湾情歌200首。正文前有钟敬文之序和作者自序。

郑成功传说　伍远资撰　厦门新民书社民国二十二年（1933年）出版，藏厦门市馆、厦大馆、泉州市馆

伍远资，里居、阅历见第三章第三节"二、教育"之《两年来的大同小学》。此书收录《米篮墓》《五马朝江》《海上视师》等44个有关郑成功的民间传说。正文前有谢云声之序及作者自序各一篇和《郑成功事略》一篇，书后有《附郑成功故里的现况》和校后记。

袭厦门好汉建奇功　徐式圭编　福建省政府教育厅民国三十年（1941年）刊行

徐式圭（1892—1963年），原名世特，字若璋，福建屏南人。民国四年（1915年）毕业于福建私立法政专科学校，后回乡办学。民国三十年（1941年），调任省教育厅科员。民国三十五年（1946年），选任屏南县参议长。嗜读书，一生著述颇多。此书为其任职省厅时所编的抗战时期对敌斗争故事，收入《袭厦门好汉建奇功》《众英雄黑夜打金门》《张志琦巧使美人计》等6篇故事。

厦门商报民俗专刊　厦门鹭花社编　编者民国二十年（1931年）刊行

灵箫阁谜话初集　谢云声撰　厦门新民书社民国十九年（1930年）出版，藏厦大馆

此书为灯谜研究的杂文集，内容涉及灯谜史话、谜格辑录、佳作评析、谜界轶闻、谜家著述等谜坛史料，其中厦门谜坛史料尤为珍贵。书前有李禧题词、自序以及吴承烜、孙渔隐、颜天醒之序，书后有陈佩真《谜话的话》作跋。

萃新社谜稿（四卷）　陈培辑　存目载《灵箫阁谜话初集》

萃新谜社成立于清光绪二十八年（1902年），乃厦门最早的民间灯谜爱好者组织，与北平的射虎社一南一北遥相呼应。先后入社的有李禧、柯伯行、谢云声等三十余人，诸多谜家声誉海内外，有所谓"春灯四皓"和"春灯五老"的提法。1913年进入鼎盛时期，长期坚持内部会猜和对外展猜，直至抗日战争前夕方停止活动，前后延续三十多年，乃中国灯谜史上存续时间最长之谜社。此书为社友灯谜集萃，未刻。

纫兰斋谜稿　陈培著　存目载《灵箫阁谜话初集》

陈培，字厚庵，厦门人。清末民初厦门著名谜家，萃新谜社的主要发起人。与李禧、王迪成、柯伯行、姜老渔合称"春灯五老"。此书为作者之灯谜作品集，未刻。

棣华馆谜语二集（一卷）　周殿薰撰　存目载《灵箫阁谜话初集》

周殿薰，里居、阅历见本章本节"二、文集、综合集"之《棣华吟馆诗文集》。此书未见。

梦梅花馆谜语（一卷）　觉盦隐语（一卷）　李禧著　存目载《灵箫阁谜话初集》

李禧，里居、阅历见本章本节"三、诗歌"之《李绣伊纪游诗》。二书为作者所制之灯谜集，未见。另贺仲禹的《绣铁盦丛集（一）》有为其《春灯集》所作之序，然未见该书存世，或即此二种之一。

碧云山馆谜稿（一卷）　连城璧著　存目载《灵箫阁谜话初集》

连城璧，字珍如，厦门人。清末庠生，曾任民国《厦门市志》采访。猎涉书画，熟于地方掌故。此书未见。

昧古斋谜稿（一卷）　蔡戊著　存目载《灵箫阁谜话初集》

蔡戊，字维中，厦门人。此书未见。

月樵山房谜稿（一卷）　孙维钧著　存目载《灵箫阁谜话初集》

孙维钧，字秉国，厦门人。此书未见。

浣香草堂谜稿（一卷）　高峻著　存目载《灵箫阁谜话初集》

高峻，字叔崧，同安人。此书未见。

爱莲书室谜稿（一卷）　柯徵庸著　存目载《灵箫阁谜话初集》

柯徵庸，字伯行，以字行，厦门人。诗书俱佳。此书未见。

森轩谜稿（一卷） 柯徵协著　存目载《灵箫阁谜话初集》

柯徵协，字伯昭，厦门人。此书未见。

静心书室谜稿（一卷） 陈仁著　存目载《灵箫阁谜话初集》

陈仁，字万臻，厦门人。此书未见。

长寿书房谜稿（一卷） 胡复一著　存目载《灵箫阁谜话初集》

胡复一，字葭生，厦门人。此书未见。

邀月山房谜稿（一卷） 陈友三著　存目载《灵箫阁谜话初集》

陈友三，字梦松，厦门人。此书未见。

留种别墅谜稿（一卷） 卢心启著　存目载《灵箫阁谜话初集》

卢心启，字乃沃，原籍台湾台南，居厦门。此书未见。

无尽藏盦谜存（一卷） 陈佩真著　存目载《灵箫阁谜话初集》

陈佩真，厦门人。20世纪二三十年代厦门文坛的活跃分子。此书未见。

春山染翰楼谜剩（一卷） 蔡拚著　存目载《灵箫阁谜话初集》

蔡拚，字文鹏，同安人。是稿经李绣伊先生汇辑成册，稿藏李先生家，未刻。

第二节　艺　术

一、美　术

艺林标注　（明）蔡守愚辑　存目载《同安县志·艺文》

蔡守愚，里居、阅历见第三章第一节"一、政治"之《明伦宝鉴》。

与耕堂值笔（七卷）　（明）卢若腾撰　存目载《金门志·艺文志》

卢若腾，里居、阅历见第三章第四节"二、文字、词汇"之《与畊堂学字》。《金门志·艺文志》称此书"自天文、地理以逮一名一物，宏通博雅，巨细靡遗。品藻古人，无不曲当。方之《容斋三笔》《日知录》等书，诚不多让。"

与耕堂印谱　（明）卢若腾撰　存目载《金门志·艺文志》

此书又名《与畊堂印拟》。《金门志·艺文志》称："若腾湛深六书之学，尤工篆隶。自序谓：'兵燹之际，诸书悉烬，独印章小箧负之而走。'可以想其结习所在矣。"

美荫堂书画论跋　（清）李廷钰撰　存目载《同安县志·艺文》

李廷钰，里居、阅历见本章第一节"二、文集、综合集"之《秋柯草堂文集》。李廷钰虽为将家子而恂恂有儒者风，善诗文，工书画，又擅鉴别古法帖真赝，所至常与诸名士论文赋诗，有"小李太尉"之称。道光二十三年（1843年）罢归故里，以著书自娱，尝校订《汉唐名臣传》《陶渊明全集》《契丹国志考证》

165

《宋刘文靖公全集》以及《简可篇》等刊行,刻印极为精工,艺林称善本。此书乃其卒后家人整理之遗作,曾刊刻行世。

啸云铁笔 (清)林树梅撰 存目载《同安县志·艺文》

林树梅,里居、阅历见第三章第一节"四、军事"之《闽安记略》。林树梅负经济、工诗文,且善书法篆刻技艺,此书即其篆刻著述。有吕世宜为之序,序云:"啸云善用笔,古文笔清,诗笔古,书画笔屈强离奇而不可方物。此余所习知者外,此为铁笔古雅绝伦,得意时,赵次闲、陈曼生辈弗让也。"

爱吾庐题跋(一卷) (清)吕世宜撰 清光绪五年(1879年)金笔轩刻本,藏厦门市馆;民国十二年(1923年)林熊光日本铅印本,藏厦门市馆;红兰馆小丛书本,藏厦门市馆

吕世宜,里居、阅历见第二章第一节"二、儒学"之《经传子史集览》。此书收吕世宜之鼎铭、碑文、瓦当等题跋79则,爱吾庐论书10则。

柏香山馆印存(四卷) (清)杨凤来撰 存目载民国《厦门市志·艺文志》

杨凤来,字紫庭,晚号止庭,居厦门。清代龙溪附贡生。工琴能画,尤善篆刻,此书乃其汇名家私印及自制篆刻编辑而成,吕世宜为之作序,序云:"杨君紫庭,性嗜古,工刻石,与吾友啸云交相善,居相邻,又相师也。二人各奏其能,咸得汉人意,如陈曼卿于赵次闲然。紫庭近考金石书,谓汉篆惟瓦当文屈曲有致,惜前书未广益之,摹为小本。读书之余,香一炉,茗一碗,荟然荟然,信闲中一乐也。啸云纵臾之,衷所畜名家私印成帙,而以所自制者为之殿,统四卷,颜曰:柏香山馆印存。因啸云索序于余,余嘉紫庭少而多能,又与啸云为金石交,于是向为啸云叙者,今复因啸云而为叙紫庭,结一重翰墨缘也已。"

弢聿散人印存 欧阳桢作 作者民国四年(1915年)钤印本,藏厦门市馆

欧阳桢,里居、阅历见本章第一节"三、诗歌"之《秋声吟屋词稿》。欧阳桢工篆刻、擅行楷、晚年攻魏碑,融合北碑南帖的书法艺术之长,远近碑碣多出其手。此书为其篆刻作品之钤印本,施士洁作之序,陈衍为之题诗曰:"法吏笔如刀,才人刀作笔。不见昌黎公,金石能刻画。"

印谱 黄朗山作 作者1942—1944年钤印本,藏厦门市馆

黄朗山,号鲁山,居厦门。善篆体书法,厦门近代金石名家,毕生从事金石研究,镌石治印无数,艺术造诣甚高,被誉为"闽南四大篆刻家"之一。晋江华侨巨贾黄秀烺营建的古檗山庄,留下其诸多石刻。此书为其1942—1944年篆刻印章的钤印本,有李禧之题识。

篆隶源流考 龚植著 存目载《近代七言绝句续集》

龚植,里居、阅历见本章第一节"三、诗歌"之《如愚别馆诗存》。此书未见。

亦楼印存 龚植辑 辑者1928—1929年钤印本,藏厦门市馆

龚植嗜好篆刻,自称"石痴",师法赵之谦,名噪一时。此书为其篆刻作品

之钤印本，共四册，收录其1928—1929年所刻三百余枚印章，包括自刻章和他刻章。自刻章有姓名章、寿章、闲章，他刻章有为施健庵、蔡谷仁、梦梅花馆等刻章。

铁庵印存　刘铁庵作　作者民国二十五年（1936年）刊行，藏厦门市馆

刘铁庵，里居、阅历见本章第一节"三、诗歌"之《铁庵诗存》。其篆刻治印成名更早，为民国"闽南四大篆刻家"之一。此书为其自辑所刻印章数十印，当时国内书画名家黄葆戊等人为之题书、题词，龚绍庭、李禧等厦门名家为之作序。

食破砚斋谈艺录　松泉高咏图　苏警予撰

苏警予，里居、阅历见本章本节"一、文学研究、评论"之《唐人律诗之研究》。此二书未见，中谢云声所撰的《苏警予先生传记》记有存目，载《旷劫集》中。

怀溪集（一卷）　李琅琨著　民国十六年（1927年）刊行

李琅琨（1902—1947年），名煜，别号宸溪庐主，又号怀溪，同安人。喜吟咏，善书画，其画曾参加中国艺术展览会。此书为其绘画作品，每幅均配上亲笔诗句，成为诗、书、画相融之佳作。

书法心理　虞愚编　商务印书馆民国二十六年（1937年）出版，藏上海馆

虞愚，里居、阅历见第二章第一节"四、哲学相关学科"之《佛家心理学》。此书为汉字书法基础知识专著，分五章论述书法生理的基础、书体的分析、执笔的方法、用笔的方法和学习书法的几个基本问题。正文前有自序，后有附录《碑帖举要》。

书画集锦　陈雪蕉编　厦门明明印书社民国二十六年（1937年）出版，藏厦门市馆

陈桂琨，字雪蕉，里居、阅历见本章第一节"三、诗歌"之《雪辉斋诗集》。此书为陈桂琨收藏的诸多名家书画作品，在李清泉、杨永保等华侨巨贾之赞助下，汇辑制版刊行。有陈桂琨自序，并附有赞助者之签名盖章。

走兽画集　杨柳溪绘　民国三十四年（1945年）自刊油印本，藏厦门市馆

杨柳溪（1915—1974年），名文泉，字柳溪，号静盦，以字行，同安从顺里西山杨（今同安区新民镇洋厝埔村）人。厦门美术专科学校毕业，历任同安丙洲小学教员、同安城厢中心小学校长以及龙溪师范学校、集美中学等校教员。其作品曾入选1945年《全国美术年鉴》。此书为其动物画白描作品，用于教画画的示范图例。书前有《编前大意》和《走兽画法》各一篇。

寝石山馆藏印　李维修作　作者民国二十四年（1935年）刊行，藏厦门市馆

李维修，里居、阅历见本章第一节"三、诗歌"之《寸寸集》。此书为其收

藏之篆刻作品。前有李维修自序，后附有明代篆刻家程远所撰《印旨》一篇。

二、音　乐

乐韵（一卷）（明）林霄撰　存目载《同安县志·艺文》

林霄，里居、阅历见第三章第四节"一、语音"之《双声谱》。

律吕图说（清）黄江撰　存目载民国《厦门市志·艺文志》

黄江，里居、阅历见第二章第一节"二、儒学"之《四书日抄》。此书以图谱形式说解"六律六吕"，乃厦门古代唯一乐律学著作。

琴苑（三十二卷）（清）苏瑞桢撰　存目载民国《厦门市志·流寓传》

苏瑞桢，字仙根，马巷厅澳头（今属翔安区新店镇）人，寓居厦门。精于琴，家蓄古琴数十器，尤娴古调。此书专采琴典，分十二门：一通义、二规象、三音均、四声歌、五手势、六审材、七诠事、八脞录、九核古、十叙书、十一述献、十二征文，凡琴之操弄沿起、制度损益、音韵之辨、派别之殊，以及古今通琴之人、咏琴之诗词歌曲、论琴之文，甚至有关杂事琐闻，无不详细记之。《紫燕金鱼室笔记》称此书："采摭详博，考核精切，可谓极操缦家之大成。"

文焕堂初刻指谱（清）章焕编撰　咸丰七年（1857年）厦门文德堂刊本

南音指谱（清）林祥玉撰　民国三年（1914年）台湾刊本

林祥玉（1854—？年），字荆璧，厦门人。自小学弦管，造诣甚深。在集安堂等曲馆为乐师，许多南音界名师都出自其门下。清末赴台开馆，此书为其教学之余精心校勘订正并编印的南曲指谱。

泉南指谱重编（清）林鸿撰　民国元年（1912年）文瑞楼书庄刊本，藏厦门市馆

林鸿（1869—1943年），字霁秋，厦门人。少随父亲学习建筑技术，二十岁左右始学制义，勤奋三年，一试为漳郡诸生。多艺多才，因感泉南词曲弹奏多以师傅口传指授，久而失真，故费时数十年究心考证南曲指谱，撰为此书。另著有《南曲》一书，未见。

雅韵新编　傅若理撰　民国年间手写本

傅若理（1875—1940年），同安人。幼好南音，精通四管技艺，擅长作词配曲。1907年曾到新加坡、越南等地义务传授南音技艺。

儿童歌曲集　周淑安编　中华慈幼协会民国二十一年（1932年）刊行，藏厦门市馆

周淑安（1894—1974年），女，厦门人。1911年毕业于厦门女子高等师范学校。1914年赴美留学，获哈佛大学艺术学士学位。1927年入纽约音乐学院学声乐。回国后任上海国立音乐专科学校教授及声乐组主任。此书为作者作曲的儿童歌

曲作品集，收录《歌我中华》《种莲子》等54首创作歌曲。书前有萧友梅、黄自、陈鹤琴的序和作者的自序。

英文复音合唱歌选　周淑安编　商务印书馆民国二十年（1931年）出版，藏上海馆

此书为作者编写的多声部合唱歌曲作品选集。

陈传达遗作　陈传达撰　龚鼎铭编　启新印书局民国三十六年（1947年）出版，藏厦门市馆

陈传达（1919—1945年），原籍台湾，定居厦门鼓浪屿，著名的音乐家。1938年厦门沦陷后，经香港往菲律宾。旅菲期间，曾向群众教唱抗日歌曲。鼓浪屿沦陷后，日伪对其严加监视迫害。1945年6月的一个夜晚，为了逃脱日寇的魔手，他毅然冒险渡海到"国统区"嵩屿，不幸溺水遇难。此书为编者收集陈传达仅存的遗作汇辑而成，共收录《圣诞颂》《江中孤舟》等7个创作歌曲。前有编者的前言，陈传达的遗像，吴钦德的《陈传达君之生平与死难事迹》以及王寿椿、朱鸿谟、沈省愚、蔡丕杰、邵友文、衍芳、刘锡三的回忆文章7篇。

上代支那正乐考：孔子之音乐论　江文也撰　三省堂民国三十一年（1942年）出版

江文也（1910—1983年），原名江文彬，台湾淡水人，民国三年（1914年）迁居厦门，在厦门旭瀛书院求学。民国十一年就学日本。民国二十七年（1938年）到北京教授音乐，民国三十六年任北平艺专教授。此书对孔子的音乐美学进行研究，探寻"乐"所具有的文化特殊性。作者于1938年写于日本，原文为日文。

圣咏作曲集　江文也撰　北平方济堂圣经学会1947年刊行

此书为江文也创作的基督教音乐作品集。

儿童圣咏歌集　江文也作曲　北平方济堂思高圣经学会1948年刊行

此书为江文也的儿童宗教音乐作品集，内收16首歌曲，均为五线谱，并附有钢琴伴奏谱。

第一弥撒曲　江文也作曲　北平方济堂思高圣经学会1948年刊行

此书为江文也的宗教音乐作品，乃中国音乐史上第一部以中文写歌词的弥撒曲。

凤阳花鼓：中国民歌四部合唱曲　江文也编　新民音乐书局民国二十八年（1939年）刊行

此书为江文也以传统的安徽凤阳民歌改编而成的合唱曲谱。

中国名歌集：第一卷　江文也编作曲　日本龙吟社1938年出版

此书为江文也编作曲的中国出名的民歌乐谱。

台湾舞曲　江文也作曲　东京春秋出版社1936年出版

此书为江文也作曲的中国出名管弦乐曲曲谱。乐曲以抒情的旋律描写台湾

人民舞蹈的欢乐场面。

铁声歌集（第一集） 铁声歌咏团编 厦门大学民国三十年（1941年）刊行，藏厦门市馆

铁声歌咏团，抗战时期厦门大学的学生团体，1941年3月29日在长汀正式成立。该团以宣传抗战、唤醒民众为宗旨，走出校门，用歌声把抗日救亡工作送到闽西赣南。此书为铁声歌咏团选编刊印的歌谱，内中有《国立厦门大学校歌》及若干首本地作曲家蔡继琨等创作的歌曲。书后有编后记，并附有铁声歌咏团的章程和顾问、团员名单及职务分掌。

抒情歌选 黄文昭编 正音乐社出版 厦门焕新印刷社民国年间承印

黄文昭，里居、阅历不详，20世纪40年代末就读于厦门大学。此书为其选编的抒情歌曲集，收入《小夜曲》《悲歌》《游子吟》等中外歌曲41首。

第五章　历史地理文献

历史是记载和解释一系列人类活动进程的历史事件的一门学科。就一个地区的历史类著述来说，地方史文献往往多于一般的史籍文献。地方史文献首要的是地方志。自明代成化年间始，古代厦门地区编修的志书有《同安县志》《马巷厅志》《鹭江志》《厦门志》《金门志》等，共计十一部之多。民国时期，又有《同安县志》和《厦门市志》的编修，为厦门地方史研究留下了极为珍贵的资料。更大量的厦门地方史文献是地方史料。明末的海上群雄称霸，郑成功割据金厦举义抗清和驱荷复台，施琅挥师征台一统版图，一连串的海上历史风云在厦门文献中拂过，曹履泰的《靖海纪略》、阮旻锡的《海上见闻录》、江日升的《台湾外纪》、夏琳的《闽海纪要》等均留下了宝贵的史料。

厦门作为著名侨乡，华侨史文献是其历史类著述中的一个特色。在中国民主革命大潮中，许多厦门籍华侨参与其中。他们中的一些人将在辛亥革命和抗日战争中的经历记录下来，形成了十分宝贵的历史资料。如陈楚楠、徐赞周、庄银安、陈宗山等人的著作，记录下南洋华侨的革命事迹；陈嘉庚、桂华山、苏警予等人的作品，则反映了华侨在抗战岁月中艰苦卓绝的斗争。此外，还有一些厦籍华侨对侨居国的政治、经济与文化进行研究，留下颇为可观的文献，如徐赞周、庄希泉、叶苔痕等人的著述。

传记作品作为历史学科的一个分支，在本章列目。厦门历史上的著名人物，多有传记作品反映，如郑成功、陈化成、陈嘉庚、林文庆等等。

地理是讲述人类活动与地理环境之间关系的一门学科，它与历史学科紧密关联，亦在本章列目。厦门的地理文献中，清代第一部综合性海洋地理名著《海国闻见录》和中国人编撰的第一部符合地理学概念的世界地理著作《瀛环志略》，以其领先时代而名闻天下，而后的厦门地理著述虽然不少，如民国时期的《厦门述略》《厦门大观》等资料性的人文地理文献；也有些力作，如民国叶国庆的《古闽地考》等，然均不能望其项背。

第一节 历代史籍

一、史　评

许太史评选战国策文髓（四卷） （明）许獬编　万历十三年（1585年）乔山堂刻本，藏中央党校馆

许獬，里居、阅历见第二章第一节"二、儒学"之《四书合喙鸣》。此书为许獬对《战国策》的评点。

历代史评　秘书七种 （明）范方撰　存目载《同安县志·艺文》

范方（？—1644年），字介卿，同安高浦人，后迁居长泰。明天启元年（1621年），以解元荐为国子监助教，升户部员外郎。

论史卮言（四卷）　史记衷平（四卷） （明）康亮撰　存目载《同安县志·艺文》

康亮，里居、阅历见第二章第一节"二、儒学"之《经学明辩》。

历代史白 （明）林志远撰　存目载《同安县志·艺文》

林志远（约1593—1664年），字致子，号陶庵，同安嘉禾里塔头（今属思明区滨海街道）人。明崇祯十六年（1643年）进士，授工部主事。明亡后，结庐于清溪仙峰岭不复出。

史勺（三卷）　史勺补（二卷） （明）纪文畴撰　存目载《福建通志·艺文志》

纪文畴，里居、阅历见第四章第一节"二、文集、综合集"之《纪太史诗文集》。此书乃作者评论史上名臣之作，自管仲、沈诸梁至虞允文止。《同安县志·艺文志》载有黄道周、徐孚远撰《史勺序》各一篇。黄道周序云："纪南书负才甚高，出语妙天下。其所著《史勺》论核古昔上下三千年，疑难正反尽之矣！古今论史之言，几数百家，其最著者柳子厚、吕东莱、苏子瞻、胡明仲。子厚肆而曲、东莱腴而肤、子瞻疏而直、明仲详而碎，南书所作犹是四家而辩博醇雅，不为诡激之论。观其所论董江都、王茂宏、温太真、寇平仲诸贤，各有意乎正直忠心厚之裁也。"

史评 （明）梁岐超撰　存目载《同安县志·艺文》

梁岐超，字士升，号定远，同安人。苦读经书，兼通术数，通晓历代兴亡之事。明亡，世事不出。

国策评林（十八卷） （清）张星徽评注　清雍正渔古山房刻本十册，藏南京馆、同安区馆（残卷）；清雍正五年（1727年）刻本四册，藏中科院馆；清末

广州启智书局刻本十册，藏南京馆

张星徽，里居、阅历见第二章第一节"二、儒学"之《四传管窥》。此书乃张星徽评注《战国策》之著述，又名《评注战国策》，于《同安县志·艺文》中著录为两部，一为《天下要书》十八卷，一为《评注战国策全集》十八卷。查，渔古山房刻此书名页题为《国策评林》，而书口则题为《天下要书》，有张星徽撰自序、凡例及《历代名公评论战国策》一文。各卷分别为《周策》《秦策》《齐策》《赵策》等。故可知《同安县志·艺文》所著录的两部，实为一书多名。南京馆的两种馆藏著录为《评注战国策》，中科院馆藏干脆著录为《国策评林天下要书》。

史评 （清）张赞宗撰　存目载《同安县志·艺文》

张赞宗，里居、阅历见第四章第一节"三、诗歌"之《澹若斋前后编》。

岁鉴　史汇（四卷）（清）周奠邦撰　存目载《同安县志·艺文》

周奠邦，里居、阅历见第二章第一节"二、儒学"之《易说》。

史眼　（清）池其绳撰　存目载《厦门志·艺文略》

池其绳，里居、阅历见第二章第一节"二、儒学"之《四书讲录》。

读史约编　（清）林翼池撰　存目载《同安县志·艺文》

林翼池，里居、阅历见第二章第一节"二、儒学"之《尚书捷解》。

史记滴髓（一卷）（清）林孝基撰　存目载《马巷厅志·艺文》

林孝基，里居、阅历见第二章第一节"二、儒学"之《四书评解》。

池上史论（三卷）（清）张锡麟撰　存目载《厦门志·艺文略》

张锡麟，里居、阅历见第四章第一节"二、文集、综合集"之《张锡麟文集》。此书有黄涛所作之序存世，载于《厦门志·艺文略》。序云："张君尔蒂，高年自适，不夷不惠，酷好吟诗。余尝读其《池上草》，拟之摩诘、乐天一流人。今出其所著《史论》二卷相质读之，论断精详、是非不谬，得未曾有。乃知尔蒂为经济中人，非徒以丽则见长也。"又云："今尔蒂未尝沾沾以儒名世，而宇宙之事变，古今之沿革，用人行政之纯驳，凡前儒所未发，及发而有未当者，莫不考得失于微渺，辨去取于疑似，斯可谓经济有用之学矣！乃历试不售，明经终老。世第知其长于吟咏，为岛上风骚之坛长；而其贯穿诸史、谙练典故之学，反为所掩。"

史鉴纪略（二卷）（清）林云祥撰　存目载《马巷厅志·人物》

林云祥，里居、阅历见第四章第一节"二、文集、综合集"之《一经堂文集》。

读左臆说　苏逸云撰　卧云楼民国三十七年（1948年）刊行，藏国家馆

苏逸云（1878—1958年），又名寿乔，福建龙岩人，移居厦门。历任省谘议局议员、光泽县知事、省立九中校长等。此书为作者读《左传》札记。民国二十八年（1939年），作者避地香港时，指导学生读《左传》，"遇有疑义，或所见与先贤未合，辄书数语示之。语毕，成二卷，名曰《臆说》"。此书分总说与

分说两部分。卷首有陈震、许晓山题诗及作者自序。

二、通史、断代史

华戎鲁卫信录（二百二十九卷）（宋）苏颂撰

苏颂，里居、阅历见第四章第一节"二、文集、综合集"之《苏魏公文集》。此书于宋元丰四年（1081年）八月，宋神宗诏苏颂置局编撰，元丰六年（1083年）成书。乃记录宋辽关系史的重要史料文献，记录宋与契丹通好之后来，有关盟誓、聘使、岁币、仪式，乃至地界、边防诸事。全书二百二十九卷，事目五卷，分类编次，以"叙事"开头，"蕃夷杂录"为终，后附"经制方略""论议奏疏"。苏颂撰有《华戎鲁卫信录总序》，载《苏魏公文集》。

迩英要览（二十卷）（宋）苏颂撰　存目载《宋史·艺文》

此书为断代类史籍，原名为《汉唐故事分门增修》。据《续资治通鉴·宋纪》记载，元祐四年（1089年）三月，"苏颂等奏撰进《汉唐故事分门增修》，诏以《迩英要览》为名"。迩英，乃宋代禁苑宫殿名。

岛史　（明）骆亦至撰　存目载《金门志·艺文志》

骆亦至，失其籍贯，其阅历见第四章第一节"三、诗歌"之《骆亦至诗集》。卢若腾序《骆亦至诗集》云："亦至不惟能诗，且有良史才。近修《岛史》，于诸君子各有论断。"其所称"诸君子"，当指当时退守厦门的南明抗清义士。

复书（二卷）（明）纪文畴撰　存目载《同安县志·艺文》

纪文畴，里居、阅历见第四章第一节"二、文集、综合集"之《纪太史诗文集》。此书共五篇，曰明历数、曰收人心、曰罗英彦、曰通文武、曰厚国势，皆时事也。有黄道周所撰《书后》，载《通志》，云："直与杜牧、陈亮拥綮争先，岂直在李华柏耆上下。世有揽英杰、报庙社者，此为囊锥儁于犀首也。"

圣安实录（十二卷）（明）纪文畴撰　存目载《厦门志·艺文略》

纪文畴尝从师黄道周，黄道周因其博学多才，荐于南明唐王，授中书舍人。后以陈燕翼荐，擢翰林院待诏，撰《圣安实录》。圣安系宏光庙号，此书乃记南明宏光朝史事。清人杨凤苞《南疆逸史跋》称："专纪福藩事者，则有……永历史臣《圣安实录》……"，并注："董丈希辂语予云：'《圣安实录》十二卷，昔从羊城故家见之，犹是当时进呈原本。前有敕撰旨一通、表一通、总裁纂修誊录衔名一通。尝录卷首数翻，入所见书目中，是时偶忘借钞'。丈今下世已十年矣，子传先卒，伯道无儿，遗书零落可叹。"

粤滇纪略　（明）阮旻锡撰　存目载《同安县志·艺文》

阮旻锡，里居、阅历见第二章第一节"二、儒学"之《易阙疑》。查，阮旻锡于南明永历三年（1649年）曾赴广东参加乡试，以后未见其游历粤、滇之史料，故此书应不是其个人游记,或记当时南明永历朝于粤、滇活动之史略。生平不详的无锡九峰居士,亦撰有同名作品一部,乃记南明永历帝之事,不知是否即此书?存疑。

汉书汇要 (清)陈世泽撰 存目载《同安县志·艺文》

陈世泽,里居、阅历见第四章第一节"三、诗歌"之《印江诗草》。

四川古代文化史 郑德坤著 华西大学博物馆民国三十五年(1946年)刊行,藏国家馆、福师大馆

郑德坤(1907—2001年),厦门鼓浪屿人。毕业于燕京大学。先后执教于厦门大学、华西协和大学、剑桥大学、香港中文大学。此书记述四川自史前至汉末的文化史。全书共12章,分别论述四川之史前文化、巴蜀始末、大石文化遗址、广汉文化、秦代之开发、版岩葬文化、汉代之政治与社会、汉代之建置、西南夷始末、交通与实业、汉墓调查、汉墓文化等内容,内附有秦代、西汉、东汉四川郡县图3张。

租界略史 新国民运动促进委员会厦门特别市分会编 厦门萃经堂印书馆民国三十二年(1943年)出版,藏厦门市馆

此书论述租界形成的成因与收回的经过,共7个章节,分别为绪论、租借地略史、租界略史、租界与主权、租界的罪恶、收回租界的经过、售后应努力的方针。该书成书于日伪时期,故其绪论中有为伪政府涂脂抹粉的言论。

缅甸史纲 徐赞周著 仰光鼎新书局民国二十年(1931年)出版

徐赞周(1873—1929年),原名根藤,号益广,同安嘉禾里徐厝(今属厦门湖里区)人。清光绪十七年(1891年)南渡缅甸仰光谋生。光绪三十四年(1908年)在缅甸加入中国同盟会,任缅甸分会主盟人,办《光华报》鼓动革命,发动华侨捐款支持革命。临时大总统孙中山特颁授旌义状表彰。辛亥革命后专心经商。

三、地方志

(成化)同安县志 (明)张逊主修,陈舒总纂 存目载《同安县志·艺文》

此志亦称《大同志》,为明成化十四年(1478年)县尹张逊主修,由龙溪贡生陈舒总纂,开同安修志之先河。其称为"大同"者,即唐贞观中曾于同安置大同场,又宋时亦有大同驿,乃从古名也。全志分为山川、土宙、生产、庶物、人为、庶事六卷,卷首有陈舒之序,详述各卷内容及编修目的。已佚,嘉庆《同安县志》卷之三十载有旧序。

(正德)同安县志 (明)刘节续修 存目载《同安县志·艺文》

此志为明正德元年(1506年)知县李彰聘请刘节续修。刘乃集乡贤马銮洎、

叶荡、李煌等，取旧志而考订之，册其繁乱、正其疑误、补其遗缺，并以张逊修县志，遗逸不载朱子《大同集》为憾，将是集冠以首，以《同安志》附于其后。刘节作序曰："是志一出，四方人士睹文公之书，足以资其学问之功；想山川之胜，足以偿其游观之志。寮寀嗣至揆前政之遗，爰必加勉以俪其休；邑人子弟仰先达之令，闻必奋励以世其美。将风俗益厚、人材益盛、吏治益善，其有裨于风化也。"已佚，嘉庆《同安县志》卷之三十载有旧序。

（隆庆）同安县志（十卷）（明）刘存德续修　存目载《同安县志·艺文》

是志为明隆庆二年（1568年）县令郧一相礼聘刘存德暨庠士二三人重修，因旧志之已载、考前人所未备，订为二册，列为十卷，包含建置表、秩统纪、次舍纪、表镇纪、职贡纪、防围纪、人文纪及典礼、土产杂记等。是志有刑部尚书晋江黄光升等撰序。已佚，嘉庆《同安县志》卷之三十载有旧序。

（嘉靖）永春县志（九卷）（明）林希元编修　嘉靖五年（1526年）刻本（残卷），存上海馆；朱格钞本四册，藏台北"中央馆"

此书系明嘉靖四年（1525年）林希元闲赋在家时，应永春知州柴镰之聘，为永春编纂之方志。有林希元自序和冯贞群撰跋。

南京大理寺志（七卷）（明）林希元编修　嘉靖年刻本，藏天一阁

林希元进士及第，初授南京大理寺评事。世宗登基，上《新政八要》疏，倡行新政，迁南京大理寺正。后以忤寺卿论谪，贬为泗州判官。嘉靖十四年（1535年），以政绩迁南京大理寺丞。此书乃其职大理寺时主持纂修。

钦州志（九卷）拾遗（一卷）（明）林希元纂修　明嘉靖十八年（1539年）刻本四册，藏天一阁

明嘉靖十五年（1536年），林希元贬知钦州，到职后即筹备编志，嘉靖十七年成书，十八年刻印。是志分二十八目，记载钦州及领县之沿革、星野、疆域、坊都、山川、形胜、气候、风俗、物产、田赋、土贡、力役、职官、官署、学校、科贡、祠庙、兵防、墟埠、铺舍、津梁、坊表、恤政、寺观、陵墓、古迹、名宦、人物及拾遗等史料。其记载社会生活和经济物产尤为翔实，系现存最早之钦州志。

沧海纪遗（十卷）（明）洪受撰　有金门战地政务委员会1967年印本；金门县文献委员会1969年重印本；台湾古籍出版社2002年吴岛校释本

洪受，字凤明，同安凤山（今属金门）人。明嘉靖四十四年（1565年）以岁贡历国子监助教，改夔州通判。一生潜心经学研究。此书成于隆庆二年（1568年），翔实记载明朝时代浯洲（今金门）的形貌、风土、人物、物产、灾变等，为日后各版本金门地方志之重要蓝本。全书分为十纪：一为山川、二为建置、三为人材、四为风俗、五为宾祀、六为本业、七为物产、八为灾变、九为词翰、十为杂记，而图列于后。厥后，又有贡生黄镝纪明末"科目"以补之。洪受自

序云："余读邑旧志，遗逸者甚多，每扼腕而不能自已，乃知古人沧海遗珠之恨，良有以也。作于前者，固后人兴起之攸资，而遏佚前光，亦岂山川炳灵之意哉！"

九日山志 （明）黄文焰撰　民国红兰馆抄本，藏泉州市馆

黄文焰，里居、阅历见第二章第一节"二、儒学"之《两孝经》。九日山在南安市丰州镇金鸡村，"邑人以重九日登高于此；或谓有道人自言，吾从戴云山来此，九日乃到，故名"。此书乃黄文焰为风景名胜之区的九日山编纂之专志，记山水奇景、古迹文物等自然与人文风貌。

南台志 （明）黄文焰撰　存目载《同安县志·艺文》

南台，古县名，治今福建省福清市。据《钦定续通典·卷一百二十三·州郡三》称："晋天福初，闽改福清县为南台县"，故此书或为福清县志。因该书未见，且作一说。

（万历）同安县志（十卷） （明）蔡献臣续修　存目载《同安县志·艺文》

本志为明万历四十年（1612年），知县李春开礼聘蔡献臣集邑文学林熑卿、苏庸谨、蔡大腾等，继旧志而继修之。为十七目，包括舆地、规制、水利、官守、防圉、典礼、赋役、物产、风俗、官师、人物、广善、祥异、丛祠、释道、宅墓、盗贼以及征文。有序二篇，乃李春开、蔡献臣所撰。李春开序谓："志中所载每一事而着一论，每一论而有深长思，真若春秋之严，可以劝戒一时、摩厉百代。"已佚，《嘉庆同安县志》卷之三十载有旧序。

衢州府志（十六卷）图（一卷） （明）林应翔、叶秉敬纂修　天启二年（1622年）刻本，未见；明天启二年刻崇祯六年增修本一册，藏国家馆、北大馆、浙江省馆

林应翔，里居、阅历见第四章第一节"二、文集、综合集"之《止岩存稿》。此书乃其守衢州时主持纂修的一部地方志，成书于明天启二年（1622年）。

（康熙）同安县志（十二卷首一卷） （清）朱奇珍修，叶心朝纂　清康熙五十二年（1713年）刻本，藏首都馆

朱奇珍，字平斋，号慕亭，长沙人。清康熙三十五年（1696年）举人，康熙五十一年（1712年）授同安县知县。下车首询县志，乃知旧志该版早已不存，因而令属吏向各藏家借抄旧志。越年抄毕后，集名宿内阁中书舍人叶心朝等人纂辑成编，捐俸召匠付梓。本志书名又作《大同志》，乃袭古名，为今尚存世且年代最远的同安县志。其包含卷首和内文计12卷，有舆地志、规制志、水利志、官守志、物产志、人物志、征文志等21篇分志，记述了同安县的建制、山川、水利、物产、风俗、人物等。

齐河县志（十卷首一卷） （清）上官有仪主修，许琰撰　清乾隆元年（1736年）刊本，藏台湾傅斯年纪念图书馆；乾隆二年（1737年）刻本六册，藏中科院馆；清同治五年（1866年）刻本，藏上海馆

许琰，里居、阅历见第四章第一节"二、文集、综合集"之《瑶州文集》。此志乃雍正十二年（1734年）许琰往齐河县访其友、时任知县的上官有仪时，应邀编修。齐河县位于山东省西部区域，金天会八年（1130年）置县，因城临济水，济水又名齐水，故名。

茌平县志 （清）许琰撰 存目载《金门志》

茌平，位于山东省西部。公元前221年置县，因县境在茌山之平陆，故名。今为聊城市所辖。民国《同安县志》作《崔平县志》，误。

南海普陀山志（二十卷首一卷） （清）许琰撰 清乾隆四年（1739年）刊本，藏台湾傅斯年纪念图书馆；乾隆五年（1740年）重修刻本，藏上海馆；续修四库全书本，入史部地理类

清乾隆四年（1739年），许琰浮游观览至定海，适普陀寺住持僧法泽谋志乘之修者，以重修普陀山志，定海知县黄应熊遂聘请许琰往山中，取前志重订。许琰校阅月余，删繁乱、补缺略，校辑既成，得卷二十目，题为《重修南海普陀山志》，于乾隆五年刊行。黄应熊序称："其卷一山之灵胜具焉，两寺之规制详焉，不蔓不支，弗诞弗陋。"另《小方壶斋舆地丛钞》第十八册，亦收有许琰所撰《普陀纪胜》一卷，其内容实是取自许琰所修《普陀山志》中记载当地名胜的部分，并非另是一书。

来凤县志（十二卷） （清）林翼池修 民国二十二年（1933年）北平图书馆抄本二册，藏国家馆。故宫珍本丛刊本；湖北府州县志第143种

林翼池，里居、阅历见第二章第一节"二、儒家"之《尚书捷解》。乾隆二十年（1755年），林翼池知来凤县，时邑未有志，捐俸纂修，独出手裁。林翼池知来凤县之第二年，因察省农情而游览了县南二十里处的卯峒洞，归后作《卯峒记》一篇记之。该文尚存，收入《小方壶斋舆地丛抄》第四帙。有书目曾作为一书著录，记为一卷，误。

（乾隆）同安县志（三十卷首一卷） （清）吴镛修，陶元藻等纂 清乾隆三十二年（1767年）刻本十四册，藏厦门市馆、上海馆（残本）

吴镛，浙江钱塘人。清乾隆三十二年（1767年）任同安知县，感县志"废坠而不修者，盖五十有六年"，遂聘请浙江名士陶元藻任总纂，陈迈和、张允和、陈联榜和薛起凤等人任分修，并亲自参与，于乾隆三十二年始，越明年修毕付梓，其记事亦止于是年。全书三十卷首一卷，正文分三十五目，共三十八万字。该志上承康熙宋志，下续雍乾之近事，补旧志之缺，订前志之讹，且增加星野、古迹、海防、典礼、外纪等目，体例益臻完备。卷前绘有城池、山海等六图。其"金门海防图"及"厦门海防图"二幅均具体描绘炮台、兵营布置的地点及方位。凡例中载明各部分纂辑者具体负责之门目，与一般志书仅在志前统列纂修姓氏有所不同。"征抚"目载邑中征战平乱之事，尤以明嘉靖三十六年（1557年）至

隆庆三年（1569年）官兵平定倭寇之史实，及明崇祯年间郑成功在厦门同安活动之经历为珍贵。"人物"目记自五代后唐天成四年（929年）起至清乾隆间官宦士子共347人。"艺文"目先登书目，而词章亦选载入，奏疏、条陈、时事包举宏远，不以方隅限之。"旧志小引"及"旧序录"有各朝所修志书之序言，还有隆庆、万历、康熙诸志各门目之小序，其存留文献，颇具价值。

鹭江志（五卷） （清）薛起凤主纂，黄名香、杨国春分修　抄本残卷计卷一、卷三及附录，藏荷兰莱顿大学汉学院图书馆；刻本残存"卷三"一册，藏南京馆

薛起凤，里居、阅历见第四章第一节"三、诗歌"之《梧山草》；黄名香，字兰友，同安嘉禾里张厝保人，喜诗赋；杨国春，竹径人。此志始修于乾隆三十一年（1766年），于乾隆三十四年开刻，分门三十，订卷为四，凡厦门山川城郭、风土人物、学校典章之设，巡守防御之制，以及创建源流、盛衰沿革之故，无不一一备载。志成，曾朝英汇集《八景图诗》《艺文补遗》附之，其版心刻"卷五"字样，故有五卷之说。志前有蓝应元、廖飞鹏之序，志末有曾朝英之跋。廖飞鹏序赞曰："余披读之下，见其分门序事，井井有条，不觉欣然慰曰：快哉此书。今而后，凡穷陬僻壤之士，携一卷入深山，皆得时时览夫海岛雄观。而不但此也，鹭岛自海氛而后，沧桑一变，故老传闻间，不无舛错，即生长于斯土者，又岂能尽悉其源委。薛君此书一出，始可了然于心目之间，则其有功于吾桑梓之地也，岂浅鲜哉。"此书国内已佚，20世纪80年代初，荷兰归侨陈增唯曾复印赠厦大馆收藏；1986年，厦大历史系林仁川教授复印残卷携归，由江林宣、李熙泰整理，鹭江出版社出版。

马巷厅志（十八卷首一卷） （清）万友正撰　清乾隆四十二年（1777年）刻本，已佚；光绪九年（1883年）丁惠深刻本，藏厦门市馆、北大馆；光绪十九年（1893年）黄家鼎校补刻本，藏福建省馆、福师大馆、国家馆；有中国方志丛书本

万友正，字瑞友，阿迷（今云南开远）人。清雍正元年（1723年）举人。乾隆三十九年（1774年），割同安县之民安里（含今马巷、内厝等）、翔凤里（含今金门、大嶝、新店等）及同禾里（含今洪塘等）五至七都而设马巷厅，置通判。乾隆四十年，万友正任马巷通判，创修《马巷厅志》，于乾隆四十二年（1777年）付梓。原版藏舫山书院，为兵燹所毁。光绪九年（1883年），广东丰顺人、监生丁惠深再任马巷通判，于次年据万本翻刻《马巷厅志》，版仍藏舫山书院。然久废刷印，间多霉烂。光绪十九年（1893年），时任通判黄家鼎以旧版校补重刊。此书卷首为目录、凡例、全图；卷一为星野气候、建置沿革、都里形胜；卷二为山川；卷三为水利；卷四为赋役，附户口、积贮、社谷、经费、递铺；卷五为船政，附盐政；卷六为学校，附书籍；卷七为海防；卷八为军制，附师旅；卷九为官署；卷十为庙宇，附古迹；卷十一为风俗，附祥灾；卷十二为物产；卷十三

为职官；卷十四为选举、贡生、捐职、武阶、封荫；卷十五为人物，附乡宾、方技；卷十六为烈女；卷十七为艺文；卷十八为杂记。丁惠深刻本有万友正初刊跋、丁惠深之重刊序及三董事之重刻后序。黄家鼎校补本增其校补序和附录序两篇，并增附录三卷，上卷录诸钜公所撰碑文传记及志传数首；中卷专录厅辖诸先贤诗文，并有关辖内山川掌故诸作；下卷附通判题名，记书院、育婴堂、节烈祠各碑记、章程暨马巷、金门两祠内供奉节孝牌位姓名。是志篇目具备，史料齐全，可征文传信，足资地方史实之考证。

（嘉庆）同安县志（三十卷首一卷）（清）吴堂修，刘光鼎等纂　清嘉庆三年（1798年）刻本，藏福建省馆；光绪十一年（1885年）朱承烈重刊本，藏福建省馆、福师大馆、上海馆、中科院馆、辽宁省馆、南京馆、国家馆；民国八年（1919年）高梅仙补刊本，藏厦门市馆。

吴堂，江苏武进人，举人出身。清嘉庆三年代理同安知县。此志系嘉庆三年吴堂续乾隆《同安县志》而修，记述颇为详备。卷一为建置沿革，卷二为疆域、城池，卷三为山川、水利，卷四为都图，卷五为田赋，卷六为学校、典礼，卷七为兵制，卷八为海防，卷九为征抚，卷十为坛庙、寺观，卷十一为公署、驿传，卷十二为古迹、坊表，卷十三为灾祥、恤政，卷十四为风俗、物产，卷十五与十六为职官，卷十七与十八为选举，卷十九为名宦，卷二十至二十六为人物，卷二十七至二十九为艺文，卷三十为外纪、旧序等。卷首列有纂修人姓氏以及凡例、图。书前有嘉庆三年兴泉永兵道备巴哈布之序和吴堂自序，述修志经过，重刊本和补刊本还增朱承烈、高梅仙等人之序。

金门志（十六卷）（清）林焜熿纂、林豪续纂　清同治十二年（1873年）续修刊本，藏北大馆；光绪八年（1882年）浯江书院刻本，藏厦门市馆、福建省馆、上海馆、安徽省馆；民国间抄本，藏厦大馆、福师大、北师大馆；台湾文献丛刊本，为第八十种。

林焜熿，里居、阅历见第四章第一节"二、文集、综合集"之《竹畦诗文抄》。林豪，林焜熿之子，里居、阅历见第四章第一节"二、文集、综合集"之《诵清堂诗文集》。道光十年至十二年（1830—1832年），林焜熿从周凯分纂《厦门志》。而后自任采访并搜讨志籍，撰《金门志》，阅时二年，于道光十六年（1836年）完成，然迟未开雕。迄至同治间，其子林豪承父业，因续而修之。后经傅炳煌删订，至光绪八年始付梓。此书体例一如《厦门志》，首列金门图，卷一皇言录、卷二分域略、卷三赋税考、卷四规制志、卷五兵防志、卷六职官表、卷七名宦列传、卷八选举表、卷九至卷十二人物列传、卷十三列女传、卷十四艺文志、卷十五风俗记、卷十六旧事志。卷首有周凯、高澍然、章倬标、洪曜离之序。章倬标序中略述编纂经过，曰："林巽甫明经，积学士也。辑《金门志》若干卷，条分缕析，粲若列眉。其于港汊沙汕及海防、兵制各议，更为详悉。周芸皋观察、高雨农山长各为制序，将开雕而未果也。卓人孝廉，善读父书，续而成之。癸酉岁，刘秀岭总戎协镇斯土，清晏之秋，讲求文教，遂与郭午桥二尹洎诸绅士将谋付梓。而以稿请订于傅雪湖中翰，剪芜删蔓，存十之七焉，其书益简而赅、详而核。异日与《厦门志》相辅而行，有心洋政者，亦可备指南之一助云尔。"

浯洲见闻录（四卷） （清）林焜熿撰　存目载《同安县志·艺文》

此书以笔记小说体，对金门旧事载之甚多，有转引论述，亦有个人创发，于其所编纂之《金门志》中转引极多，乃一丰富的金门史料。

鹭江志略（一卷） （清）失姓氏　存目载《厦门志·艺文略》

作者不明，其纂修应早于清道光十二年（1832年）纂修之《厦门志》。此书内容无从考察，依书名推测，应为厦门之地方志书。查《鹭江志》卷三"流寓"之人物志略，注明采自《厦门志略》，是其之同书异名，抑或各为一书，存疑。

厦门志（十六卷） （清）周凯撰　清道光十九年（1839年）玉屏书院刻本十二册，藏厦门市馆、厦大馆、泉州市馆、福师大馆、人大馆、中科院馆、国家馆；民国二十年（1931年）厦门玉紫财产管委会重印本，藏厦门市馆、厦大馆、福建省馆、福师大馆；福建省地方志丛刊本；中国方志丛书本；台湾文献丛刊本

周凯，里居、阅历见第四章第一节"二、文集、综合集"之《内自讼斋文集》。周凯任兴泉永兵备道时，适重修《福建通志》，奉檄采访，因乘时纂修此志，成于道光十二年（1832年），因周凯调台湾，未及刊行。迄道光十九年，周凯卒于官已两载，始由泉厦文武官员捐款、吕世宜等校对，方得刊行。此书列图、略、考、表、传、记总目六，分隶各卷。卷一为图载，卷二为分域略，卷三为兵制考，卷四为防海略，卷五为船政略，卷六为台运略；卷七为关赋略，卷八为番市略，卷九为艺文略，卷十为职官表，卷十一为选举表，卷十二至十三为列传，卷十四为列女传，卷十五为风俗记，卷十六为旧事志。书末有附载二篇，一为"福建台湾道周公墓志铭"，一为"公祭周芸皋先生文"。

淡水厅志（十六卷） （清）林豪撰、杨浚重修　台湾文献丛刊本，为第172种

淡水厅设治于清雍正元年（1723年）。嘉庆十四年（1809年），开台进士郑用锡始修《淡水厅志稿》二卷，未刊，称"郑稿"。同治六年（1867年），淡水厅同知严金清以该厅不能无志，聘金门举人、清末台湾修志专家林豪以郑稿为本续纂，成稿十五卷，称为"严稿"，亦未付梓。同治九年（1870年），陈培桂任淡水同知，延揽侯官县举人杨浚为总纂，以"严稿"为蓝本，再参酌"郑稿"和新采资料进行重修。历时十月书成，又经黎兆棠和陈培桂删订，成定本十六卷，同治十年（1871年）刊行。该志阙误不少，故刊行之后，林豪曾撰《淡水厅志订谬》一篇加以纠弹。

澎湖厅志（十五卷首一卷）（清）林豪纂　抄本十册藏中科院馆；抄本十六册藏南京馆；台湾文献汇刊本，为第五辑第五册，据福建师大馆藏稿本影印

此书乃光绪初年林豪执教澎湖文石书院时编纂之澎湖第一部厅志，荟萃乾隆三十二年（1767年）澎湖厅通判胡建伟修的《澎湖纪略》及道光八年（1828年）通判蒋镛续修《纪略续编》之史料总辑而成，由通判蔡麟祥监修，光绪八年（1882年）完稿。所载海山之盛、井里之美、民俗之醇、物产之异，并其一方治乱之迹，了然于中。凡台湾发生之重大战事，远自明末外夷侵台，近至朱一贵、林爽文、蔡牵、戴潮春事，皆有翔实记载，颇具参考价值。

光绪甲午新修台湾澎湖志（十四卷）（清）林豪纂　台湾方志集成本，入第一辑；台湾方志汇编本，为第七册；台湾文献史料丛刊本，入第一辑

此书乃清光绪十八年（1892年），台湾府议修台湾府志，着各县厅修志时，由澎湖通判潘文凤再次聘请林豪主持修订，于光绪二十年（1894年）完成。此本可与光绪八年稿本参照对比，从中可推见《澎湖厅志》编修之演变过程。

（民国）同安县志　林学增等修，吴锡璜纂　民国十八年（1929年）刊行

此书由民国十五年（1926年）就任同安县长的林学增聘请吴锡璜编纂。全书分疆域沿革、纬候、大事记等四十二卷，门类齐全、资料丰富，保存了大量古代、近代直至民国初期同安的社会人文资料和地方风物轶事。卷首有国民革命军独立四师师长张贞、团长王澄沄和林学增、许荣所作之序，并附有全县方括图、城市图，以及文庙、县公署、中山公园、县立双溪小学校舍等平面图。书后有吴锡璜之后序。

（民国）厦门市志　厦门市文献委员会编修　稿本

民国年间，厦门曾经三次组建编志机构编纂厦门地方志。由于种种原因，均无结果。1948年，聘苏逸云为总纂、李禧等为分纂，进行第四次修志，历一年半时间完成初稿共35卷，未及修定却停顿，稿本存于市图书馆。后经厦门市地方志编纂委员会办公室整理，鹭江出版社于1996年正式出版。

厦门方志　[美]毕腓力著　中国基督教卫理公会出版社1909年1版、1912年2版

毕腓力，基督教美国归正教会传教士，1885年来华，在厦门传教，旋担任鼓浪屿寻源书院主理。1913年病逝，葬于鼓浪屿。此书又名《一个中国首次开埠港口的历史与事实》，为英文版，全面介绍厦门及闽南地区近百年前社会政治、经济、文化以及民风、物产等。

四、地方史料

靖海纪略（四卷）（明）曹履泰撰　别下斋丛书本，为第七种；丛书集成初

编本，入史地类；国学文库本；台湾文献丛刊本，为第三十三种；明清史料汇编本，为第二十五号

曹履泰（？—1648年），字大来，号方城，浙江盐官（今海盐）人。明天启五年（1625年）进士，授同安知县。时郑芝龙聚众出没海岛，曹履泰严保甲、练乡兵，防郑芝龙。崇祯元年，郑芝龙从抚官府，奉命进剿其昔日同党李魁奇、钟斌等，曹履泰亲预其事，用战、守、间谍、招安、解散、诱购等办法擒之。此书乃曹履泰治同五年，取其与大府论海寇及晓谕约束之文编撰而成。其前三卷多为书札，止于崇祯三年；后一卷专属文移，包括申详示谕等件，另为起讫。书前有倪元璐、彭期生二序。倪元璐序云："天启、崇祯之间，置一曹方城于闽同，而闽同大治。当是之时，海寇飙作；压城，城不摧。方其处之，有如宿将。纶扇棋韦，迭御堂皇，转筹五年，剿抚俱效。今读其言，画地聚米，应镞投捩，守距环脱，驱铃役符。夫以韩白在坛，留泌居幄，即多秘计，要其凿然如斯而已。"

岛上纪事（八卷）（明）杨期演撰 存目载《同安县志·艺文》

杨期演，里居、阅历见第二章第一节"二、儒学"之《易经管见》。曾被隆武帝召为兵部主事。隆武兵败，归居厦门。金厦两岛破，隐迹后溪村。此书当记明郑时期金厦两岛之事。

广史（二卷）（明）纪许国撰 明崇祯十五年（1642年）刻本二册，藏国家馆

纪许国，里居、阅历见第二章第一节"二、儒学"之《焦书》。

先王实录（明）杨英撰 民间传抄本；民国二十四年（1935年）前国立中央研究院历史语言研究所据抄本影印，改名《延平王户官杨英从征实录》；续修四库全书本，入史部杂史类；台湾文献丛刊本，为第三十二种；有八闽文献丛刊本

杨英，明末人，籍贯不详。南明永历三年（1649年）九月，以策献于郑成功，授官户科，随成功征战，无役不从，转粮输饷，颇著劳绩。郑成功收复台湾后，上务农策，开发台湾有功。永历二十八年（1674年），擢任新置户官，旋随郑经东征，常驻厦门，永历三十四年（1680年）东撤，卒于台湾。此书凭据郑氏六官案卷材料，又以本人之耳闻目睹所记，叙述郑成功亲自指挥之各次重要战役，举凡战前策划部署、战争具体过程、战后整编赏罚，旁及平时备战、训练与人事变动等，无不翔实，尤其财政之记载最为详尽，乃研究郑成功之重要史料。此书约著于永历二十八年至三十五年（1681年）之间，福建民间代有传抄，然清季多讳，未见著录。民国十六年（1927年），秦望山得之于延平故里福建南安县石井乡，虫蛀霉烂，多有缺文，首尾两页尤甚，书题四字，仅"录"字原文隐约可辨。民国二十年（1931年），国立中央研究院历史语言研究所影印行世，朱希祖作序，并以"此书体例不以延平一生事迹为始末，而以杨英从征目睹为

标准"，因改题名为《延平王户官杨英从征实录》。1961年，丁乃扬与陈游在南安石井乡又发现此书另一传抄残本，系用1922年石井公立鳌峰小学记事簿抄录，字迹潦草，霉烂不堪，所记仅至永乐九年四月为止。虽篇幅不及全书之半，然影印本中诸多脱落残缺之字，却由此可查出大半，颇有助于此书之校订。厦门大学郑成功史料编辑委员会因于1962年整理校勘，以前国立中央研究院历史语言研究所本影印本为底，对鳌峰小学抄本进行互校。后因"文化大革命"中断。1980年，陈碧笙以此校勘为基础进行补校、加注，并以"朱氏改题材之名，既嫌冗长，特与内容相较，亦似未尽确实"之由，恢复《先王实录》原名。

海上见闻录定本（二卷）（明）阮旻锡撰　直行墨写精抄本，署名"鹭岛遗衲梦庵"，藏厦门郑成功纪念馆；抄本，署名"鹭岛道人梦庵"，文后附史得威之《维扬殉节纪略》续修四库全书本，入史部杂史类

阮旻锡，里居、阅历见第二章第一节"二、儒学"之《易阙疑》。此书采用依年月顺序记事体例，卷一记事起自明崇祯十七年（1644年），迄于清康熙元年（1662年），专记郑成功史事；卷二记事起自康熙二年（1663年），迄于康熙二十二年（1683年），专记郑经、郑克塽两代史事。定稿时间在康熙四十五年（1706年）。阮旻锡自序云："海山破后，弃家行遁，奔走四方，留滞燕云二十余载，因稍记忆，草就《海上见闻录》一册。曰见，则目所亲睹；曰闻，则就其人目所亲睹者而闻之。或得诸退将宿卒，或得诸故老遗民，俱确然有据。但其间事有缺漏，而岁月或失于后先，尚当补订，是以藏之箧笥，未取示人。庚戌春，老归旧里，意当时同事诸君必有所记录，而耆旧凋残，无可寻访。搜求数载乃得先藩户官都事杨英所记《海上实录》二本，至先藩壬寅年止，文字猥杂，固不足论，而铺排失实，即余所亲见数事已自不同，他可知矣。然其以日系月，细事偏详，不可废也。又得《海记》一本，不著作者姓名。但妄仿纲目，挂一漏十，谬处亦多。然记嗣藩癸卯以后事颇悉，似是海上幕客曾住台湾者所作，亦可并存也。余因取旧本，附以新闻，合二编而重订之，名曰《海上见闻录定本》，以前录未定之书，今始定也。"又云："言虽无文，然据事直书，使两岛三十七年之故实，了然在目，不至久后湮灭。"

海上见闻录（二卷）（明）阮旻锡撰　商务印书馆民国十年（1921年）铅印线装本；痛史丛书本，为第十四种；台湾文献丛刊本，为第二十四种；台湾文献史料丛刊，入第六辑

此书系《海上见闻录定本》之初稿本，乃阮旻锡留滞燕云期间所著。商务印书馆校者跋称："是书为金山钱鲈芗先生熙泰所藏，向无刊本。先生后裔选之茂才假录副，俾付印刷，藉以流传。全书行款悉仍原式，间有疑义，亦不敢窜易，所以存旧也。"

闽海纪要（二卷）（清）夏琳撰　清抄本，藏福建省馆、福师大馆、北大馆；

民国十四年（1925年）台湾雅堂丛刊本；台湾文献丛刊本，为第十一种；四库禁毁书丛刊本，为史部第三十五种；台湾历史文献丛刊本

夏琳，字元斌，清泉南人。泉南当指泉州南安，系与郑成功同里。是书以编年体记郑芝龙、郑成功、郑经三世之史事，自南明隆武元年（1645年）"唐王聿键称帝于福州"始至永历三十七年（1683年）"东宁降议成，明宁靖王朱术桂死之"止，陈述甚详。其所述台湾郑氏史事及若干关系文书多为他书所无，或为夏琳亲历目睹之记录。就形式而言，尚系以清历纪年，仅附明朔，称南明诸帝为"明主"，在郑成功官爵上冠以"明革官"，显属以清为主体、以明为客体，不及同为夏琳所撰《海纪辑要》以明朔纪所者之表里一致。

海纪辑要（三卷）（清）夏琳撰　抄本，藏台湾"中央研究院"历史语言研究所；台湾文献丛刊本，为第二十二种

此书体裁、内容殆与《闽海纪要》同，为记述台湾郑氏史事。其卷一讫永历十六年（1662年）郑成功之殁；卷二讫永历三十四年（1680年）郑经殁之前一年；卷三讫郑克塽降清，三世纪事，划分鳌然，较《闽海纪要》以篇幅相若为分卷标准者有别。就形式而言，以明朔纪年，不另注清历，称郑成功为"大将军"或"赐姓"，清朝人物职衔上则冠以"清"字，与《闽海纪要》比较，主客易体，表里一致，并与其题名相应，诚实"海上"之"纪"。为此推测，此书或为正本，而《闽海纪要》为避嫌而别出。此外，尚有《闽海纪略》一卷，不著撰人。其所记与《海纪辑要》及《闽海纪要》相似，疑同为夏琳所撰。该书前半卷称《闽海纪略》，后半卷称《后纪略》。前部分较《辑要》及《纪要》为简；后部分较《辑要》及《纪要》为繁。而郑氏将亡前八公子温、九公子柔家吕叛离迹象，尤为他书所未见。是书有清抄本藏南京馆，另有台湾文献丛刊本，为第二十三种。

台湾外纪（三十卷）（清）江日升撰　清康熙四十三年（1704年）求无不获斋刻本，藏厦大馆、福建省馆、中科院馆；清康熙五十二年（1713年）求无不获斋刊木活字本十册，藏国家馆、台大馆；清康熙间求无不获斋刊小型本作十卷十册，藏国家馆、台北馆；清乾隆间求无不获斋活字本十册，藏中大馆；清光绪四年（1878年）上海申报馆铅印本六册，藏国家馆、人大馆；上海均益图书公司铅印国学丛书本作上下两卷，藏台北馆；上海进步书局石印笔记小说大观本，藏国家馆、人大馆、台大馆；台湾世界文库四部刊要本；台湾文献丛刊本，为第六十种，系据七个本子合校而成；此外，尚有多种异本旧抄

江日升，字东旭，福建惠安前型人，本姓林，以江美鳌为寄父，改姓江，称同安高浦人，清康熙五十二年（1713年）恩科解元。其父美鳌初从郑彩，继而与郑芝龙福州共事，署龙骧将军印，后迄为郑成功部将，至康熙十六年（1677年）"改帜投诚"清廷。日升幼从父游宦岭表，对台湾郑氏事耳熟能详。康熙二十三年（1684年）曾渡海赴台，吊郑氏遗墟。归撰《台湾外纪》，用章回小

说体，记述郑氏四代兴衰遗事，始于天启元年（1621年）郑芝龙起事，迄康熙二十二年（1683年）郑克塽归顺，书成于康熙四十三年（1704年）。此书卷首有江日升自序及陈祈永、彭一楷、郑应发、余世谦、吴存忠等人之序。又有《凡例》十一则，《郑氏应谶五代记》《平澎台诸将姓氏》等文并载。其《凡例》末则说明就当日亲身目睹者外，并于"明纪""本末""编年""遗闻"以及"名臣奏疏""平南实录"诸书广为搜辑。陈祈永序云："予读其书，起明季拥从，纪我朝归顺，垂六十年。其间岛屿之阻绝、城垒之沿革、镇弁营将之忠义背逆，以至朝廷之征讨招徕、沿海之战征区画，靡不广罗穷搜，暸如指掌间。洵志乘之大观，班、马之伦匹也。"余世谦序云："《外志》一书，天直假东旭之笔，发明彼定位乾坤、因时显晦之意。据事直书而无猥谈琐语窜入其中，不致忠孝节烈、贤臣隐士，年久漂湮没。备采史氏，附光盛世，则凡耕耨于斯、聚族于斯、官守于斯，知其所自来。设置方略，毋放僻邪侈，弃本就末，受天时地利之厚泽；斯奠安利益，节用爱人，副朝廷命官致治之深仁。实纪事之正，有益风化，自当垂其不朽。"江日升尝著有《东平纪略》一书，未见著录。

名卿里中志　沧桑遗记　（清）蔡士哲撰　存目载《同安县志·艺文》

蔡士哲，里居、阅历见本章本节"二、文集、综合集"之《闻过堂集》。两书未见，当为地方史料。

东瀛纪事（二卷）　（清）林豪撰　光绪六年（1880年）小巢居阁刊本，藏福师大馆；台湾文献丛刊本，为第八种；台湾文献史料丛刊本，入第七辑

林豪，里居、阅历见本章本节"二、文集、综合集"之《诵清堂诗文集》。清同治元年（1862年），林豪赴台湾。时彰化戴潮春起事，淡水族人林占梅奉檄办团练，见而礼之，延主竹堑里第之潜园。及事平，游府治，因就见闻所及，撰写成书。此书分上、下二卷，凡十八篇。上卷有"戴逆倡乱""贼党陷彰化县""郡治筹防始末""鹿港防剿始末""北路防剿始末""大甲城守""嘉义城守""斗六门之陷""南路防剿始末"；下卷有"翁仔社屯军始末""逆首戴春潮伏诛""戆虎晟伏诛""余匪""灾祥"及"丛谈"上、下。唯"丛谈"下多撷拾掌故而与"戴案"无关。卷首有林豪自序和吴希潜之序。

岛居随录（十卷）　续录（十卷）　三录（十卷）　（清）杨浚辑　清光绪十三年（1887年）养云书屋刻本，藏中科院馆、南京馆（不全）；随录十卷养云书屋刻本，藏国家馆；光绪十三年（1887年）定崔姜室刻本，藏南京馆；续录十卷光绪十三年（1887年）定崔姜室刻本，藏国家馆；三录十卷稿本，藏福师大馆；光绪十三年（1887年）养云书屋刻本，藏泉州馆、福师大馆、上海馆；光绪十四年（1888年）瑞芝室刻本，藏国家馆；台湾文献汇刊本，为第五辑第十六册

杨浚，里居、阅历见第二章第二节"二、道教"之《四神志略》。此书内容繁杂，分门辑录，近似类书。其中三录十卷，除第十卷记述日本等国事外，其

余均为福建、台湾事迹。其卷一为潮信、风信,卷二至卷四为路程,记闽台两地来往路程及信仰崇拜诸事,卷五为记异姓乱宗事,卷六为岁时纪略,卷七为纪诞,卷八纪生,卷九为淡水洋案前稿,卷十为后汉书西南夷列传。而厦门之潮候,厦门至福州、漳州、铜山等地水陆里数,以及民间岁时风俗、信仰崇拜诸事记载详细。

明延平王台湾海国纪 余宗信编著 商务印书馆民国二十六年(1937年)出版,藏厦大馆

此书根据《明纪》《明史》等史书及《明季遗闻》《台湾外纪》等史料,以编年体形式编著郑成功建国海上、抗击异族的历史著作,成书于"九一八事变"之后日寇觊觎华北之时。卷首有作者写于民国二十四年(1935年)的自序,叙述编撰目的,即:"世有忧国之士,读此书而感奋,群起谋国,誓扫胡尘,是不只编者之幸,抑亦民族之幸也已。"

闽台汉奸罪行纪实 第三战区金厦汉奸案件处理委员会编 江声文化出版社民国三十六年(1947年)出版,藏厦门市馆、厦大馆

民国三十四年(1945年)10月,厦门收复,成立第三战区金厦汉奸案件处理委员会开展肃奸工作,清查金门、厦门两地投靠日寇之汉奸罪行。此书刊载李思贤等166名金厦汉奸罪行,并收入《"五月红榴""千秋碧血"》《魔宫纵火玉石俱焚》两篇关于"兆和惨案"的报道和《抗敌志士壮烈牺牲史略》《敌伪就歼记》以及经办汉奸案件情况、司法机关判奸经过等文。前有主持金厦肃奸的沈觐康等人之序,后有编者余云义的编后记。

五、华侨史、民族史

南洋华侨革命史略 陈宗山著 上海中华印刷所民国十九年(1930年)出版,藏厦门市馆、上海馆

陈宗山,马来亚华侨,1919年任马来亚槟榔屿《光华日报》主笔。此书从各个角度阐述南洋华侨在中国民主革命中的功绩,包括革命运动中之书报社、孙先生与南洋、华侨在革命中的实际工作、华侨中之烈士、革命声中巨款之接济、言论鼓吹之成绩、侨党中之主要人物等内容。

晚晴园与中国革命史略 陈楚楠著 民国二十九年(1940年)刊行;《中华民国开国五十年文献》本,为第一编第十一册

陈楚楠(1884—1971年),原名连材,厦门人,生于新加坡。清光绪三十二年(1906年)任中国同盟新加坡分会会长。辛亥革命后回国主持华侨联合会,历任孙中山大元帅府参议、福建省政府委员,后重返新加坡。晚晴园为孙中山在新加坡从事革命活动时的居所,是东南亚华人革命党的总基地。孙中山在此

成立中国同盟会新加坡分会，起草章程，并在此策划了黄冈起义、镇南关起义及河口起义。该屋后为主人张永福兄弟卖掉，1937年李光前等六人买回献给中华总商会重新修葺，于1940年元旦落成开幕。此书为陈楚楠当时发表的重要文献，回顾那一段革命历史。

陈新政遗集 陈新政著 民国十九年（1930年）线装铅印本，藏厦门市馆、厦大馆、福建省馆、国家馆

陈新政（1881—1924年），本名滥，又名文图，厦门岭兜人。19岁赴马来亚槟榔屿。1906年加入中国同盟会槟榔屿分会。为辛亥革命筹款数十万元经费。1910—1916年，相继在槟城、新加坡与厦门创办《光华日报》《国民日报》《民钟报》。1921年，被殖民当局驱逐出境，回厦门禾山兴办学校。后病逝泰国。此书为其遗作，包括"新政遗文""华侨革命史""哀思录"三部分。上册《新政遗文》，为陈新政之文集，共收杂文、游记79篇。正文前有孙科题书名，陈汉民、蔡元培、吴敬恒等人题词，陈少苏、王培孙、侯鸿鉴作序，陈宗山、傅振箕等人分别撰写的《陈新政传》；下册《华侨革命史》，为民国十年（1921年）陈新政在槟城阅书报社的演讲稿，回顾槟城阅书报社成立前后的情形，借资勉励诸位同志；《哀思录》，为南洋各地及闽南等各界人士与团体追悼陈新政的挽词，有陈宗山之序。

华侨革命小史 陈新政著 民国十年（1921年）刊行，藏厦门市馆

此书为作者在槟城阅书报社成立十三周年纪念活动的演述，讲述自成立槟城阅书报社、组织中华革命党至1921年间的华侨革命活动。故书名又题作《槟城阅书报社十三周年纪念》。

缅甸华侨革命史 徐赞周著 仰光鼎新书局民国十八年（1929年）出版

徐赞周，里居、阅历见本章本节"二、通史、断代史"之《缅甸史纲》。此书为缅甸华侨参与民主革命之纪实，分三章讲述三个时期：一是革命思想，即兴学传播革命思想；二是革命实践，包括建立同盟会，扩充会务，筹款捐助革命，返国参加革命；三是革命成功，包括因粮局成立、派员汇款接应内地等事迹。正文前有作者之序。

缅甸中国同盟会开国革命史（上下编） 徐赞周、庄银安主编 仰光鼎新书局民国二十一年（1932年）出版

庄银安（1855—1938年），字吉甫，号希复，同安祥露（今属厦门市集美区）人。少时赴缅甸。1908年组织中国同盟会缅甸分会，任会长。1909年创办《光华报》。辛亥革命时被推为南洋各埠中国同盟会总代表，回厦策动起义。民国成立后任厦门参事会议长、福建华侨公会会长。后不满时政辞职，重返仰光。晚年回乡。此书上编为同盟会档案资料，下编为徐赞周的《缅甸华侨革命史》。

中国民族史 林惠祥著 上海商务印书馆民国二十五年（1936年）出版，

藏厦门市馆、集美馆、厦大馆

林惠祥，里居、阅历见第二章第一节"四、哲学相关学科"之《神话论》。此书为作者的中国民族史研究专著，分上下两册。先阐述中国民族之分类和中国民族史之分期，后分章讨论汉族来源之华夏系、东夷系、荆吴系、百越系，满族来源之东胡系、肃慎系，回族来源之匈奴系、突厥系，藏族来源之氐羌系、藏系，以及自成一族的蒙古系、苗猺系、罗罗缅甸系、僰掸系和同化与他族的白种、黑种。各章由总论叙起，而后分节阐述诸系在各历史时期的发展变化。正文前有作者自序。此文曾被日本大石隆三、中村弘译作日文，于1939年在东京生活社出版，题作《支那民族史》。

台湾番族之原始文化 林惠祥编 国立中央研究院社会科学研究所民国十九年（1930年）刊行，1991年影印本藏厦门市馆、厦大馆、上海馆

此书分为3篇。上篇"番情概说"，分类叙述台湾番族的一般情况，包括生活状况、社会组织、馘首及战争、宗教、艺术、语言和智慧；中篇"标本图说"，对武器、衣服、货币及饰服、家具、艺术品、娱乐品、宗教及仪式品等10种标本说明其性质与形状，每种标本均配有若干附图；下篇"游踪纪要"，叙述其调查所经路程，调查及采集之手续，以及所历番社之特殊状况。书后有附录《中国古代所载台湾及其番族之沿革略考》。

猡猓标本图说 卢作孚采集、林惠祥编述 南京中央研究院社科研究所民国二十年（1931年）出版，藏厦大馆

此书为彝族种族略考及标本说明，内有标本图17帧。

六、考古、民俗

中国明器 郑德坤、沈维钧合著 北平哈佛燕京社民国二十二年（1933年）出版，藏厦大馆、上海馆

郑德坤，里居、阅历见本章本节"二、通史、断代史"之《四川古代文化史》。明器，即神灵之器，是陪葬于墓中供死者使用的器物。此书为中国学者研究明器的最早著述，论述了从仰韶文化到明清各时期明器的组合状况，风格特征，并从社会生活、宗教文化、工艺技术多方面探讨其成因。全书分12部分，除首尾两章为绪论与结论外，又分史前、三代、秦汉的明器，汉代明器的种类、风格与装饰，六朝、唐代明器的种类，唐代明器的特征，唐以后的明器等。书前有作者自序，书后附图片13种。

厦门大学文学院文化陈列所所藏中国明器图谱 郑德坤编著 厦门大学文学院民国二十四年（1935年）刊行，藏厦大馆

此书收入厦门大学文学院文化陈列所所藏的131种明器图片，按历史时代分

编，其中三代器1种、汉代器35种、六朝器11种、唐器84种。图前有《中国明器史略》及所载图片说明。书首有厦大林文庆校长的序和作者识言。

四川陶器入门（英文版） 郑德坤著 华西协和大学博物馆民国三十四年（1945年）刊行

是书未见，只见存目。

安溪唐墓发掘研究报告 庄为玑、包树棠撰 集美学校校董办公室民国二十九年（1940年）刊行；正中书局民国三十二年（1943年）出版，藏厦大馆、集美馆

庄为玑（1909—1991年），笔名沃若，字文山，福建泉州人。1933年毕业于厦门大学史学系。任教厦大附中、集美中学，民国三十五年（1946年）回厦大任教，先后在历史系、人类博物馆、南洋研究所、人类学系任讲师、教授；包树棠（1900—1981年），福建上杭人。1930年毕业于集美国学专门学校，先后在集美中学、集美水产航海学校任课。1939年集美中学内迁时，配合庄为玑发掘安溪后安唐代古墓，1945年任国立海疆学校教授。此书为福建安溪县唐乾封二年（667年）上柱国刺史武吕墓葬的发掘报告书。收入《安谿唐墓之初步研究》《唐上柱国刺史武吕墓考（上、下）》《武吕墓砖中字释》《安谿唐墓发掘记略》《日记》《武吕墓出土明器表》7篇研究文章，并附有武吕墓地址图、拓片摄影等10张图片。

民俗学 林惠祥著 上海商务印书馆民国二十年（1931年）出版，藏上海馆、厦门市馆、福建省馆；民国二十三年（1934年）再版，藏厦门市馆、厦大馆；民国二十四年（1935年）再版，藏上海馆；民国三十六年（1947年）再版，藏上海馆

林惠祥，里居、阅历见第二章第一节"四、哲学相关学科"之《神话论》。此书分为4章，"绪论"一章，介绍民俗学的定义与范围、分类、研究法等；"信仰"一章，阐述人类的各种崇拜；"习惯"一章，从社会制度、个人生活、职业、节日等方面论述社会习惯之形成；"故事歌谣及成语"一章，探讨民俗事象的资料及其来源。

第二节　人物传记

一、人物总传

朱氏传授支派图 （宋）王力行撰 存目载《续文献通考》，入谱牒类

王力行，字近思，同安人。南宋淳熙年间，师事朱熹，苦学善问，深得其旨。《朱文公全集》记录其问答甚多。《续文献通考》云："行，文公门人也，著此传

世。"尝著有《文公语录》，亦佚。

言行实录 （宋）陈棋撰　存目载《福建通志·艺文志》

陈棋，同安阳翟（今属金门）人。宋庆元二年（1196年）进士。此书为谱传类史籍。

浯洲节烈传 （明）卢若腾撰　抄本，藏于金门藏家

卢若腾，里居、阅历见第三章第四节"二、文字、词汇"之《与畔堂学字》。此书乃采集金门历代节孝贞烈事迹叙之，传后间系论断。有卢若腾自序与王忠孝序。王忠孝序曰："牧洲卢先生以手编见示，曰：'此吾《浯洲节烈传》也。'计五十余人，人各有传，情事犁然在目。余读之，叹曰：'允矣！夫浯之称海内名区也，非独荐绅大夫贤，其女媛何多贞烈如是。'而因思其致此有由也。"又曰："先生独加意搜辑，阐幽励俗。异时国史采风是编，其文献之征也夫。"《金门志·艺文志》称是书多"为通志、府、县志所取材，其持论尤为不苟"。《金门志·列女传》即录其事而舍其论，并续采编辑而成。

续闽书 （明）林霍撰　存目载《同安县志·独行录》

林霍，里居、阅历见第三章第四节"一、语音"之《双声谱》。据《同安县志·独行录》称，该书所记"皆明季鼎革时海内名流不肯失节者"，系南明时期人物谱录。另，林霍尝于康熙三十九年（1700年）七月十四日同渊上人自南台舟行，溯建溪，以八月朔日入武夷，雇筏游九曲。游罢，作《武夷游记》一篇，以记此行。该文尚存，收入《小方壶斋舆地丛钞》第四帙。有书目曾作为一书著录，误。

古今长者录（八卷总目二卷） （明）黄文焰撰　清乾隆八年（1743年）刻本，藏北大馆；清道光二十六年（1846年）抄本四册，藏国家馆；四库全书存目丛书本，入子部

黄文焰，里居、阅历见第二章第一节"二、儒学"之《两孝经》。此书为历代忠厚长者人物小传。《四库全书总目提要》评曰："是书编辑周、秦以迄明代忠厚长者之事。大抵皆取其一节，故人品不其别择。末附别品六则，则似薄而实厚者。其导俗之心甚善，书则不免芜杂也。"

历代名吏录（四卷） （清）张星徽辑撰　清雍正九年（1731年）张氏湖山草堂刻本四册，藏泉州市馆、上海馆；四库全书存目丛书，入史部传记类，系影印湖山草堂本

张星徽，里居、阅历见第二章第一节"二、儒学"之《四传管窥》。此书搜辑正史本传诸书中自秦以降历代循吏有关吏治之政绩，撮著其要，旨在"使膺民社之责者，以此书置之座隅，朝夕讨论，或循其法，或师其意"。卷首有张星徽之自序，并附有条例六则，说明择录之原则；卷末有先跻作跋。原本题名作《循良前传约编》。《四库全书总目》之《循良前传约编》提要云："是书一名《历代

名吏录》，采诸史循吏传，各以时代先后编次。亦有旁取他书者，然为数无几也。其所论断亦罕新裁。"因诸志书目录多以《历代名吏录》著录，故循旧也。

孝子忠臣录 （清）张承禄撰　存目载《厦门志·艺文略》

张承禄，里居、阅历见第四章第一节"一、文学研究、评论"之《璧峰诗话》。此书当为选录历代之孝子、忠臣编辑而成。

血海浪花录　许翘南著　厦门新民书社民国十九年（1930年）出版，藏厦门市馆、厦大馆、国家馆

许翘南，字秀峰，号峨山，福建海澄人。同盟会员，曾任新江学校校长、海澄修志局总纂等职。此书为民主革命时期之民主英烈的传记，首列革命先行者孙中山先生传略，次列黄花岗七十二烈士题名录，再列吴元鼎、杨锡荣、赵濂等61位革命英烈的传略。正文前有作者之序。

南洋名人集传（1—5集）　林博爱主编、陈宗山等编　槟城点石斋印刷有限公司民国十七年（1928年）出版，第二集藏厦大馆

此书为传记总集，共6册（其中第2集分上下册），收入南洋各埠华侨人物小传，以马来半岛华侨为多，其原籍多为闽南、粤东，其中厦门籍华侨为数不少，乃华侨研究之宝贵资料。

厦禾鼓中西医师名录　陈世尊辑录　福建医业促进会民国二十五年（1936年）刊行

此书就当时厦门城区、禾山和鼓浪屿的中西医师，选其有资格而饶经验者，分科别门汇成名录，以提供病者求医途径。书分上下两册，上册为中医，下册为西医。科分内科、外科、内外科、外科跌打、小儿科、眼科、麻疯科、妇幼科，每位医师张示其科门、诊所地址、略历和照片。名录前有林德星之序，吴秉璋的出版感言，并附有若干篇有关医学之小论文。

厦门职员录（1941—1944）　刘天赐编　厦门职员录发行所民国三十年（1941年）刊行，藏厦门市馆

此书为厦门沦陷时期，厦门日伪机关、政府机构、法院、警署、海关及学校、社团、商社、洋行、公司等单位的职员名录。

厦门市政府暨各机关职员录　厦门市政府人事室编　编者民国三十六年（1947年）刊行，藏厦门市馆

此书为1947年厦门市政府及各机关、下辖各机构、学校职员的名录，包括职别、姓名、次章、性别、年龄、籍贯、到任时间、永久通讯处和现在通讯处。

二、人物分传

郑成功传（一卷）　（清）黄宗羲撰　上海时中书局清宣统二年（1910年）

铅印本

黄宗羲（1610—1695年），字太冲，一字德冰，号南雷，别号梨洲老人、梨洲山人、梨洲先生等，浙江绍兴余姚县人。南明鲁王监国，尝以副宪从亡。明亡，隐居讲学于甬、越间，学问极博，思想深邃，著作宏富，与顾炎武、王夫之并称明末清初三大思想家，与顾炎武、方以智、王夫之、朱舜水并称为"清初五大师"，亦有"中国思想启蒙之父"之誉。此书以编年形式，叙述郑成功事迹。

赐姓始末（一卷） （清）黄宗羲撰　明季稗史汇编本；梨洲遗著汇刊本，藏厦门市馆；黄梨洲遗书本，为第五十二种，藏厦门市馆；台湾文献丛刊本，为第二十五种，藏厦门市馆；明清史料汇编本，为第二十种。

黄宗羲著述甚丰，其中有关南明史事者多篇。此书记郑氏事，以叙郑芝龙发迹及郑成功南京之役为略详，余极简。

郑成功传（二卷） （清）郑亦邹撰　清抄本，藏国家馆；日本大阪安永三年（1774年）刻本，藏大连市馆、国家馆；台湾文献丛刊本，为第67种

郑亦邹，字居仲，福建海澄人。清康熙四十五年（1706年）进士；旋授内阁中书。未几，乞假归，结庐于漳州东南白云洞之麓，授徒著书。著有《明季遂志录》《明遗民录》等书，多散佚。此书约成于康熙四十五年稍后任内阁中书期间，上距台湾郑氏之亡只二十余年。传系郑氏四世事，编年记述；虽由清人口吻，但以闽人说闽事，极具史料价值。

郑延平年谱（一卷）　许浩基编　吴兴杏阴堂民国十五年（1926年）刊行，藏国家馆；吴兴杏阴堂民国二十一年（1932年）刊行，藏国家馆

此书为延平郡王郑成功的年谱。卷首有编者自序，叙述编纂缘起："延平以恢复明室为职志，金陵之役，设无挫折，则长驱北指，光复故物，亦意中事。然大厦已倾，非一木所能支。事虽不济，而其浩然之气，固长存宇宙、照耀史册也，乌可无传以垂后世？窃幸今日文纲大开，野记私乘次第锓出，遂于侍居之暇，篝灯属笔，采群籍，凡涉延平之行事者，捃撦罔弃，乃成年谱一卷，付之剞劂。"

行间纪遇（六卷） （清）吴英撰　清康熙四十七年（1708年）刻本，已佚；道光二十六年（1846年）燕翼诒谋堂重刻本四册，藏北大馆

吴英（1637—1712年），字为高，号愧能，其先泉州人，少时流落厦门。后从军，以平金、厦两岛军功授都司。屡建奇功，升左营游击、中军参将、副将、副总兵、同安总兵，参与平台，立下赫赫战功。迁四川提督，任内入籍兴化莆田。福建陆路提督、福建水师提督。皇帝御书"作万人敌"匾额以赠，授威略将军。此书为吴英军旅生涯的回忆录，记载其自康熙二年（1663年）以将材领兵，随大师克平金、厦，功授都司起至四十七年接奉谕旨命照旧供职水师提督止，共约45年间经历之事。卷首有吏部尚书李光地、翰林院侍读陈迁鹤、泉州海防

同知黄㳦的序文及吴英自序，撰于康熙四十七年，书后有吴英元孙吴儒珍的《道光重刊记》。

清威略将军吴英事略 （清）吴英撰 抄本，藏厦门市馆

此书乃继《行间纪遇》之后，吴英撰写的另一部自传，由61篇文章组成，记叙其一生戎马生涯。其记述时间自其出生的崇祯十年（1637年）起，迄至康熙五十年（1711年）去世前一年止，前后达74年之久，比《行间纪遇》记述之时间更长。其内容包括其童年及青少年经历、军旅生涯以及家族事务等，中多有关于平定"三藩之乱"、征讨郑氏集团、攻克台湾等事件之记载，可资研究之参考。

泰东哲学家李公小传 ［日］中西牛郎著 台湾日日新报社1908年出版，藏厦门市馆

此书为清末台湾的厦门籍大商人兼思想家、台北大稻埕李氏家族开台祖李春生的传记。

郑成功 李旭著 青年出版社民国三十五年（1946年）再版，藏国家馆

此书为青年模范丛书之第一辑，以"我国历史上知识青年从军之先例"为主题，介绍民族英雄郑成功的生平事迹。有柳克述的《青年模范丛书编辑旨趣》。

郑成功 王钟麟著 商务印书馆民国二十三年（1934年）初版、民国三十六年（1947年）四版

王钟麒（1890—1975年），字伯祥，江苏苏州人。1921年至1932年任上海商务印书馆编译所编辑，编写史地教科书多种。1932年起任开明书店编辑。毕生从事中国古代文史的研究工作，著有《三国史略》《太平天国革命史》等。此书由郑氏的家世与南明时期的时势起篇，分4编14章，依次介绍南明弘光、隆武朝覆败与郑芝龙降清后，郑成功举义旗、据金厦，纵横海上、北伐抗清，及驱除荷兰、收复台湾，直叙至郑成功殁后台湾余烈及终替的历史。

陈嘉庚先生传 魏应麒著 永安刊行，藏福建省馆

魏应麒（1904—1978年），字湍甫，福建福州人，中国近代知名的史学家，先后执教于中山大学、厦门大学、甘肃大学、福建师范学院、西安师范学院等高校。此书为陈嘉庚先生之传记，介绍陈嘉庚先生的经历，包括资助革命、毁家兴学、矢志抗战、筹赈救灾等对祖国的巨大贡献。

爱国老人陈嘉庚 周召南著 永安联合书店民国三十三年（1944年）出版，藏厦门市馆、福建省馆

此书收入魏应麒的《陈嘉庚先生传》、长江的《陈嘉庚先生印象记》、黄炎培的《陈嘉庚先生兴学记》等18篇传记、回忆文章。正文前有编者自序。

南侨回忆录 陈嘉庚著 新加坡南洋印刷社民国三十五年（1946年）出版，藏厦门市馆、厦大馆、泉州市馆、国家馆

此书为陈嘉庚先生于1943年至1945年在印尼避难期间所写的回忆录,详尽地描述了作者四十多年的人生经历,记录下南洋华侨为襄助祖国抗战而作出的贡献,并陈述了陈嘉庚为发展教育和社会进步所进行的种种艰苦卓绝的奋斗,所记叙的事实,印证了陈嘉庚先生的"我毕生以诚信勤俭办教育,为社会服务"的信念。全书有三部分,主要部分《南侨回忆录》计518节,按时间先后顺序记录,内容可分为福建光复时华侨捐助、举办集美厦大及南洋之教育、福建救乡会、七七抗战南洋筹款及南侨总会工作、回国亲历见闻、抗议陈仪祸闽、与蒋介石毛泽东等人之谈话、华侨抵御日寇南侵等八个主题。《战后补辑》计17节,收《住屋与卫生》等文。《个人企业追记》50节,回忆企业兴衰历程。正文前有作者自撰之《弁言》。

陈嘉庚言论集 陈嘉庚著 新加坡星洲南侨印刷社民国三十八年(1949年)刊行,藏厦门市馆、福建省馆、国家馆

此书收入临解放前三年陈嘉庚先生的《半斤与八两》等14篇论文,《领袖与诚信》等8篇演讲,《召集马来亚各区筹赈会代表会议通告》等4篇通告,《关于建立华侨死难纪念碑》等8篇函电,另有3篇附录。正文前有陈嘉庚自序,序中讲述其于民国二十九年代表南侨回国慰问抗战军民时访问重庆与延安的感受,"由是断定国民党蒋政府必败,延安共产党必胜。"

菲律宾狱中回忆录 桂华山著 中国印书馆民国三十六年(1947年)出版,藏厦门市馆、福师大馆;华侨投资建业公司民国三十六年(1947年)刊行,藏厦大馆、上海馆

桂华山(1896—1987年),字峻嵩,晋江安海人,后定居鼓浪屿。19岁加入中华革命党。参与泉州讨袁起义失败后,为躲避追捕南下菲律宾。20年代后期,投资厦门市政建设。菲律宾沦陷后,因爱国反日,遭到日本宪兵的拘捕。此书记其坐牢的惨痛经过,并详记诸同难华侨死难成仁事迹以及日寇种种暴行。于右任为该书题书名,柳亚子、白崇禧、蔡廷锴、桂永清、薛敏老、陈立夫、吴铁城、朱家骅等政要名流题字,正文前有黄炎培、王泉笙之序和作者自序。

李登辉先生哀思录 李老校长纪念工作委员会编 编者民国三十七年(1948年)刊行,藏国家馆

李登辉,里居、阅历见第三章第四节"三、外语"之《双解实用英汉字典》。此书收原复旦大学校长李登辉先生之行状、祭悼纪念文辞、挽诗、挽联、挽幛、唁电等。前有国民政府嘉奖令、褒扬令、蒋介石题词,以及于右任挽诗一首,末附编后记。

萧伯纳略传 林履信著 厦门广福公司民国二十三年(1934年)出版,藏厦门市馆、厦大馆

林履信,里居、阅历见第三章第一节"一、政治"之《希庄学术论丛(第

一辑）》。此书为萧伯纳评传，包括叙述其出生、父母，分析其家庭的影响；叙述其学生时代，其初次文字的发表，其创作小说，评论其五部小说的价值；叙述其伦敦生活，分析其走上社会主义的路；评述泛平社、批评记者时代的萧伯纳；叙述其戏剧创作的开始，评论其处女作《鳏夫之家》及其他剧本，结论萧伯纳为社会主义剧作家。

萧伯纳的研究 林履信著 商务印书馆民国二十八年（1939年）出版，藏厦大馆

此书为萧伯纳研究专著，全书分8章，从萧伯纳的身世、作剧的生活、性格和作风、萧伯纳与社会主义、社会对萧伯纳的评论以及萧伯纳的中心思想与萧剧的物质等方面进行分析研究。正文前有作者的自序，以及萧伯纳游华时的《告中国人民》英文稿与中译文，并有萧伯纳的照片和龚鼎铭为其所作的画像，文后附有《萧伯纳著作目录》《萧伯纳研究参考书》。

三、氏族谱系

家乘引考 （明）张璀撰 存目载《同安县志·艺文》

张璀，字万之，号知非，同安人。清崇祯七年（1634年）进士，万安知州。此书为作者对家谱研究著述。

白氏尚贤堂家谱 白嘉祥修 民国二十八年（1939年）抄本，藏厦门市馆

白嘉祥，厦门人，安溪白氏尚贤堂迁厦之四世孙。此书为安溪白氏尚贤堂迁厦之家谱。安溪白氏尚贤堂始祖白应顺原籍福建同安从顺里窑头，于明永乐二十二年（1424年）开基安溪。至十五世祖天旺公于道光年间随母迁居厦门，是为厦门白氏尚贤堂开基祖。本谱记各世祖考妣名讳、字号、生卒年、坟墓地址、方向及子女。谱前有白嘉祥自撰的序及《字行辨序说》《重建同窑祖庙记》《重建安溪祠堂记》《建庙祀祖说》《教子敬亲说》等文。

庄氏族谱 庄银安修 民国十三年（1924年）石印本刊行，藏厦门市馆

庄银安，里居、阅历见本章第一节"五、华侨史、民族史"之《缅甸中国同盟会开国革命史》。此书为同安祥露的庄氏族谱。开闽始祖文盛公庄森于唐末随王潮入闽，居永春桃源里，又七传古山公庄祐孙迁青阳开基。明永乐年间勤励公庄仙福开基同安祥露，遗有家训十条。

石码镇蔡港霞庵社杨氏派分厦门家谱 杨笃辉修 民国二十六年（1937年）手抄本，藏厦门市馆

此书为石码杨氏衍传厦门一派之家谱。详列石码杨氏始祖澄江公杨毅斋至厦门开基、朴斋公及以后历代祖宗之考妣名谥、坟墓地址、方向等。谱前有杨笃辉所作之序言。

浔江吴氏族谱 吴在带修 浔江吴氏民国十九年（1930年）刊行，藏厦门市馆

此书为同安石浔村吴氏之族谱。石浔吴氏一世祖吴从师于明洪武年间由福清石塘村迁居同安浔江之畔，各取首字而得"石浔"村名，堂号"延陵"。该谱收录原籍地名、字号与续排字号、一世祖传状、各代谱序、祖脉、祠宇、榴下祖墓志、买渡志、历代祖像及像赞、开基祖墓图等，详列浔江吴氏大四房直系世系图、松仔脚派世系图以及大四房之榴下、泥楼等四分支世系谱，大四房各房谱等内容。

颍川陈氏开漳族谱 陈桢祥修 厦门新声艺术社民国五年（1916年）出版，藏厦门市馆

陈桢祥，颍川陈氏开基同安马巷（今属翔安区）曾厝始祖浚美之二十三世孙。此书系颍川陈氏衍传闽南之族谱，主要为南院陈一脉谱系。首列上溯陈氏始祖胡公满，衍至四十九世、颍川开基祖汉太丘长陈寔一脉谱系。次列陈寔至裔孙陈邕一脉谱系。间以北庙开漳始祖陈政、陈元光二世一脉谱系。再次列南院开基漳泉始祖陈邕一脉谱系；间以店前派分衍，续之陈邕二十一世孙德秀开基南靖儒林一脉谱系；儒林一脉又续之福山开基海澄南岐一脉谱系；南岐一脉又续之陈邕二十三世孙元甫开基院后一脉谱系。终列南岐十世孙浚美开基同安马巷曾厝之十八世文忠一脉谱系。

柏埔洪氏家谱 洪福增编 台北电脑股份有限公司1993年出版

洪福增，里居、阅历见第三章第一节"三、法律"之《动员法令》。此谱为同安柏埔庄（今翔安新店洪厝村）的洪氏家谱。柏埔洪氏原籍江西鄱阳。洪植，字宣明，号十九郎，于宋隆兴元年（1163年）卜居同安翔凤里十三都柏埔庄，为开基祖。后日益发展，改柏埔为洪厝村，创分堂号柏埔。主要名人有明代洪朝选。

第三节 地 理

一、人文地理

水经注钞 （明）蔡守愚辑 存目载《同安县志·艺文》

蔡守愚，里居、阅历见第三章第一节"一、政治"之《明伦宝鉴》。据《金门志·人物列传（二）》之蔡守愚小传称："丁内艰，归葬，采前言往事，汇为《明伦宝鉴》一书。手抄郦善长《水经注》成帙，加辨证"。此书当为其对《水经注》的解读辨证。

方舆互考（八卷）（明）卢若腾撰　清道光年间林树梅校订抄本，藏厦门市馆

卢若腾，里居、阅历见第三章第四节"二、文字、词汇"之《与畊堂学字》。此书为地理博物琐闻的类书，记载各地风景名胜、文物古迹、风俗传说、神异志怪，全书按门类编排。据卢若腾《方舆互考自序》称："次为四十卷，命曰《方舆互考》"，而至清代的林树梅寻得其遗稿时，只剩三十六卷，故《金门志·艺文志》谓："自序称四十卷，林树梅《啸云文抄》乃云三十六卷，补遗一卷。盖屡遭兵燹，残缺久矣。"

因佚失较多，有些门类已难独立成卷，故林树梅校订时进行近似类合并，整为七卷，加上卢若腾之孙卢勖吾的"补遗"一卷，成八卷。该书为存世孤本。

地理管窥　（清）杨树功撰　存目载民国《厦门市志·艺文志》

杨树功，里居、阅历见第四章第一节"二、文集、综合集"之《霞庵文集》。

海国闻见录（二卷）（清）陈伦炯撰　清抄本一册，藏中科院馆；清乾隆年间刻本一册，藏国家馆、大连市馆；清乾隆五十八年（1793年）刻本一册，藏国家馆；清道光三年（1823年）长洲张久照刻本二册，藏国家馆；清同治七年（1868年）粤东三元堂刻本二册，藏国家馆；清同治八年（1869年）长沙余氏刻本一册，藏人大馆；四库全书本，属史部地理类；珠海艺尘本；明辨斋丛书本，列第十六册；昭代丛书本，入戊集；台湾文献史料丛刊本，入第七辑

陈伦炯（1687—1751年），字次安，号资斋，同安嘉禾里坂上（今属湖里区禾山街道）人。父陈昂于康熙二十一年（1682年）从靖海侯施琅平定台湾，又奉命招访郑氏遗逸，出入东西洋五年。叙功授职，官至广东副都统。伦炯少从其父，由诸生得荫，充侍卫。康熙六十年（1721年），朱一贵事变起，奏陈易平状。及平，授台湾南路参将，历澎湖副将、台湾镇、广东高雷廉、江南崇明、狼山诸镇总兵等职，乾隆七年（1742年）升为浙江宁波水师提督。任职期间，熟闻海道形势、留心海外风情，故以生平见闻著述成书。是书作于雍正八年（1730年）年，分二卷，上卷记八篇，包括天下沿海形势录、东洋记、东南洋记、南洋记、小西洋记、大西洋记、昆屯记、南澳气记；下卷图六幅，包括四海总图、沿海全图、台湾图、台湾后山图、澎湖图、琼州图。《四库全书总目》云："凡山川之扼塞、道里之远近、沙礁岛屿之夷险、风云气候之测验，以及外番民风、物产，一一备书。虽卷帙无多，然积父子两世之阅历，参稽考验，言必有征。视剿传闻而述新奇，据故籍而谈形势者，其事固区以别矣。"

瀛环志略（十卷）（清）徐继畬撰　清道光二十八年（1848年）徐氏刻本，藏国家馆、上海馆；道光三十年（1850年）福州抚署刻本，藏山东馆、浙江馆、南京馆；日本文久元年（1861年）阿阳对嵋阁刻本，藏国家馆、上海馆；同治五年（1866年）总理衙门刻本，藏国家馆、上海馆；同治十二年（1873年）淡云楼刻本，藏国家馆、上海馆；光绪六年（1880年）楚南周鲲刻本，藏国家馆；光

绪十九年（1893年）鸿宝斋石印本，藏上海馆；光绪二十一年（1895年）上海宝文局石印本，藏南京馆、同东馆；光绪二十三年（1897年）上海书局石印本，藏上海馆；光绪二十四年（1898年）老扫叶山房铅印本，藏国家馆、上海馆；光绪二十四年新化三味书室刻本；1903年上海有用书斋刊本，藏国家馆；小方壶斋舆地丛钞本；续修四库全书本

徐继畬（1795—1873年），号松龛，山西五台人，进士出身。道光二十三年（1843年）任福建布政使，驻厦门，兼办通商事务。为考察夷情，查阅中外地理文献资料，并请教西洋人士及本地老舵师，撰成此书。道光二十六年（1846年）调离厦门时完成初稿。初名《瀛环考略》，道光二十八年付梓时定名《瀛环志略》。共有总分图四十四幅，以图为纲，以说为纬，按洲分卷，以洲系国，各国疆域形势、沿革建置、典章制度、气候物产及风土人情等均有详细叙述，为第一部中国人编撰的合乎地理学概念之世界地理图志。

水经注引得 郑德坤著 北平哈佛燕京学社民国二十三年（1934年）刊行，藏厦大馆

郑德坤，里居、阅历见本章第一节"二、通史、断代史"之《四川古代文化史》。此书收《水经注》及《水经注》补、续、考释、选萃、文钞、札记、研究等各种版本的目录。

厦门述略 陈赞勋撰 倍文印书馆民国十三年（1924年）出版，藏厦门市馆

此书之编纂，旨在为小学4—6年级学生提供厦门的地理、历史、古迹、风物等方面的知识，文法浅显，易于学习。全书分为23课，叙述里居、地脉、山川、名胜、人物、人情、社会、路政、学风、农工商务等内容，欲使儿童既知乡土知识，又能敬仰前贤，所以立身，振兴风气，为乡土增光。后附集格言11课，包括学问、存养、持躬、摄生、敦品、处世、接物、居家、从政、惠吉、悖凶。全书共计34课。

厦门指南 谢云声、陈佩真、苏警予合编 新民书社民国二十年（1931年）出版，藏厦门市馆、厦大馆、福建省馆、上海馆

谢云声，里居、阅历见第四章第一节"三、诗歌"之《星洲集》；苏警予，里居、阅历见第四章第一节"一、文学研究、评论"之《唐人律诗之研究》。此书系厦门地方人文地理文献，着重介绍20世纪20年代厦门的城市发展概况，包括概况、地理、行政法规、礼俗、公共事业、交通、食宿游览、实业、专门技术和附录10篇。其中末篇附录，有《厦门报界变迁概述》等26篇各行业的综述文章及数据。书前有陈桂琛及陈佩真的序、编辑大意以及风景图片39张。

新兴的厦门 茅乐楠编 萃经堂印务公司民国二十三年（1934年）出版，藏厦门市馆、厦大馆、福建省馆、国家馆

茅乐楠，原籍福建沙县，居厦门。此书分"厦门的地理""厦门的人文""厦

门的重要问题"等章。书前有作者肖像、厦门市略图、孙贵定等五人的序、作者自序。书后附录民国二十二年（1933年）至二十三年内厦门的商情、厦门各级学校概况表、勘误表。

厦门快览　薛景贤编　南新印书局民国二十四年（1935年）出版，藏厦门市馆

此书详载游览厦门的各种事项，专作游览厦门之导读。全书分7章，概说厦门沿革、区域、形势、人口、气候等，介绍厦门名胜古迹、街景、游览行程、食宿，提供衙署机关、学校、工商业机构等名称、地址、电话号码，等等。书首有厦门之名胜风景照片，厦门地图1幅。

厦门乡土教材　李冬雨编　编者民国二十九年（1940年）刊行，藏厦门市馆

此书为厦门远足中心设计社会科的教材，叙述厦门的沿革、位置、地势、面积、人口、气候、市街、租界、名胜、贸易、交通、民俗、文化以及重要的问题等内容。

新厦门指南　杨滴翠编　华南新日报社民国三十年（1941年）出版，藏厦门市馆、上海馆

此书为日伪时期所编的厦门地方人文地理文献，分地文概况、人文概况、政治、侨务、经济、产业、交通、文化事业、公共事业、社会事业、游览、娱乐、风俗、鼓浪屿、金门、浯屿（金门岛）及附近岛屿等17章。各章分目详述，书前有序、编者之言以及各种图片20余幅、厦门地图1幅。

厦门要览　厦门市政府统计室编　编者民国三十五年（1946年）刊行，藏厦门市馆、厦大馆

此书分章叙述厦门历史沿革、地理、气象、人口、农业、渔业、工业、商业、金融、交通、政治、财政、教育、卫生、救济、宗教、名胜等方面之状况，计17章。各章设目分别详述，并附有各项事业统计表多种。封面有厦门鸟瞰立体地图，封底有厦门市交通图。

厦门大观　吴雅纯编　新绿书店民国三十六年（1947年）出版，藏厦门市馆、厦大馆、福建省馆、上海馆

吴雅纯，同安石浔（今属同安区洪塘镇）人。曾任吴姓家族自治会理事长、军统所长、厦门青年报社社长、市参议员、厦门儿童日报社社长。此书分章叙述厦门历史沿革、地理、气象、人口、政治、金融、商业、工业、农业、渔业、交通、康乐、文化、宗教、礼俗、名胜等方面之状况。卷首有厦门景观、建筑之照片，书后附抗敌成仁志士调查、厦门汉奸罪行录、厦门敌伪就歼录、厦门之危险人物、厦门文史资料（选辑）及民国时期漳州地方报刊等资料。

福州及厦门　张遵旭编　福州民国五年（1916年）刊行，藏福建省馆

张遵旭，河北南皮人。年少时就读河北慈恩学堂，清宣统三年（1911年）赏给商科举人。曾留学日本。1920年前后，任官商合办的福建延福泉汽车路股份有限公司总经理、董事长。此书叙述福州、厦门的地方情况，分福州、厦门及杂记等3章。福州章内分总说、产业、福州附近3节；厦门章分总说、产业、华侨、厦门附近4节；杂记分教育、风俗、实业、名胜4节。书中附有地图及表格。

古闽地考 叶国庆著 燕京大学燕京学报社民国三十二年（1943年）出版，藏厦门市馆

叶国庆，里居、阅历见第二章第一节"三、诸子哲学"之《庄子研究》。此书对古代福建地域进行考证，对中古以来志书中所见的秦汉前后闽越历史、闽中地理的一般看法提出质疑，认为古闽地、闽中郡、闽越国地、冶县地本不在福建而在浙江。其结论，"当汉之世，福建情状尚不可晓，谓福建为周革闽地，妄也。所谓闽，在浙江，或浙江及福建北部，非今福建也"。此书原发表于《燕京学报》第15期，后学报社自刊中抽出单独刊行，是为抽印本。

认识台湾 陈延庭著 漳州华声通讯社民国三十四年（1945年）出版，藏厦门市馆、上海馆

陈延庭，里居、阅历见第三章第四节"一、语音"之《厦门语系研究》。此书叙述日本统治时期台湾的地方情况。全书分14章，分别介绍台湾之沿革、居民、地势、地质、水利、交通及港湾、教育、统治机构、财政、专卖、重要农产品、其他之出产等，首章为绪论，末章论述收复台湾应有的人才储备。文前有发行人张帆之序，并附有《台湾岛图》等5幅地图，各章中附有相关统计表多种。

二、名胜、旅游

游太姥山图咏 （清）林树梅作 道光十三年（1833年）自刻本，藏福建省馆

林树梅，里居、阅历见第四章第一节"二、文集、综合集"之《啸云文抄》。清道光九年（1829年），林树梅欲游武夷，未果，遂往太姥山。其持铁篴冒雪登飞鸢岭，渡海访容成子炼丹处，题诗摩霄峰上，绘图而返，走笔为记。此书记状太姥三十六峰，烟云万千，意态毕肖。

瀛海客谈（四卷） 星洲见闻录（二卷） （清）林豪撰 存目见林乃斌《（林豪）家传》

林豪，里居、阅历见第四章第一节"二、文集、综合集"之《诵清堂诗文集》。林豪晚年曾游历南洋，于光绪三十三年（1907年）到新加坡。此二书当为其游历新加坡之见闻观感。

菲游观感记 陈烈甫撰 厦门南侨通讯社民国三十七年（1948年）出版，藏厦门市馆、上海馆、国家馆

陈烈甫，里居、阅历见第三章第一节"三、法律"之《宪法之分权论与五权宪法》。此书乃陈烈甫为厦门大学图书馆筹建基金到菲律宾募捐，旅菲两个月的见闻观感。全书由《万里长空》《岷里拉风景线》《菲律宾天地人》等17个章节组成，以华侨问题为中心，阐述这个新生岛国的历史地理政治文化各方面状况。文前有作者自序。

越游回想录　叶谷虚撰　鼓浪屿闽南职业中学民国二十五年（1936年）刊行，藏厦大馆

叶谷虚，原名叶兴隆，原籍福建惠安，迁居厦门，基督教家庭出身。清宣统三年（1911年），继其表哥庄英才出任鼓浪屿福民小学校长。矢志兴学，施行改革，为扩大办学规模，多次赴香港、菲律宾、越南等地劝募。1938年5月厦门沦陷后，举家出走南洋。此书为其前往越南劝募之路上的所见所闻。

槟榔屿大观　叶苔痕、吴允德撰　海角出版社民国三十八年（1949年）出版，藏厦门市馆

叶苔痕（1905—1982年），厦门人。太平洋战争前往新加坡，历任吧东《大众日报》主笔、槟榔屿《中华公报》主编、槟城艺术协会副主席。槟榔屿居马来半岛西北扼马六甲海峡喉口，是马来亚第二大港，自然环境优美，气候宜人，向有"东方花园"之美誉。此书为槟榔屿之地志，内容包括槟榔屿经纬、槟榔屿地志、风景名胜、行政设施、医药与慈善事业、最近出入口贸易、最近金融动态、槟城工业概况，书前有槟榔屿风景照片、槟榔屿地图、街名中英对照表等。

厦门名胜摄影大观　林文庆编　编者民国二十四年（1935年）刊行，藏厦门市馆

此书收入厦门各风景名胜摄影照片，包括大八景、小八景、景外景等自然景观和厦门中山公园、市街等人文景观，以为海内外游客窥得全厦景胜。所附《厦门商业兴讯摄影集》，则为厦门各著名商业机构之照片集锦，每家机构标注商号、创立沿革、基金、营业种目、地址、创办者、成绩、特种要项等，以供实业家之贸易指南。书前有林文庆题写书名，有林国赓、黄燧弼等人题词。

天仙旅社特刊　吕天宝编　民国二十六年（1937年）刊行，藏厦门市馆

吕天宝，天仙旅社主人，民国二十二年（1933年）创办天仙旅社。雅好文学，花费多年时间整理编撰《天仙旅社特刊》。此书为旅游指南类图书，其中有插图、歌曲，有政治人物之著论，而最宝贵的是有关当时厦门交通、教育、就业、税收、商业、侨务、报刊、海外关系的统计资料。是书有郁达夫所作之序，序称："畅谈之余，吕君又出其近编一册相示，则珠玑满幅，应有尽有，自古指南导游名著书中，从未见有包罗如此之博且富者，是吕君又一特具异材之著作人矣！"此序为郁达夫对厦门印象的唯一记载。

漳厦铁路旅行指南　漳厦铁路旅行社编　编者民国十四年（1925年）刊行，

藏厦门市馆

此书以漳厦铁路沿路车站为纲，详细介绍沿线古迹、名胜、物产、交通等旅行资讯以及营运情况、铁路全图、行车时刻表、客票价目表、货物运费表等资料，并附有漳厦铁路前后计划详情。正文前有王靖先之序及凡例。

三、地　图

厦门地图　华声通讯社编制　编者民国年间刊行

厦门市全图　台湾总督府文教局学务课编绘　编者民国二十七年（1938年）印制，藏厦门市馆

此图乃单幅的墨绘地图。乃日寇占据厦门时编绘的厦门市区图，其全境仅限于厦门岛西南部呈 L 形状的旧城区，西北临筼筜港（今筼筜湖），西南临鹭江，东部为丘陵山地。全图采用标准的数学方法绘制，图中街衢巷陌详细，山地沟壑投影精准。

厦门岛全图　台湾总督府文教局学务课编绘　编者日本昭和十三年（1938年）写真制版刊行，藏厦门市馆

此图乃单幅的墨绘地图。乃日寇占据厦门时编绘的厦门岛全图。其全境包括厦门本岛，另附有厦门、金门两岛形势图，全图采用标准的数学方法绘制。

厦门市全图：1941年　编者不详　民国三十年（1941年）刊行

此图包括1941年厦门岛全图、最新厦门市实测全图、厦门及附近群岛图等。

厦门及附近群岛图　漳厦海军警备司令部编绘　编者民国十八年（1929年）印制

此图未见，只见存目。

厦门形势图　漳厦警备司令部编　编者民国二十一年（1932年）刊行

此图未见，只见存目。

厦门市第一期道路规划图　漳厦警备司令部堤工处工程股编绘　编者民国十六年（1927年）刊行

此图乃单幅的墨绘地图，比例尺为1∶4000。该图为20世纪20年代厦门进行大规模城市建设中的规划设计图，包括厦禾路、思明北路等道路的规划。

鼓浪屿地图　华声通讯社编制　编者民国年间刊行

鼓浪屿全图　厦门市工务局编绘　编者民国二十四年（1935年）印制，藏厦门市馆

此图乃单幅的墨绘地图，比例尺为1∶4800。该图反映20世纪30年代鼓浪屿公共租界的城市面貌，图中标出的工部局、海关税务司、洋人球埔等地名，透露出租界色彩。

鼓浪屿略图　漳州华声通讯社编绘　编者民国三十六年（1947年）出版

此图乃单幅的墨绘地图，比例尺为1∶200。该图为1947年时的鼓浪屿城市状况，街市路网清晰。全岛划为龙头、市场、鹿礁、延平、笔山、澳东、澳西7保。

同安县方括图　同安建设局工程课编制　林向荣绘　编者民国年间刊行，藏厦门市馆

此图乃单幅的彩色地图。系民国时期同安县辖域的行政区划地图，东北邻南安，西北邻安溪，西邻长泰、西南邻龙溪、海澄，南面与思明县隔海相望。境内分翔风、民安、同禾、长兴、感化、归得、从顺、仁德、安仁、积善和在坊里，计11里。

同安县城区全图　同安县电力股份有限公司编绘　编者民国十八年（1929年）印制，藏厦门市馆

此图为单幅的彩色地图，比例尺为1∶3000。为同安县中心城区地图，包括溪流、湖池、城基、道路、主要建筑等均详细绘制。

同安县全图　同安县政府第四科编制　载俊才绘　编者民国二十四年（1935年）刊行

此图乃单幅的墨绘地图。系民国20世纪20年代同安县辖域的行政区划地图，全县用序号分为9个区，境内政区设置及其界线十分清楚。

集美学村全图　集美学村编制　编者民国年间刊行，藏厦门市馆

此图为集美学村各校平面图。

嵩屿地形全图　嵩屿建设委员会测量队编制　王弼卿绘　厦门风行出版社民国二十一年（1932年）印制，藏厦门市馆

此图乃单幅的彩色地图，比例尺为1∶6400。此图是20世纪30年代厦门城市建设高潮时期的嵩屿规划设计图，其规划为南部商业区、东北部工业区、西北部农业区，商业区内有飞机场、公园、体育场等。由于时局动荡，该规划终未实现。

嵩屿住宅区图　嵩屿建设委员会编制　王弼卿绘　厦门风行出版社民国二十一年（1932年）印制，藏厦门市馆

此图乃单幅的彩色地图，比例尺为1∶240。此图是嵩屿建设规划之住宅区设计图，分出甲、乙、丙地块，并用数字标注各地块建筑单元之划分。由于时局动荡，该规划终未实现。

同美车路线总图　黄竹友、郭景村编绘　同美汽车路股份有限公司民国十一年（1922年）刊行，藏厦门市馆

同美汽车路股份有限公司为民国九年（1920年）陈嘉庚邀集同安籍华侨创办的汽车公司，经营同安至集美汽车客运业务，于民国十一年（1922年）通车。此图为其路线图。

第六章　自然科学文献

　　自然科学是研究自然界的物质形态、结构和运动规律的科学。厦门古代的自然科学类专著传世甚少，总论类的有明代卢若腾的《岛居随录》、天文类的有宋代苏颂的《新仪象法要》、医药类的有宋代苏颂的《本草图经》、技术类的有清代林树梅的《说剑轩余事》等四种存世，而诸志艺文中著录的其他四五种文献均未见存世。

　　鸦片战争之后，"西学东渐"，现代科学在中国得到发展，厦门的自然科学类著述逐渐丰富起来。民国时期，主要的著述出自教育之需，如厦门大学教授萨本栋的《实用微积分》《普通物理学》，林惠祥的《世界人种志》，金德祥的《生物标本制作法纲要》等的专业教材与指导书；如厦门回春医学会会长吴锡璜为厦门国医专门学校编写的《中西脉学讲义》《伤寒纲要讲义》等10多种医学教材，以及中国红十字会救护总队总队长林可胜为战时卫生人员训练所编写的《战时卫生工作规程》等著作。此外，《填筑厦门筼筜港报告书》《厦门中山公园计划书》等若干规划设计书，亦留下20世纪20年代厦门近代城市开发建设的宝贵资料。

第一节　总论性文献

　　岛居随录（二卷）（明）卢若腾撰　清林树梅刻本；笔记小说大观本；清代笔记丛刊本

　　卢若腾，里居、阅历见第三章第四节"二、文字、词汇"之《与畊堂学字》。此书为格物之书，上卷为物生、物交、生化、应求等四目；下卷为制伏、反殊、偏特、物宜、隗异、比类等六目。

　　民众科学　刘彦仪、顾瑞岩编辑　厦门大学理学院民众科学社民国二十二年（1933年）刊行，藏厦大馆、福建省馆

　　民众科学（第二辑）　厦门大学理学院民众科学社编　编者民国二十三年（1934年）刊行，藏厦门市馆、厦大馆、福建省馆

　　此书为面向民众的科普读物，第二辑收入《牛乳的营养价值》《肝脏二口虫

病》《皮蛋的制法和原理》《气压表》《益鸟与农业》《达尔文轶事》《潮汐的推算》等40篇科学常识的文章，涉及学科广泛，内容深入浅出。

厦大理工论丛（第一集） 厦门大学编 编者民国三十二年（1943年）刊行，藏厦门市馆、福建省馆

此书为《厦门大学学报》的理工学术副刊，于内迁闽西山城长汀时出版的首集学术研究著述。

第二节 专科类文献

一、数理科学

实用微积分 萨本栋等撰 厦门大学数学系民国三十一年（1942年）刊行；青年图书出版社民国三十三年（1944年）再版，藏厦大馆；上海商务印书馆民国三十七年（1948年）再版；1950年再版，藏上海馆、国家馆

萨本栋（1902—1949年），字亚栋，福建闽侯人。1921年毕业于北京清华学校，后赴美留学获博士学位。1937年始任厦门大学校长。此书为萨本栋与郑曾同、杨龙生合著编写的微积分教材，分上下册共20章，各章多有附图。正文后附有英汉名词对照表及索引。正文前有作者弁言，再版则有附记或附言。

普通物理学（上下册） 萨本栋撰 上海商务印书馆民国二十二年（1933年）初版，藏厦大馆；民国二十六年（1937年）增订五版；民国三十二年（1943年）版，藏厦门市馆；1950年再版，藏上海馆

此书为普通物理学教材，分为力学、声学、热学、电磁学、光学5编，每编又分若干章，全书共71章，涵盖普通物理学各方面内容，并有4个附录、35个附表，分别列于上下册书后。

普通物理学实验 萨本栋撰 上海商务印书馆民国二十五年（1936年）出版，藏厦大馆；民国二十六年（1937年）再版

此书为物理学教学用书，列有杠杆原理及其应用、力之合成及其分解、等加速运动等36个物理实验项目，每个项目阐述实验的原理与定义、目的、仪器及注意事项、步骤，并提出问题。书后有《游尺标度与读法》《测微计与测微螺旋》《望远镜与标度等》《气压计》4件附录和《对数表》等7个附表。

交流电路 萨本栋撰 国立编译馆编 正中书局民国三十七年（1948年）出版，藏厦大馆、上海馆；商务印书馆1950年版，藏国家馆

此书系教育部部定大学用书，为大学电机工程系三年级学生所用。全书共10章，阐述复数、正弦电势与电流、电阻电抗与阴抗、电功率、电导电纳与导纳、

等值网络、互感与变压器、瞬间状态、多相制、谐波等内容。

交流电机 萨本栋撰 上海商务印书馆民国三十八年（1949年）出版；1950年再版，藏厦大馆、上海馆、国家馆

1944年，萨本栋赴美讲学期间，以其在厦门大学讲授电机学所积累资料及在美讲学搜集的新资料，用英文撰写并出版《交流电机基础》一书。该书使用标幺值法分析电机性能，开创性地提出用并矢量法解决电路问题等新的论点，获得好评，成为美国不少高校的教材。此书为该书的中文版，计26章，书前有作者的中文版自序，书后附有习题。

物理学名词汇 萨本栋编 中华教育文化基金会编委会民国二十一年（1932年）刊行

此书为物理学专用工具书，乃萨本栋根据《物理学语汇》（1908年出版）的"审查本"和"增订本"等书，遵循一定的收词和定名原则编纂而成。

二、天文、气象、地质

新仪象法要（三卷）（宋）苏颂撰 清抄本一册，藏南京馆、国家馆；清道光刻本一册，藏泉州市馆；清道光二十三年（1843年）刊本，藏福建省馆；明抄本一册题作《仪象法纂》，藏南京馆；四库全书本，入子部天文算法类；守山阁丛书本，入子部；丛书集成初编本，入自然科学类；万有文库简编本；中西算学丛书初编本

苏颂，里居、阅历见第三章第一节"一、政治"之《华夷鲁卫信录》。苏颂赴汴梁参加科考，以《历者天地之大纪赋》一文夺得该场考试第一。既登第，遂留意天文术算之学。宋元祐元年（1086年），奉命检校太史局天文仪器，元祐三年（1088年），主持研制观察天体、演示天象和报时的天文仪器"水运仪象台"。该台"为台三层，上设浑仪，中设浑象，下设司辰，贯以一机，激水转轮，不假人力。时至刻临，则司辰出告，星辰躔度所次，占候测验，不差晷刻，昼夜晦明，皆可推见"。此书乃为重修仪象而作，约于元祐九年（1094年）至绍圣三年（1096年）成书。《直斋书录解题》云："元祐三年，新造浑天成，记其法要而图其形象进之。"《四库全书总目提要》称此书"上卷自浑仪至水跌共十七图，中卷自浑象至冬至晓中星图共十八图，下卷自仪象台至浑仪圭表共二十五图，图后各有说，盖当时奉敕撰进者，其列玑衡制度、候视法式，甚为详悉"。英国著名科学家李约瑟誉此书为现存最重要之宋代天文学著作。

世界历 余青松编 国立中央研究院天文研究所民国二十五年（1936年）刊行，藏上海馆

余青松（1897—1978年），厦门人。1918年留学美国，获加利福尼亚大学哲

学博士学位。回国后，历任厦门大学天文系教授兼主任、中央研究院天文研究所所长、中国天文学会会长。主持建造紫金山天文台、凤凰山天文台。1947年赴加拿大多伦多大学、美国哈佛天文台工作，任美国胡德学院教授兼威廉斯天文台台长。病逝美国。世界历是20世纪30年代提出的一种新历法，此书介绍世界历的历法及其特点，并将世界历与现行国历作比较，与中国改历意见统计进行比较。

厦门气候志简编 王国弼、施纯普编 民国三十八年（1949年）厦门市图书馆抄本，藏厦门市馆

此书为地方气候志书，第一章为绪言；第二章为气象与厦门建设之关系，包括农业、交通、渔盐、卫生、建筑等方面；第三章按月份记述厦门的气候概况；第四章记录厦门气温、气压、风、湿度、雷电、霜雪、降霰、降雨等气象要素一年之中的变化；第五章为风雨占验，通过厦门的气压、温度等要素预测天气；第六章收集气候之谣谚百首；第七章列出二十四节气日昼长短表，厦门港潮汐表，民国8—12年、13—17年、19—25年、36—37年厦门气象一览表，厦门历年逐月平均气压、气温、湿度、风向、风力、雨量、降雨日数等一览表、曲线图、比较图等图表资料。

十年来厦门的潮汐（1926—1935） 金德祥编 厦门大学理学院海产生物研究场民国二十六年（1937年）刊行，藏厦门市馆

金德祥（1910—1997年），浙江嘉兴人。1933年厦门大学生物系毕业。1935年获岭南大学理学硕士学位，并在厦门大学任讲师，历任生物系、海洋生物学和植物学教研室主任、教授、博士生导师等。此书为民国十五年至二十四年（1926—1935年）十年内厦门潮汐的分析报告，以图表形式阐述厦门潮汐的概况，分析潮汐与生物采集的关系，并制出厦门十年来逐年潮汐概况表和厦门十年来逐年潮汐概况图，详列每个月满潮、落潮的时分及海平面高度等具体数据。

十年来厦门之气象（1926—1935） 厦门大学理学院气象台编 编者民国二十四年（1935年）刊行，藏厦门市馆

厦门大学气象台于民国十五年（1926年）元旦开始运行，由天文学专家余青松博士主其事。此书为其工作十年来的观测记录报告，采取逐年分月办法，先将十年记录分月整理，每月作为一卷，名曰"十年来厦门×月份之气象"，全部十年气象分为12卷，然后再编综合之通论，连贯各月。各卷以列表形式，逐日罗列十年来该月平均气压、平均温度、最高温度、最低温度、温度较差、平均绝对湿度、平均相对湿度、雨量总数、平均风力、风向、平均云量等数据，以及十年来该月逐年气象要素一览表，晴天、云天、雨于风向日数表等21个气象记录数据表格，并有气压、温度、湿度、风力、风向等平均数图计15份。

三、生　物

世界人种志　林惠祥撰　商务印书馆民国二十二年（1933年）初版，藏上海馆、厦大馆；民国二十六年（1937年）再版

林惠祥，里居、阅历见第二章第一节"四、哲学相关学科"之《神话论》。此书共8章，探讨人类种族的起源、人种分类法和区分人种的体质标准，并按体质分类标准，分别介绍大陆蒙古利亚种、海洋蒙古利亚种——马来种、美洲土人、高加索种、非洲尼革罗种、海洋尼革罗种以及系统不明人种等世界各地人种。书前有例言。

生物标本制作法纲要　金德祥撰　上海商务印书馆民国二十六年（1937年）出版，藏厦大馆、上海馆

此书结合具体的制作实验，介绍松脂封锁法、甘油封锁法、甘油胶封锁法、松节油封锁法、石蜡包埋法、火棉包埋法、冰冻包埋法、细胞分离法、涂片法、骨骼装制法、剥制法、注射血管法、动物保存法、植物采集装制法、昆虫采集装制法、原生动物培养法等16种生物标本制作法。每种方法均列有为数不等的实验，共64个。书后附有索引目录及27幅附图。

厦门大学动物系调查闽省海产初步简明报告　厦门大学动物系编　厦门大学周刊社民国二十二年（1933年）刊行，藏厦门市馆、厦大馆

此书为闽南沿海海产调查报告的小册子，以图表形式反映其所调查闽南沿海82个渔村的渔业各类、渔船数量、渔民人数、产量及产鱼收入等数据。

厦门大学生物材料处动物陈列及保存标本　厦门大学编　编者民国二十六年（1937年）刊行，藏厦门市馆

此书为厦门大学动物陈列及保藏的标本目录，分为两大类罗列，动物指示标本包括动物玻瓶浸制或玻盒干制、动物剥制、动物骨胳和动物比较教材等4类标本；动物保藏标本包括原生动物、海绵动物、腔肠动物等11类标本。每类标本有若干不等的数量，一一罗列款目。每条款目标注目录号数、物件名称和价目。

脊椎动物比较解剖学实习指导　张松踪撰　厦门大学生物学系民国三十二年（1943年）油印本，藏厦大馆

张松踪（1911—？年），福建南安人。菲律宾归侨，1933年考进厦门大学，毕业后留校任教。历任厦门大学生物系助教、副教授、教授。此书为解剖学之实习指导书。

四、医药卫生

本草图经（二十卷）（宋）苏颂撰　有序载《苏魏公文集》，今有辑佚本出版

苏颂任馆阁校勘时，曾参与修撰《嘉祐补注神农本草》，并为该书作总序与后序。序中提出编撰有图之本草，为此，宋仁宗委以主持其事，历时四年，于嘉祐六年（1061年）成书。此书考证《神农本草经》以来历代本草，博采民间药方，"探其源、综其妙、验其实"，收载药图933幅，药方千首，著录植物药300多种，动物药70多种，矿物药50多种，新增药100多种，李时珍赞其"考证详明，颇有发挥"。1983年，皖南医学院尚志钧据《证类本草》和《本草纲目》辑佚出版；又有1998年胡乃长、王致谱的辑复本，题作《图经本草》。

外科秘录（清）吕尤仙撰　存目载《厦门志·艺文略》

吕尤仙，清代同安归德里蔗内保架口乡人。性潇洒，不衫不履，指名为姓，俗因呼为"乞丐尤仙"。精堪舆，尤善医术。诊视外科，随掂数味，皆有奇效用。其所创药方甚多，乡里争相传抄。此书当为其药方辑录，据《同安县志·方技录》称，该书曾刊行于世，然今未见，疑已佚。

见闻集　功过录（清）翁兆元撰　存目载民国《厦门市志·人物传》

翁兆元，字南甫，厦门人。自幼读岐黄书，晚年颇精医术，邻有病，求无不应。《见闻集》乃其所著医方，《功过录》则为其日记。

瘟病鼠疫篇（清）翁纯玉撰　留有存目

翁纯玉（1855—1933年），字兆全，厦门人。精研岐黄，对温病、疫病及内科杂症尤为特长。1894年鼠疫流行时救人甚多。其著作大多失传。此书未见，仅见存目。

中西温热串解（八卷）　吴锡璜撰　民国十年（1921年）文瑞楼书局石印初版；民国十一年（1922年）再版，藏国家馆；民国二十三年（1934年）三版

吴锡璜（1872—1950年），字瑞甫，号黼堂，同安人。清光绪二十六年（1900年）举人。精医术，创办"国医讲习班"、国医专门学校、国医馆，任厦门回春医学会会长。此书以温热病证为论述中心，对温病的病因、病机、诊法、治疗、方药等作了精辟的论述。内容包括诊舌法、时感风寒病辨、叶香岩温热论、叶香岩外感篇、陈平伯外感温室病篇、余师愚疫病篇等篇之注解。

中西脉学讲义（二卷）　吴锡璜撰　民国九年（1920年）文瑞楼书局石印本；民国十一年（1922年）再版，藏国家馆；续修四库全书本，藏厦大馆

此书为中医脉学专著，乃作者综合郭元峰、张路玉、周潜初等人之古今脉书，并结合自身阅历经验，又以西法脉书互相参证，撰为讲义二卷。上卷有《心

为脉之源》《脉应以心何以能诊周身之病》等文31篇，下卷介绍数、浮、沉、迟等28种脉相。书前有苏万灵之序和作者自序。

中风论（二卷） 吴锡璜撰 民国十一年（1922年）文瑞楼书局石印本，藏国家馆；续修四库全书本，藏厦大馆

此书讨论中风病的病理、诊法等有关问题，阐述吴氏对中风病病因和症候的认识，并介绍各种病型的治疗。

奇验喉症明辨（二卷） 吴锡璜撰 民国十三年（1924年）文瑞楼书局石印本

此书为中医喉科专著，作者以程钟龄、郑梅涧等前人诸家之说为底本，兼采专科善本、经验秘传各方法，又采博医学之《稚学新编》，并自家世代相传之经验秘法，类集一编。

新订奇验喉证明辨（四卷） 吴锡璜撰 民国十三年（1924年）上海鸿章书局出版

此书在《奇验喉症明辨》的基础上，重新修订，别为四卷，分为辨证、用药、证治和采方。文前有寄湘渔父、苏万灵的序和作者自序，以及凡例。

评注陈无择三因方（八卷） 吴锡璜撰 民国八年（1919年）文瑞楼书局石印本

此书为三因方评注。作者以中西医学说，对宋代陈无择《三因极一病证方论》的"内因、外因、不内外因"之"三因学说"，随各门逐条进行评注。其气化形质，阐发入微，为医界别开生面。

伤寒纲要讲义 吴锡璜撰 厦门焕文印书馆民国二十五年（1936年）刊行

此书系作者为厦门国医专门学校编写的教材，专论伤寒学说。该书除总论外，以六经为纲，详列本经之纲领、病情、经证、腑证，再论兼证、合病、并病、传经、误治、救逆等辨治大法。各篇次层次分明，条分缕析，详细地阐发伤寒学说之精义。

诊断学讲义（二卷） 四时感证讲义 卫生学讲义（一卷） 吴锡璜撰 民国二十四年至二十五年（1935—1936年）厦门国医专门学校教材铅印本

诸书系吴锡璜为厦门国医专门学校编写的教材。台湾新文丰出版公司于1977年曾重印出版。

儿科学讲义（一卷） 八大传染病学讲义（一卷） 身体学讲义（一卷） 杂病学讲义（一卷） 妇科学讲义（一卷） 吴锡璜撰 厦门国医专门学校教材油印本

诸书系吴锡璜为厦门国医专门学校编写的教材。未见，只见存目。

外科理法（二卷） 吴锡璜撰 手稿，未刊，1983年柯联才、廖雅彬整理厦门市卫生局吴瑞甫学术研究领导小组、中华全国中医学会福建厦门分会刊行，

藏厦门市馆、厦大馆

此书系民国二十七年（1938年）作者于同安吕余仙氏秘本的基础上，加以"删其繁芜，补其阙略"使其"条理井然，法度亦至详备"。其上卷以24图分病类，为头、面、鼻、耳、口等29部；下卷为16门论方类，包括万应膏类、铁箍散类、去腐拔毒方类、生肌膏类和杂治类5大类方药。卷首有作者自序。

普通卫生讲义（十一章） 林文庆撰 新加坡总商会民国元年（1912年）刊行，藏厦门市馆

住屋与卫生战后建国首要 陈嘉庚撰 南洋华侨筹赈难民总会民国三十八年（1949年）刊行，藏集美馆

此书为陈嘉庚先生关于城市建设的论撰。作者认为住屋与卫生与人民寿命息息相关，应作为"战后建国首要"。城市建设须通盘计划，要确定符合卫生要求的住房建筑标准，而旧有建筑，须依照新图式改造。正文前有蒋维乔之弁言。

外科真方传 邵贞宗撰 著者民国二十一年（1932年）刊行

邵贞宗（1877—1938年），字汉朝，雅号宗仙，同安人。1925年在同安开设天福堂药铺。此书为外科药方。

性病 林荣年编著 上海世界书局民国二十四年（1935年）出版，藏国家馆

林荣年（1900—1992年），福建平和人。民国十八年（1929年）毕业于日本东北帝国大学。抗日战争期间，林曾在江西省公立医学专科学校附属医院皮肤花柳科担任医疗教学工作。20世纪50年代初，创建厦门第一医院皮肤科，任主任。历任厦门医院副院长，中山医院、厦门市立第一医院院长等。此书为其对性病研究的专著，详述性病治疗之程序，并搜罗最新之治疗法，一一例举。正文前有作者自序。

杭州之气候性横痃 林荣年撰 热带病研究所民国二十三年（1934年）刊行

此书研究杭州气候条件下的横痃。横痃又称便毒，是指各种性病的腹股沟淋巴结肿大。

战时卫生工作规程 林可胜主编、军政部战时卫生人员训练所编 编者民国三十年（1941年）刊行，藏国家馆

林可胜（1897—1969年），厦门人，林文庆之子。民国八年（1919年）毕业于英国爱丁堡大学医学院。抗战时期，领导医疗系统投身救国事业任中国红十字会救护总队总队长、战时卫生人员训练所所长，制定了各种作业规程，组织有关专家撰写此《规程》，并亲自审定。此书分为六编，阐述卫生勤务、外科、内科、护病、防疫及环境卫生的工作规程，书前有林可胜所作之序。

战时卫生工作规程第三编：内科 周寿恺编著 军政部战时卫生人员训练所

民国三十年（1941年）刊行，藏国家馆

周寿恺（1906—1970年），厦门人，周殿薰之子。1933年北京协和医学院毕业，获医学博士学位。抗战爆发，投身抗日救亡运动，先后担任中国红十字会救护总队部内科指导员、战时卫生人员训练所内科主任。抗战胜利后，任上海国防医学院内科主任、教授兼教育长。中华人民共和国成立后，任中山医学院副院长兼附属第二医院院长。此书为林可胜主编的《战时卫生工作规程》之第三编，专述内科作业规程。

厦门中山医院计划书　筹创厦门中山医院之经过　厦门市卫生会编　编者民国十八年（1929年）刊行，藏厦门市馆

厦门中山医院筹创于1928年，由归侨林文庆、黄奕住联络华侨与地方绅商共同发起。林文庆从厦大拨出部分华侨捐款，并组织募捐委员会向社会募捐创办资金。此书叙述筹创厦门中山医院之缘起、俯视图、侧视图、地面平面图、经过、计划概要、各部职员月俸预算表、董事会组织大纲、募捐委员会和筹备委员会细则、一览表等资料。书后附有厦门市工程概况，包括堤岸状况图等14幅插图和厦门市已成马路、在建马路、公共建筑等一览表以及鹭江道全堤工程预算表等7份资料。

集美医院概况　集美学校编　编者民国三十六年（1947年）刊行

此书介绍集美医院发展沿革、各科室基本概况和各项规程。

鼓浪屿救世医院第51周年报告书　鼓浪屿救世医院编　编者民国三十八年（1949年）刊行，藏厦门市馆

鼓浪屿救世医院为美国归正教会传教士郁约翰于1898年4月在鼓浪屿创办的，为鼓浪屿第一所综合性医院。此书收录救世医院董事、职员一览表，经济概况、院外工作及保健活动，护士、护士学校、实验室、宗教部报告，1949年度患者统计，医院各有关规则等资料。

五、农林水产

便民录　（宋）许伯诩撰　存目载《续文献通考》

许伯诩，字子扬，同安人。袭父许衍荫，南宋嘉定九年（1216年）任仙游县令，有政绩，迁福州通判。此书在《续文献通考》著录于农家类，应为农桑之说。

茶史（一卷）　（明）林龙采撰　存目载《厦门志·艺文略》

林龙采，同安嘉禾里人，明天启元年（1621年）举人，任湖广宝庆知县。

最新水产学　邓腾裕撰　集美高级水产航海学校民国二十一年（1932年）刊行

邓腾裕，福建惠安人，集美学校水产科渔航第一组学生，1924年毕业后留学日本。学成回国，任教于集美航海水产学校，成绩卓然，被誉为福建省现代航海水产先驱。此书未见，《集美学校要览》留有存目。据"题要"，该书为自编教科书，其内容论述水产渔捞、制造、养殖等方法。

六、工业技术

说剑轩余事 （清）林树梅撰　民国年间岫斋抄本，系沈祖彝据郭析苍校录本传抄，藏福建省馆

林树梅，里居、阅历见第三章第一节"四、军事"之《闽安记略》。林树梅工篆刻，喜藏书，尝刻书多部，对刻书之事甚为熟悉，故著有此刻书之作。本书有《镂蝐》《刻书》《印书》《晒书》《藏书》《油纸》六篇，并附有同安林焜熿所撰《铁篴生小传》一篇。首篇《镂蝐》，记篆刻之源流、章法、材料、镌刻之法，装印泥之器，藏印章之法，用印章之位等，后五篇则记刻书、印书、晒书、藏书之法，其中《刻书》《印书》两篇，乃中国古代雕版印刷史中极为宝贵之文献。

汉阳钢铁厂冶炼法　土铁炼成翻砂铁法　矿用空气压缩机　黄金涛撰　留有存目

黄金涛（1889—？年），字清溪，厦门人。冶金专家。天津北洋大学毕业，1911年入美国哥伦比亚大学采矿冶金专业学习，1914年获工程师学位。回国后曾任汉阳钢铁厂冶金工程师、大冶钢铁厂冶炼总工程师，后任汉阳钢铁厂厂长兼总工程师、汉口市政府工程顾问、经济部专门委员、实业部矿产司司长等职。

中国煤矿事业之发展及其希望　黄金涛撰　《中国实业杂志》民国二十三年（1934年）出版，藏国家馆

此书为《中国实业杂志》第1卷第10期之抽印本，从中国煤田分布状况、中国煤矿储藏量、中国各省煤矿采掘概况、全国煤矿投资总额、近二十一年来产额之比较、煤矿出口等八部分，分析中国煤矿事业的现状，探讨中国煤矿事业的发展。

填筑厦门筼筜港报告书　周醒南编　厦门市政会民国十二年（1923年）刊行，藏厦门市馆

周醒南（1885—1963年），字惺南，号煜卿，广东惠阳人。20世纪20年代历任厦门市政会、厦门市堤工办事处、厦门市工务局总工程师、委员长、会办、局长和顾问，负责制订实施厦门新区的建设、规划和施工，开辟马路，兴建市场，建设中山公园，围筑鹭江道堤岸。1934年离任回粤。此书系其填筑厦门筼筜港的报告书。分为四编，第一编为计划，规划区划、堤岸、填土、沟渠、地平、道路、地段、屋间、沿堤海深、两岸交通、公园及娱乐场所、市政等建设；第二编为

预算，制定4个预算表；第三编为征信录，列出7个支出表、价额表等；第四编为继续填港的意见。书前有道尹陈培锟、市政会会长林尔嘉、副会长洪鸿儒之序，并附有厦门全市图。

厦门中山公园计划书　周醒南编　漳厦海军警备司令部民国十八年（1929年）刊行，藏厦门市馆

此书系周醒南为建设中山公园所制定的计划书，提出中山公园建设之重要性、园址之选择、定名、布置方法、经费预算、进行次第、筹款办法等规划。其中，项目经费预算详列建筑费预算总表和四周马路支款、收买费以及南部、中部、北部工程费等各分项预算表；进行次第分为筑外路、辟新区、定地价及先筑南部等几个步骤。此外，还详列南门、钟楼、司令台等建筑的设计图和效用、位置、形式、面积、构造、布置、经费和完成时间等说明。

嵩屿商埠计划商榷书　杨树庄编　民国二十年（1931年）刊行，藏厦门市馆

杨树庄（1882—1934年），字幼京，福建侯官（今福州市区）人。清光绪二十九年（1903年）毕业于广东黄埔水师学堂。辛亥革命后，历任民国海军舰长、舰队司令兼闽江要塞司令，1924年任漳厦警备司令，后官至海军总司令、省政府主席。此书乃其任漳厦警备司令时，主持嵩屿开发建设所制订之规划。书中分析嵩屿之地位与形势、与厦门之关系、与航运之关系、与腹地之交通等问题，提出嵩屿建设规划，包括区域之划分、建设之程序、经济之筹划，并作出结论。书后附有商埠区域划分图第一期住宅区地区图等5份附图，书前有张贞之序。嵩屿建设计划后来因时局动荡而胎死腹中。

嵩屿商业区第一二期工程计划书　嵩屿建设委员会编　编者民国二十年（1931年）刊行，藏厦门市馆

20世纪30年代，厦门的市政建设进入高峰。当局开始规划与厦门市区隔海相望的嵩屿。成立嵩屿建设委员会，制定建设规划。此书为位于嵩屿南部的商业区一二期工程计划，包括区域划定、大屿地区之建设、区段期限划定、投资合作及募集保障与利益、工程设计与经费概算、第一段地区底价等内容。同时还收入嵩屿建设委员会第一期工程投资合作规程、募集证券规程、土方承办规程以及嵩屿港湾形势图、商业区工程区段图、堤岸设计图等资料。此计划后与嵩屿建设计划一样付诸阙如。

续办福建厦龙铁路计划书　福建铁路公司编　编者民国十三年（1924年）刊行，藏厦门市馆

清光绪三十一年（1905年），福建省华侨筹资组建铁路公司，先修漳厦铁路，自厦门岛对岸嵩屿起至漳州止，长45公里。光绪三十三年（1907年）开工，宣统二年（1910年）修至江东桥，长28公里，因营业不善，股款不继而中止。此

计划书报告福建铁路公司之沿革与现状，提出拟办厦龙铁路之计划，拟定筑造厦龙铁路之程序及工程概算，包括漳江路、漳龙路两段铁路工程概算，并预估两路完成后之收支及盈余。书前有呈报铁道部孙部长的《呈请完成漳厦铁路并筹办漳龙铁路拟具计划》的呈文。

附录：现代厦门地方文献目录

小　引

中华人民共和国成立后，厦门地方著述进入一个崭新的历史时期。在中国共产党的文化政策指导下，著述活动由旧民主主义社会多元化向新民主主义与社会主义社会一元化的转变，并经历了新中国成立初期的新兴、发展，十年"文化大革命"的凋零和改革开放的复苏、繁荣的发展过程。这三个阶段不同的文化政策，对著述活动影响巨大。新中国成立初期的十七年，厦门文献数量不多，题材也较窄。十年动乱期间，则书坛凋零，几近荒芜。改革开放四十多年来，在"弘扬主旋律，提倡多样化"文化方针的指引下，厦门著述活动呈现出"百花齐放、百家争鸣"的活跃态势，不仅厦门地方人士的学科性著作层出不穷，而且随着经济特区建设的迅猛发展，涉及本地区政治、经济与社会发展诸方面的地方文献更是大量涌现。四十多年来的厦门文献生产增长迅速，数量急剧增加，文献数量已是庞大到近乎无法搜罗殆尽之地步。为了反映民国之后的现代厦门文献发展之趋势，形成一个可以比较的概念，编者特编辑此《现代厦门地方文献目录》，收录1949年至2005年正式出版的、内容涉及厦门地区政治、经济与社会发展诸方面的地方文献。个别资料性较强的非正式出版物，如专门志书兼顾收入。而厦门地方人士的专业性学科著作因数量过于庞大，篇幅有限而未作收录。所录每部文献著录书名、卷数、时代、著者、出版单位、出版时间，而收藏地点因各图书发行量大，各图书馆大都有收藏，故未作著录。各条文献款目仍旧依文献内容的学科分类排列。

一、哲学宗教文献

邓小平理论与厦门实践　政协厦门市委员会办公厅、厦门市社会发展研究会编　福建美术出版社1998年出版

　厦门宗教　高令印等编著　鹭江出版社1999年出版

　同安县宗教志　同安县宗教事务局编　编者1996年刊行

吴真人与道教文化研究　吴真人研究会编　　厦门大学出版社1993年出版

二、社会科学文献

1. 政治法律类

厦门社会科学研究十年　方友义、洪卜仁主编　厦门大学出版社1991年出版
厦门概况　厦门市统计局编　厦门市统计局1984年出版
奋进的厦门　厦门市统计局编　中国统计出版社1989年出版
厦门年鉴：2002—2005年　郭振家主编；厦门市地方志编纂委员会办公室编　鹭江出版社2003—2005年出版
厦门社会发展年鉴　厦门市政协办公厅、厦门市社会发展研究会编　厦门大学出版社1998年出版
厦门社会发展年鉴：2002—2004年　厦门市政协办公厅、厦门市社会发展研究会编　福建人民出版社2005年出版
厦门经济特区年鉴：1986—2005年　《厦门经济特区年鉴》编辑委员会编　中国统计出版社1986—2005年出版
开元区经济社会年鉴：2003年　开元区计划统计局编　中华书局2003年出版
福建省厦门市1990年人口普查资料　厦门市人口普查办公室编　中国统计出版社1992年出版
厦门市基本单位普查资料汇编：厦门卷　厦门市第一次全国基本单位普查领导小组办公室编著　中国统计出版社1998年出版
厦门党史画册：新民主主义革命时期　中共厦门市委组织部等合编　厦门大学出版社1991年出版
中国共产党福建省厦门市组织史资料：1926年2月—1987年12月　王家渊、黄坤胜主编　福建人民出版社1989年出版
中国共产党福建省同安县组织史资料：1921—1987　中共同安县委党史办公室编　福建人民出版社1990年出版
中国共产党福建省厦门市辖区组织史资料：1949.10—1991.4　厦门市委组织部等编　鹭江出版社1993年出版
中共厦门地方史大事记：1949—2001年　单辉主编；中共厦门市委党史研究室编　中共党史出版社2002年出版
风雨鹭江：厦门闽中地下党的回忆与史料　中共厦门市委党史研究室编　中央文献出版社2000年出版
中国共产党厦门大学组织史简编　中共厦门大学委员会党史编委会编　厦门大

学出版社1996年出版

厦门大学党史资料第一辑　肖学信、郑文贞选编；中共厦门大学委员会党史编委会编　厦门大学出版社1987年出版

厦门大学党史资料第二辑　中共厦门大学委员会党史编委会编　厦门大学出版社1988年出版

厦门大学党史资料第三辑：1949—1987年厦大历次党代会议文件汇编　未力工主编　厦门大学出版社1989年出版

中共厦门地方史专题研究：社会主义时期（1—3）　单辉主编；中共厦门市委党史研究室编　中共党史出版社2002年、2004年、2005年出版

往事　张可同著　中央文献出版社2004年出版

从政二十春：文稿选编1983—2002年　李秀记著　鹭江出版社2003年出版

厦门工人运动史　厦门市总工会编　厦门大学出版社1991年出版

同安县工会志　厦门市同安区总工会编　编者1998年刊行

厦门青少年抗日先锋　曾昭铎、黄坤胜主编　厦门大学出版社1991年出版

不息的浪涛：厦门大学解放前革命斗争风貌　郑文贞著　厦门大学出版社1986年出版

钢铁的一群：厦门青少年抗日群体的回忆与史料　单辉主编；中共厦门市委党史研究室编　中共党史出版社2004年出版

命定：厦门老三届知青人生纪实影集　谢春池主编　天马图书有限公司2001年出版

同安县妇女志　本书编委会编　编者2002年刊行

厦门市统一战线志　本书编委会编　编者1999年刊行

新中国五十年的厦门　林书春主编；中共厦门市委宣传部编　鹭江出版社1999年出版

同安县人民代表大会志　本书编委会编　编者2001年刊行

厦门特区人大制度建设研究　黄强等著　厦门大学出版社1998年出版

厦门经济特区法规汇编：1—2　厦门市司法局编　鹭江出版社1985年—1987年出版

厦门市人民政府规范性文件汇编一：1986年—1987年　厦门市法制局编　鹭江出版社1991年出版

厦门市人民政府规范性文件汇编二：1988年—1990年　厦门市法制局编　鹭江出版社1991年出版

厦门市人民政府规范性文件汇编三：1991年　厦门市法制局编　鹭江出版社1992年出版

厦门市人民政府规范性文件汇编四：1992年　厦门市法制局编　鹭江出版社

1993年出版

厦门市人民政府规范性文件汇编五：1993年　厦门市法制局编　鹭江出版社1994年出版

同安县政务志　洪允践主编；《同安县政务志》编纂委员会编　海潮摄影艺术出版社2002年出版

同安县人事编制志　同安县人事局编　编者1995年刊行

厦门市政协志：1950—1998　政协厦门市委员会编　编者1999年刊行

厦门经济特区行政监察　梁俊华、谢建文主编　湖南出版社1993年出版

厦门市人民公安志：1949.10—1994.12　《厦门市人民公安志》编纂委员会编　编者1998年刊行

同安县公安志　本书编委会编　编者2000年刊行

岿然不动：99厦门军民抗击十四号台风纪实　陈炳琳主编；厦门日报社编　厦门日报社1999年出版

厦门华侨志　本书编委会编　鹭江出版社1991年出版

同安华侨志　郭瑞明、蒋才培编著　鹭江出版社1992年出版

厦门侨乡　郭瑞明编著　鹭江出版社1998年出版

中国经济特区的精神文明建设：厦门卷　中共厦门市委党史研究室编　中共党史出版社2001年出版

与时俱进　开拓未来　创建全国文明城市　中共厦门市精神文明建设指导委员会办公室编　厦门大学出版社2003年出版

世纪启示录：厦门精神文明建设之路　李忆敏、胡参著　人民出版社1997年出版

特区之光：厦门经济特区两个文明建设纪实　《厦门商报》总编室选编　厦门大学出版社1998年出版

厦门向新世纪文明迈进　朱清主编　福建人民出版社1997年出版

鹭岛风采：厦门市创建文明城市纪实　中共中央宣传部宣传教育局编　学习出版社1998年出版

以人为本　和谐社区：思明区梧村街道社区建设纪实　思明区梧村街道办事处编　厦门大学出版社2005年出版

构筑面向21世纪的精神文明大厦：厦门"九五"期间社会主义精神文明建设规划汇编　中共厦门市委宣传部等编　厦门大学出版社1998年出版

文明之路：决策篇　中共厦门市委宣传部、厦门市精神文明建设办公室编　鹭江出版社1997年出版

文明之路：群英篇　中共厦门市委宣传部、厦门市精神文明建设办公室编　鹭江出版社1997年出版

文明之路：实践篇 中共厦门市委宣传部、厦门市精神文明建设办公室编 鹭江出版社1997年出版

文明之路：探索篇 中共厦门市委宣传部、厦门市精神文明建设办公室编 鹭江出版社1997年出版

构筑新世纪精神大厦：厦门市创建文明城市纪实 陈家传主编 新华出版社1998年出版

迈向新世纪的厦门经济特区 陈朝宗、林美治主编 湖北人民出版社2000年出版

近代厦门社会掠影 汪方文主编；洪卜仁、吴仰荣编著 厦门大学出版社2000年出版

厦门外事志 本书编委会编 编者2002年刊行

厦门政法志 本书编委会编 厦门大学出版社1997年出版

同安县民政志 本书编纂小组编 同安县民政局1995年刊行

同安政法委志：1981.11—2002.12 中共厦门市同安区委政法委员会、厦门市同安区社会治安综合治理委员会办公室编 编者2004年刊行

共和国大要案之厦门特大走私系列案 刘炎主编 人民法院出版社2004年出版

厦门市法学会：成立专辑 厦门市法学会编 人民出版社1984年出版

厦门司法行政志 江鸿寿主编 厦门市司法局2004年刊行

厦门政法史实：晚清民国部分 林华主编 鹭江出版社1989年出版

中国人民解放军华东随军服务团研究 沈芦主编 厦门大学出版社1995年出版

厦门海防文化 黄鸣奋著 鹭江出版社1996年出版

厦门市人民防空志 厦门市民防办公室编 编者1994年刊行

金门之战：1949—1959 徐焰著 中国广播电视出版社1992年出版

2. 经济类

光辉的胜利：厦门市资本主义工商业社会主义改造资料丛书 区礼华等主编 厦门大学出版社1992年出版

厦门：港口风景城市经济特区 方文图等编 海洋出版社1986年出版

两岸"三通"与闽台经贸合作 林卿、郑胜利、黎元生著 中国经济出版社2005年出版

厦门经济特区建设十周年：1981—1991年 《厦门经济特区建设十周年》编辑部编 鹭江出版社1991年出版

厦门经济特区宏观经济管理研究 厦门市计划委员会编 鹭江出版社1991年出版

厦门经济发展探索第1辑 毛涤生主编 华星出版社2005年出版
厦门经济特区建设概览 叶小楠主编 中国统计出版社1991年出版
世纪初的思索：厦门市"十五"期间国民经济和社会发展思路研究 徐模主编 厦门大学出版社2000年出版
同安县综合经济志：1950—1992 施传礼主编；同安县计划委员会编 编者1994年刊行
杏林台商投资区：1989年—1992年 吕拱南编 鹭江出版社1993年出版
厦门经济特区外商投资研究 厦门市人民政府工业普查办公室、厦门经济特区经济研究所编 鹭江出版社1987年出版
厦门经济特区建设与海峡两岸关系的发展 林志渥等编 鹭江出版社1996年出版
厦门特区二次创业战略研究 厦门市计划委员会编 厦门大学出版社1996年出版
新时期厦门的改革 中共厦门市委党史研究室编 中央文献出版社1997年出版
厦门经济特区办事指南 中共厦门市委政策研究室编 鹭江出版社1990年出版
脚印：厦门经济特区建设十五周年 陈聪辉主编 文汇出版社1996年出版
经济开放的非经济效益：对厦门经济特区外商投资企业职工的调查与研究 张小金等编 鹭江出版社1996年出版
厦门市计划志 本书编委会编 厦门大学出版社1997年出版
厦门经济特区 本书编委会编 新华出版社1986年出版
中国经济特区发展的一个战略选择：厦门经济特区实施自由港某些政策研究 王洛林主编 鹭江出版社1994年出版
发展中的厦门特区：大中型工业企业 厦门市工业普查办公室编 人民出版社1986年出版
厦门经济特区价格实践与探索 薛竹主编 厦门大学出版社2000年出版
厦门经济特区建设与发展研究 郭哲民著 厦门大学出版社1995年出版
迈进九十年代的厦门经济特区 本书编辑部编 鹭江出版社1992年出版
厦门特区发展的理论与实践 郑金沐著 厦门大学出版社2005年出版
厦门外商服务指南 厦门市外商投资企业协会、厦门市小雅摄影科技发展有限公司编 厦门大学出版社2003年出版
中国厦门：思明 郭安民等 海潮摄影艺术出版社1993年出版
厦门经济特区辞典 陈聪辉主编 人民出版社1996年出版
厦门规划图集 马武定主编 中国翰林出版社2001年出版
中国经济特区的建立与发展：厦门卷 中共厦门市委党史研究室编 党史资料出版社1996年出版

中国沿海城市投资环境综览：厦门卷　卢善庆、张哲永编　华东师范大学出版社1989年出版

近代厦门社会经济概况　厦门市志编纂委员会、《厦门海关志》编委会编　鹭江出版社1990年出版

同安县经济社会发展战略：1991—2000年　王洛林主编　厦门大学出版社1990年出版

同安县工商行政管理志　厦门市同安县工商行政管理局编　编者1999年刊行

厦门市劳动志　黄新金主编；本书编纂委员会编　厦门大学出版社1999年出版

厦门物流　厦门市发展现代物流产业协调小组办公室编　厦门大学出版社2004年出版

同安物价志　本书编委会编　编者1993年刊行

厦门市经济技术协作志　本书编委会编　编者1992年刊行

国企之光：厦门市国有企业改革和发展　毛涤生主编　厦门大学出版社2000年出版

厦门工商史事　厦门市政协文史资料委员会、厦门总商会编　厦门大学出版社1997年出版

福建企业博览：厦门分册　张黎洲主编；本书编委会编　福建人民出版社1993年出版

厦门经贸环境与外来投资企业名录　辛毓雄等主编　中国经济出版社1996年出版

厦门企业大全：1996—1997年　厦门兰花剪报公司编　厦门大学出版社1996年出版

中国经济特区和沿海开放城市概况　厦门科学技术情报研究所编　鹭江出版社1985年出版

厦门市房地产志　陈振和编　厦门大学出版社1988年出版

广厦集：房地产资讯总汇　张广中、陈伟主编；厦门纪文金网络工程有限公司编　海潮摄影艺术出版社2002年出版

挑战与机遇：论厦门房地产开发与房地产设计艺术　朱丽水等主编　厦门大学出版社1996年出版

厦门土地管理的实践与探索：1993—1996年　黄荣发主编　厦门大学出版社1996年出版

厦门市农业志　王复基编著　厦门市农业局1998年刊行

福建省厦门市同安县农业志　同安县农业局编　编者1996年刊行

厦门市土地志　本书编纂委员会编　鹭江出版社1996年出版

翔安"三农"工作调研与对策　吴南翔主编　厦门大学出版社2005年出版

福建省厦门市同安县林业志　　同安县林业局编　　编者1995年刊行

厦门工业五十年　　厦门市统计局编　　福建省地图出版社1999年出版

厦门电力工业志　　王兴献主编　　当代中国出版社1998年出版

厦门电厂志　　殷庭梁主编；厦门电厂编　　福建永光电力印刷厂1999年刊行

福建省厦门市同安县水利电力志　　本书编纂委员会编　　编者1993年刊行

中华人民共和国地方志：福建省·厦门市二轻工业志　　陈明山主编　　中国文联出版社1999年出版

同安县经委直属国有工业志　　同安县经济委员会编　　编者1996年刊行

厦门经济特区工业概览　　欧阳大千主编　　中国统计出版社1991年出版

中华人民共和国1995年年工业普查资料汇编：厦门卷　　厦门市第三次工业普查领导小组办公室编　　中国统计出版社1996年出版

厦门交通志　　《厦门交通志》编委会编　　人民交通出版社1989年出版

同安交通志　　李逸主编　　厦门大学出版社1993年出版

厦门特区交通邮电十年：1981—1990　　季桂荣主编；厦门市交通局编　　鹭江出版社1991年出版

厦门海外交通　　李金明著　　鹭江出版社1996年出版

鹰厦铁路　　黄岑著　　福建人民出版社1958年出版

厦门港史　　厦门港史志编纂委员会编　　人民交通出版社1993年出版

厦门港　　顾海著　　福建人民出版社2001年出版

厦门港口纪事　　邓孙禄主编　　大连海运学院出版社1992年出版

厦门港志　　邓孙禄主编　　人民交通出版社1994年出版

厦门信息　　毛涤生主编　　厦门大学出版社1999年出版

厦门市邮电志　　李振群主编；厦门市邮电志编纂委员会编　　方志出版社2003年出版

同安县邮电志　　同安县邮电局编　　编者1994年刊行

厦门市粮食志　　厦门市粮食局、《厦门市粮食志》编委会编纂　　编者1997年刊行

厦门商会档案史料选编　　厦门市档案馆、厦门总商会编　　鹭江出版社1993年出版

厦门商务名片：1999—2004年　　罗福贤主编　　天马图书有限公司2001年—2004年出版

同安县商业志　　厦门市同安县商业局编　　编者1995年刊行

面临"复关"的思考：厦门市"复关"对策研究报告　　何立峰主编　　厦门大学出版社1994年出版

同安县对外经济贸易志　　同安县对外经济贸易委员会编　　编者1994年刊行

厦门经济特区对外经贸十年：1981—1991年　　王炜中等编　　海峡旅游贸易出版

社1991年出版

辉煌的厦门外贸　本书编委会编　鹭江出版社1994年出版

厦门海关志：1684—1989年　中华人民共和国厦门海关编著　科学出版社1994年出版

厦门商检志　郑家萍主编　方志出版社1998年出版

厦门财政志　洪进益主编；厦门市财政局编　厦门大学出版社1999年出版

厦门税务志　厦门税务局编　中国审计出版社1998年出版

同安县税务志　杨永建著　同安县税务局1991年刊行

改革创新发展：厦门经济特区金融事业13年成就报告　本书编委会编　鹭江出版社1993年出版

厦门经济特区金融业二十年回顾与展望　欧阳卫民主编　厦门大学出版社2001年出版

厦门金融志　本书编委会编　鹭江出版社1989年出版

同安金融志　本书编委会编　编者1999年刊行

投资中国大市场：厦门市专辑　中共厦门市委办公厅编　大公报出版有限公司1994年出版

中国银行厦门市分行行史资料汇编（上、中、下）：1915—1995年　叶艳苹主编；《中国银行厦门市分行行史资料汇编》编委会编　厦门大学出版社1999年出版

3. 文化教育与体育类

厦门文化艺术志　本书编委会编　厦门大学出版社1999年出版

同安文化艺术志　洪文章等编著　厦门大学出版社1996年出版

厦门报业　胡立新、杨恩溥编撰　鹭江出版社1998年出版

经典厦门55：厦门日报创刊55周年　厦门日报社编　编者2004年出版

厦门日报创刊三十五周年庆祝特刊：1949—1984年　厦门日报社编　编者1984年出版

搏击风雨五十年：《厦门日报》史略　"纪念《厦门日报》创刊50周年"丛书编委会编　鹭江出版社1999年出版

美丽10年：1993—2003年厦广音乐台　宋康、洪岩主编　厦门大学出版社2003年出版

闽海雄风：郑成功纪念馆　吴剑隆编著　中国大百科全书出版社1998年出版

厦门展览二十年　林大飞编著　中央文献出版社2005年出版

厦门教育　郑炳忠主编　鹭江出版社1998年出版

厦门社区教育研究与实践　陈珂主编　中国文联出版公司2005年出版

诚毅篇：第一辑　任镜波编　海峡文艺出版社1990年出版

海湾型城市建设中的厦门教育之城规划研究　厦门教育局、厦门市教科所编　陕西人民教育出版社2004年出版

厦门教育改革的透视与评说　谭南周著　华夏出版社2000年出版

创新教育在厦门　谭南周主编　华夏出版社2002年出版

近代厦门教育档案资料　汪方文主编；厦门市档案局、厦门市档案馆编　厦门大学出版社1997年出版

改革实验示范：厦门实验小学在前进　尤颖超主编；厦门实验小学编　福建教育出版社2004年出版

"英雄小八路"的光辉历程　王添成编著　福建教育出版社2001年出版

开元课改第一年　杨益坚主编　福建教育出版社2002年出版

感悟双十　郑启五主编　厦门大学出版社2004年出版

集美学校七十年　本书编写组编　福建人民出版社1983年出版

集美学村八十年校史　周日升编著　鹭江出版社1993年出版

集美学校80—90周年：1993—2003年　朱晨光、梁振坤主编　中央文献出版社2003年出版

厦门市集美中学　洪诗农主编　人民教育出版社1998年出版

集美航海学院校史：1920—1990　骆怀东编著　厦门大学出版社1990年出版

厦门水产学院校志：1972—1990　黄拔泉主编　厦门水产学院印刷厂1991年刊行

厦门大学　本书编委会编　厦门大学出版社1991年出版

厦门大学　叶世满主编；厦门大学办公室编　浙江大学出版社2000年出版

厦门大学概况　厦门大学办公室编　厦门大学出版社1982年出版

厦门大学校史第一卷：1921—1947　洪永宏编　厦门大学出版社1990年出版

厦门大学：海上花园学府中国南方之强　朱水涌著　厦门大学出版社2001年出版

厦门大学校史资料第一辑：1921—1937　黄宗实、郑文贞选编；厦门大学校史编委编　厦门大学出版社1987年出版

厦门大学校史资料第二辑：1937—1949　黄宗实、郑文贞选编；厦门大学校史编委会编　厦门大学出版社1988年出版

厦门大学校史资料第三辑：1949—1966　林祖谋等选编；厦门大学校史编委编　厦门大学出版社1989年出版

厦门大学校史资料第四辑：1966—1987　林祖谋等选编；厦门大学校史编委编　厦门大学出版社1990年出版

厦门大学校史资料第五辑：组织机构沿革暨教职工名录　陈菅、陈旭华选编；厦门大学校史编委会编　厦门大学出版社1990年出版

厦门大学校史资料第六辑：学生毕业生名录1921—1987　厦门大学校史编委会编　厦门大学出版社1990年出版

厦门大学校史资料第七辑：海外函授院、国际教育中心师生名录1956—1989　厦门大学校史编委会编　厦门大学出版社1990年出版

厦门大学校史资料第八辑：厦大建筑概述　厦门大学校史编委会编　厦门大学出版社1991年出版

厦门大学校史资料第九辑：1988—1991　孔熊焰、翁勇青选编；厦门大学校史编委会编　厦门大学出版社1996年出版

厦门大学校史资料第十辑（上）：南强之星·厦门大学学生毕业生名录（1988年—1999年）　陈国凤主编　厦门大学出版社2001年出版

厦门大学校史资料第十辑（中）：南强之星·厦门大学学生毕业生名录（1987年—1999年）　陈国凤主编　厦门大学出版社2001年出版

厦门大学校史资料第十辑（下）：南强之星·海外教育学院师生名录（1990年—1999年）　陈国凤主编　厦门大学出版社2001年出版

厦门大学院系馆所简史：1921—1987年　刘正坤编　厦门大学出版社1990年出版

厦门大学外文系系志：1923—1993　厦门大学外文系编　编者1993年刊行

厦门大学中文系系志　厦门大学中文系编　编者2001年刊行

厦门大学旅港校友会纪念母校特刊　特刊编委会编　厦门大学出版社1991年出版

火红的青春：国立第一侨民师范学校校友回忆录　单辉主编；中共厦门市委党史研究室编　中共党史出版社2003年出版

国立第一侨民师范纪念集　方友义主编；庄连枝等助编　华星出版社2000年出版

国立第一侨民师范纪念集：续集　方友义主编　华星出版社2004年出版

陈嘉庚爱国体育思想　郑如赐主编　天马图书有限公司2003年出版

直播马拉松　陈大恩、杨启舫、陈玲编著　中国广播电视出版社2004年出版

4. 语言文字类

厦门方言　陈荣岚、李熙泰编著　鹭江出版社1999年出版

厦门方言词典　李荣主编；周长楫编纂　江苏教育出版社1993年出版

厦门方言志　谭邦君主编；厦门市地方志编纂委员会办公室编　北京语言学院出版社1996年出版

厦门方言研究　周长楫、欧阳忆耘著　福建人民出版社1998年出版

厦门方言熟语歌谣　周长楫编著　福建人民出版社2001年出版

厦门成语　姚景良编撰　鹭江出版社1998年出版
厦门话文　许长安、李熙泰编著　鹭江出版社1993年出版
学说厦门话　周长楫、林宝卿著　上海教育出版社1996年出版
闽南话入门　纪亚木编　鹭江出版社1993年出版
闽南谚语俗语格言集萃　高家凌、巩玉闽主编　中央文献出版社2005年出版
闽南话与普通话　周长楫著　语文出版社1991年出版
闽南话掌故　沈英艺著　海风出版社2005年出版
闽南谚语　曾阅编著　海峡文艺出版社1987年出版
闽南话教程　林宝卿编著　厦门大学出版社1992年出版

三、文学艺术文献

1. 文学类

厦门新文学　徐学著　鹭江出版社1998年出版
厦门优秀文学作品选：文学评论卷1980—1993年　本书编委会编　鹭江出版社1993年出版
厦门优秀文学作品选：文学评论卷1994—2003年　本书编委会编　昆仑出版社2005年出版
感悟艺术与燃烧岁月　曾若虹著　中国文联出版公司2005年出版
回顾：我就是我卷二：旅人谢春池作家印象记　谢春池主编　天马图书有限公司2001年出版
林语堂：文化转型的人格符号　施萍著　北京大学出版社2005年出版
林语堂与世界文化　冯羽著　江苏文艺出版社2005年出版
林语堂论　万平近编　陕西人民出版社1987年出版
鲁藜研究文粹　王玉树编著　天津社会科学院出版社1990年出版
厦门戏曲　曾学文著　鹭江出版社1996年出版
南天一柱：作家笔下的厦门　庄钟庆编　鹭江出版社1985年出版
鳌园春晖　林忠阳著　黑龙江人民出版社2003年出版
海防前线一日　本书编委会　厦门人民出版社1959年出版
厦门优秀文学作品选：诗歌、散文卷1980—1993年　本书编委会编　鹭江出版社1993年出版
鹭岛之鹭：小说报告文学创作丛书　山东人民出版社编　山东人民出版社1983年出版
悠悠鹭江水　林培堂著　鹭江出版社1993年出版

诗游厦门　彭一万著　鹭江出版社2001年出版

岛上红旗　何泽沛等著　福建人民出版社1957年出版

厦门名胜诗词楹联　胡汉传编　厦门大学出版社1992年出版

雄风千载颂延平：赞颂郑成功诗词对联选编　张宗洽著　海峡文艺出版社2002年出版

厦门优秀文学作品选：诗歌卷1994—2003年　陈元麟主编；本书编委会编　昆仑出版社2005年出版

风流千载忆延平：咏怀郑成功诗词选集　张宗洽、何丙仲编　福建人民出版社1982年出版

厦门风　徐常波著　鹭江出版社1992年出版

白鹭与相思树　郭秀治、杨惠碧编　鹭江出版社1986年出版

鹭江唱晚　余元钱主编；厦门老年大学诗词研究会编　中国文化出版社2005年出版

厦门沦陷纪事　谢春池著　作家出版社2005年出版

鼓浪屿诗词选　政协厦门市鼓浪屿区委员会等编　鹭江出版社1994年出版

厦门：永远的恋歌　谢春池著　鹭江出版社1999年出版

厦门诗人十二家　谢春池、陈仲义、邱滨玲主编　中国文联出版公司2003年出版

厦门情愫　杨钧炜编　鹭江出版社1992年出版

党的优秀女儿：刘惜芬　郭秀治主编　中国文联出版社2005年出版

郑成功：电影文学剧本　郭沫若著　上海文艺出版社1979年出版

厦门优秀文学作品选：小说卷1980—1993年　本书编委会编　鹭江出版社1993年出版

厦门优秀文学作品选：中篇小说卷1994—2003年　陈元麟主编；本书编委会编　昆仑出版社2005年出版

厦门优秀文学作品选：短篇小说卷1994—2003年　陈元麟主编；本书编委会编　昆仑出版社2005年出版

鹭岛之鹭　钟海城等著　山东人民出版社1983年出版

厦门之役　张鲁闽、吴龙海著　海峡文艺出版社1985年出版

花与剑　张鲁闽、郭秀治著　鹭江出版社1985年出版

旋风儿：小说郑成功　陈舜臣著　远流出版事业股份有限公司1994年出版

饮恨金门　吴龙海著　鹭江出版社1989年出版

小城春秋　高云览著　人民文学出版社1956年出版、1979年再版

陈化成　吴必尧著　百家出版社1996年出版

大英雄郑成功：长篇历史小说　吴龙海等编剧；王汉广改编　长江文艺出版社2003年出版

出洋记：陈嘉庚外传（上） 洪永宏著 福建人民出版社1984年出版
归来记：陈嘉庚外传（下） 洪永宏著 福建人民出版社1985年出版
安业民的故事 周红兵著 福建人民出版社1977年出版
蛇侠 张力著 鹭江出版社1991年出版
海囚 洪永宏著 福建人民出版社1980年出版
鹭岛博士 陈友敏著 花城出版社2001年出版
乌肥古 张力著 鹭江出版社1993年出版
永远的马巷 苏文田、在家著 中国文联出版公司2003年出版
小说鼓浪屿 吴铧著 国际文化出版公司出版社2002年出版
海疆儿女：福建民兵斗争故事 福建省军区政治部编 福建人民出版社1977年出版
夜海歼敌：前线民兵斗争故事 厦门大学中文系工农试点班编写 福建人民出版社1972年出版
特别航程：前线民兵斗争故事 厦门大学中文系七二级工农兵学员编写 福建人民出版社1975年出版
前线战歌：前线民兵斗争故事 福建省军区政治部编 福建人民出版社1974年出版
无畏的战士：福建前线战斗故事 解放前线报社编 厦门人民出版社1958出版
特区孩子的故事：少年儿童短篇小说选 周云石著 大众文艺出版社1997年出版
"英雄小八路"的故事 王添成编著 福建教育出版社2001年出版
安业民 朱良仪著 上海人民出版社1976年出版
厦门优秀文学作品选：报告文学卷1980—1993 本书编委会编 鹭江出版社1993年出版
血战台湾岛：郑成功收复台湾纪实 王学东著 解放军出版社1997年出版
商海军魂：厦门卷 陈昆源主编 解放军文艺出版社1997年出版
鹭岛春秋 胡冠中著 中国文联出版社2003年出版
8·23炮击金门：上、下 沈卫平著 华艺出版社1998年出版
这一半和那一半 何光喜等撰稿 解放军文艺出版社1991年出版
鼓浪世界 程童一、陈光明、何光喜著 解放军文艺出版社1992年出版
海外赤子 黄意华编 福建少年儿童出版社1991年出版
潮涌厦门 厦门经济特区《潮涌厦门》编委会编 人民日报出版社1996年出版
东海长城 胡冠中主编；厦门市委党史研究室编 海峡文艺出版社1997年出版
白鹭之旅：厦门特区建设15周年历程纪实 谢春池编 鹭江出版社1996年出版

特区文明新视野：厦门边防检查站精神文明建设纪实　于新开著　厦门大学出版社1997年出版

鹭江春雷　陈照寰、陈天绥主编；厦门市闽粤赣边区革命史研究会编　中共党史出版社2002年出版

厦门革命回忆录　曾昭铎、黄坤胜主编　厦门大学出版社1992年出版

仇满鹭江潮：厦门码头工人家史选　厦门市交通局搬运公司、厦门大学中文系合编　福建人民出版社1975年出版

英雄人民英雄城：（一）英雄少年　中共厦门市委宣传部编　厦门人民出版社1958年出版

英雄人民英雄城：（二）与炮火博斗的人　中共厦门市委宣传部编　厦门人民出版社1958年出版

前线英雄儿女　本书编委会编　厦门人民出版社1959年出版

前线妇女　厦门市妇联、厦门人民出版社编　厦门人民出版社1960年出版

风暴：查处厦门特大走私案纪实　张贤华等著　作家出版社2001年出版

铸盾：厦门市公安局劳模事迹纪实　厦门市公安局编　海风出版社2005年出版

厦门远华大案：查缉赖昌星走私犯罪集团纪实　海韵著　中国海关出版社2001年出版

军民团结铸长城　中共厦门市委宣传部编　解放军文艺出版社2001年出版

海峡筑堤：鹰厦铁路通讯选集之三　福建人民出版社1957年出版

投资厦门的海外俊杰　林华明主编　鹭江出版社1997年出版

厦门市获奖新闻作品集：2001—2003年度　厦门市新闻工作者协会编　鹭江出版社2005年出版

与你同行：厦门晚报10周年重大策划报道选集　厦门晚报社编著　中国文联出版公司2003年出版

目击跨越　郅振璞著　人民日报出版社2001年出版

鼓浪屿好八连故事选　吴青田、吕世华、程童一主编　解放军文艺出版社1992年出版

拳拳赤子心　陈聪聪主编　厦门大学出版社1999年出版

升平路48号的秘密　朱铁著　鹭江出版社1991年出版

跨越海峡　秦岛编　厦门大学出版社1993年出版

优秀新闻作品选　"纪念《厦门日报》创刊50周年丛书"编委会编　鹭江出版社1999年出版

历史的轨迹　"纪念《厦门日报》创刊50周年丛书"编委会编　鹭江出版社1999年出版

翔安风采　张再勇著　中国文联出版公司2004年出版

亲历二十年获奖作品集　厦门晚报社、中国工商银行厦门市分行编　厦门晚报社2001年出版

教泽流芳　厦门市教育基金会编　国际文化出版公司2001年出版

市声　厦门海湾投资有限公司编　海潮摄影艺术出版社2005年出版

厦门优秀文学作品选：散文卷1994—2003年　陈元麟主编；本书编委会编　昆仑出版社2005年出版

南国的梦：关于鼓浪屿的散文　鼓浪屿区政府、政协鼓浪屿委员会编　鹭江出版社1995年出版

厦门人　陈慧瑛著　鹭江出版社1986年出版

神奇的绿岛　陈慧瑛著　四川文艺出版社1990年出版

城市记忆：厦门晚报乡土题材作品选　厦门晚报社编　中国文联出版公司2003年出版

展翅的白鹭　陈慧瑛著　鹭江出版社1985年出版

鹭岛情思　林懋义著　鹭江出版社1986年出版

老街故事　郭坤聪著　人民日报出版社2005年出版

厦门民间故事　林秋荣、林佳卿整理　鹭江出版社2002年出版

郑成功的传说　中国民间文艺研究会福建分会编　福建人民出版社1982年出版

白鹭的传说　章义泓等整理　福建人民出版社1983年出版

厦门的传说：中国地方风物传说之十　陈炜萍编　上海文艺出版社1986年出版

厦门歌谣　林桂卿编　鹭江出版社1993年出版

日光岩边小金菊：厦门近代歌谣和历史传说歌谣　吴福兴编著　鹭江出版社1993年出版

同安民歌选集：第1—7集　中共同安县委宣传部、同安县文化馆编　编者1958年刊行

中国民间谚语集成：福建卷厦门市分卷　徐常波等执编　厦门市民间文学集成编委会1992年出版

厦门谚语　黄守忠等编著　鹭江出版社1996年出版

2. 艺术类

郑成功纪念馆馆藏书画作品选　曾莹主编；厦门郑成功纪念馆编　福建美术出版社2005年出版

厦门同安农民画作品选　朱艺芬主编；厦门市同安区人民政府编　厦门大学出版社1999年出版

同安县农民画展作品选　福建人民出版社1966年出版

中国著名油画家·中国鼓浪屿风景写生作品集　徐里主编　中国翰林出版公

司2004年出版

小城春秋：上、中、下集　高云览原著　福建美术出版社2001年出版

郑成功收复台湾　吴景希著　福建人民出版社1979年出版

郑成功碑林　梁奕川等主编　海风出版社1993年出版

集美鳌园题刻拓本　陈礼义、陈振群拓编　福建人民出版社1981年出版

中国厦门：摄影集　厦门市人民政府新闻办公室编　五洲传播出版社2003年出版

今日厦门：经典·温馨·魅力（摄影集）　朱庆福摄影　中国摄影出版社2001年出版

鹭岛春秋：李开聪摄影作品选　李开聪摄　海风出版社2001年出版

厦门旧影　洪卜仁主编　人民美术出版社1999年出版

移山填海：鹰厦铁路图片集　福建人民出版社编　福建人民出版社1958年出版

厦门歌谣　彭永叔等整理编撰　鹭江出版社1993年出版

白鹭女神之歌　朱家麒等编　鹭江出版社1991年出版

小城春秋：分镜头剧本　福建省电影制片厂编　编者1987年出版

前沿小八路：小舞剧　福建省厦门市歌舞团演编　人民音乐出版社1978年出版

歌仔戏史　陈耕等著　光明日报出版社1997年出版

歌仔戏资料汇编　陈耕主编　光明日报出版社1997年出版

歌仔戏音乐　邱曙炎、罗时芳编　光明日报出版社1997年出版

一代宗师邵江海　陈耕主编　光明日报出版社1997年出版

林鹏翔答嘴鼓艺术　厦门市文化局编；周长楫注音注释　厦门大学出版社1997年出版

四、历史地理文献

1. 历史类

厦门市志　厦门市地方志编纂委员会编　方志出版社2004年出版

厦门史话　陈孔立著　鹭江出版社1996年出版

厦门历史上的今天　江林宣辑；纪念《厦门日报》创刊50周年丛书编委会编　鹭江出版社1999年出版

郑成功与台湾　王仁杰主编　厦门大学出版社2003年出版

郑成功收复台湾　张宗洽、方文图编写　福建人民出版社1962年出版

郑成功收复台湾事迹　朱杰勤著　新知识出版社1956年出版

郑成功收复台湾史料选编　厦门大学郑成功历史调查研究组编　福建人民出版

社1982年出版

  郑成功收复台湾 方白编 中国少儿出版社1962年出版

  劈波斩浪逐荷夷：郑成功收复台湾 孔德骐编著 广西科学技术出版社2005年出版

  郑成功档案史料选辑 厦门大学台湾研究所、中国第一历史档案馆编辑部编 福建人民出版社1985年出版

  南侨机工抗战纪实 陈毅明、汤璐聪编 鹭江出版社2005年出版

  南侨机工：图集 丁炯淳主编；华侨博物院编 文物出版社2005年出版

  岁月留痕：文史资料汇编 福建省政协文史资料委员会编 福建人民出版社1999年出版

  "我爱你厦门" 孔永松主编 厦门大学出版社1995年出版

  漳厦战役 中共厦门市委党史研究室编 中央文献出版社1994年出版

  厦门通 厦门市计划委员会等编 海天出版社1996年出版

  厦门爱国主义教育手册 胡汉传、彭一万编著 厦门大学出版社1996年出版

  中共厦门地方史：新民主主义革命时期 中共厦门市委党史研究室编 中央文献出版社1999年出版

  风雨征程：城工部厦门地下党的史料与回忆 中共厦门市委党史研究室编 海峡文艺出版社1999年出版

  话说厦门 林沙编著 厦门大学出版社2001年出版

  厦门与香港 厦门市政协文史资料委员会、厦门市地方志编纂委员会办公室编 鹭江出版社1997年出版

  奉献 沈芦主编 鹭江出版社1994年出版

  厦门读史 李启宇著 海峡文艺出版社2004年出版

  厦门海关历史档案选编：1911—1949年·第一辑 戴一峰主编 厦门大学出版社1997年出版

  厦门档案资料丛书：近代部分1—4 汪方文主编 厦门大学出版社1997年出版

  鹭岛新生：厦门城市接管与社会改造 中共厦门市委党史研究室编 中央文献出版社1997年出版

  两岸葱茏连锦绣：厦台文化交流纪实 厦门市政协文史和学习宣传委员会编 鹭江出版社1998年出版

  厦门与台湾 唐次妹著 鹭江出版社1999年出版

  厦门地志 陈嘉平等编著 鹭江出版社1999年出版

  百年厦门 谢春池著 福建人民出版社2003年出版

  厦门解放 厦门市档案局（馆）编 厦门大学出版社2002年出版

  厦门环岛路轶闻：话说厦门之二 林沙编著 新华出版社2004年出版

岁月屐痕：厦门思明中华街区掠影　政协厦门市思明区委员会编　福建美术出版社2003年出版

灌口掌故大观　郑高菽主编　中国文联出版公司2004年出版

海防前线的厦门　厦门日报资料组编　福建人民出版社1957年出版

厦门抗日战争档案资料　汪方文主编；厦门市档案局、厦门市档案馆编　厦门大学出版社1997年出版

峥嵘岁月　周志坚著　鹭江出版社1994年出版

闽南风　陈清平著　中国文联出版公司2005年出版

集美志　陈厥祥编著　侨光印务有限公司1963年出版

辛亥革命在厦门　庄威主编；中国国民党革命委员会厦门委员会、厦门市政协文史和学习宣传委员会编　当代中国出版社2001年出版

厦门掌故　叶时荣编撰　鹭江出版社1999年出版

党和国家领导人在厦门经济特区　中共厦门市委办公厅等编　世界经济出版社1996年出版

开拓　沈芦主编　厦门大学出版社1993年出版

移山填海话当年：厦门海堤建设回顾　本书编委会编　鹭江出版社2001年出版

闽南小刀会起义史料选编　洪卜仁主编　鹭江出版社1994年出版

海上集　庄为玑著　厦门大学出版社1996年出版

第二届世界同安联谊大会特辑　本书编委会编写　厦门大学出版社1997年出版

厦门村志简史记　林建、杨家姜编著　旅游杂志社2003年出版

禾山镇志　陈高润主编　2004年刊行

紫燕金鱼室笔记　李禧著，何丙仲、吴仰荣校注　北京广播学院出版社1995年出版

近代厦门城市发展史研究：1900—1937　周子峰著　厦门大学出版社2005年出版

厦门城六百年　方友义等编　鹭江出版社1996年出版

厦门的租界　厦门市政协文史委编　鹭江出版社1990年出版

厦门爱国主义教育社会实践指导手册　何成锹编著　鹭江出版社2005年出版

近代厦门经济档案资料　汪方文主编；厦门市档案局、厦门市档案馆编　厦门大学出版社1997年出版

抗战时期的厦门　洪卜仁等主编　鹭江出版社1995年出版

同安县志：上、下册　黄奕铁主编；《同安县志》方志编纂委员会编　中华书局2000年出版

厦门文史资料：第1—23辑　政协福建省厦门市委文史资料委员会编　编者1983年—2002年刊行

鼓浪屿文史资料：第1—10辑　政协厦门市鼓浪屿区委员会编　编者1995年—2003年刊行

思明文史资料：第1—2辑　洪卜仁主编；政协厦门市思明区委员会编　编者2004年—2005年刊行

湖里文史资料：第1—10辑　王怀信主编；政协厦门市湖里区委员会文史委员会编　编者1996年—2005年刊行

杏林文史资料：第1—8辑　杨炳坤主编；政协厦门市杏林区委员会文史资料委员会编　编者1997年—2001年刊行

厦门海沧文史资料：第1—2辑　厦门市海沧区政协文史委员会编　编者2004年—2005年刊行

集美文史资料：第1—11辑　政协集美文史委编　编者1990年—2001年刊行

同安文史资料：第1—23辑　政协同安县委文史资料工作组编　编者1985年—2004年刊行

翔安文史资料：2004、2005年　翔安文史资料编辑委员会编　编者2004、2005年刊行

厦门人物：历史篇　黄鸣奋、李菁编撰　鹭江出版社1996年出版

厦门人物：海外篇　郭瑞明编撰　鹭江出版社1999年出版

心中的丰碑　曾昭铎著　中央文献出版社2001年出版

厦门鲁政人物谱　高凤胜等主编　济南市政协文史资料委员会1998年出版

厦门人物辞典　王丽主编；厦门市图书馆编　鹭江出版社2003年出版

永恒的浮标　厦门大学委员会党史编委会编　厦门大学出版社1989年出版

同安华侨华人名人录　郭瑞明编著　鹭江出版社1995年出版

台湾儿女祖国情：记厦门的台湾省籍人士　曾雄等主编　台海出版社2000年出版

集美学校校友名人录　中共厦门市委党史研究室编　中央文献出版社2000年出版

集美学校校友名人录：第二辑　集美校友总会编　中央文献出版社2003年出版

南强之光：厦门大学人物传略　朱崇实主编；厦门大学档案馆、厦门大学校史研究室编　厦门大学出版社2001年出版

南强之光：厦门大学知名校友传略　朱崇实主编；厦门大学档案馆、厦门大学校史研究室编　厦门大学出版社2001年出版

厦门革命人物传　中共厦门市委党史研究室编　厦门大学出版社1993年出版

中共厦门党史人物辞典：社会主义时期　单辉主编；中共厦门市委党史研究室编　中央文献出版社2003年出版

中国宋代科学家：苏颂　颜中其、管成学主编　吉林文史出版社1986年出版

苏颂与《新仪象法要》研究 管成学等著 吉林文史出版社1991年出版
苏颂与《本草图经》研究 苏克福、管成学主编 长春出版社1991年出版
苏颂研究文集：纪念苏颂首创水运仪象台九百年诞辰 庄添全等主编 鹭江出版社1993年出版
苏颂年谱 颜中其、苏克福著 北方妇女儿童出版社1993年出版
吴真人研究 厦门吴真人研究会等编 鹭江出版社1992年出版
吴夲学术研究文集 漳州吴真人研究会编 厦门大学出版社1990年出版
民族英雄郑成功 陈国强著 厦门大学出版社1997年出版
郑成功研究论丛 福建省郑成功研究学术讨论会学术组编 福建教育出版社1984年出版
郑成功研究论文选 厦门大学历史系编 福建人民出版社1982年出版
郑成功史料选编 福建师范大学郑成功史料编辑组编 福建教育出版社1982年出版
远东国际舞台上的风云人物郑成功 ［意］白蒂（Patrizia Carioti）著；庄国土等译 广西人民出版社1997年出版
郑成功研究 方友义主编 厦门大学出版社1994年出版
郑成功研究 许在全主编 中国社会科学出版社1999年出版
郑成功历史研究 陈碧笙著 九州出版社2000年出版
郑成功与高山族 陈国强著 江西人民出版社1982年出版
郑成功史迹调查 厦门大学郑成功史调查研究组编 福建人民出版社1962年出版
郑成功史迹调查集 厦门大学郑成功历史调查研究组编 厦门大学1961年出版
郑成功 冯善骥、兰爱新、包劲涛著 山西人民出版社1982年出版
郑成功 方白编 中国青年出版社1955年出版
郑成功丛谈 张宗洽著 厦门大学出版社1993年出版
细说郑成功 张宗洽著 北京燕山出版社2002年出版
郑成功研究论文选 郑成功研究学术讨论会学术组编 福建人民出版社1982年出版
郑成功研究论文选续集 郑成功研究学术讨论会学术组编 福建人民出版社1984年出版
郑成功研究论文集 厦门大学历史系编 上海人民出版社1965年出版
郑成功研究国际学术会议论文集 厦门大学台湾研究所历史研究室编 江西人民出版社 1989年出版
郑成功与祖国统一 宋国桢主编 河南人民出版社1997年出版
郑成功文物史迹 曾莹主编；何丙仲、陈洋撰文；林福荣摄影 文物出版社2004年出版

台湾郑成功研究论文选　郑成功研究学术讨论会编　福建人民出版社1982年出版

陈化成研究　方文图、方友义主编　厦门大学出版社1992年出版

厦门烈士　中共厦门市委党史研究室编　中央文献出版社1999年出版

功业千秋：怀念全国侨联副主席、中国人民解放军炮兵副司令员黄登保同志　黄坤胜、黄顺通主编　鹭江出版社1993年出版

新中国的奠基石：刘惜芬　郭秀治主编　鹭江出版社1996年出版

郑秀宝　郭秀治主编　鹭江出版社1993年出版

赤子丹心：缅怀吴学诚烈士　郭秀治主编　鹭江出版社1992年出版

长城好女儿：华侨女英烈李林　陈水扬著　浙江教育出版社1992年出版

李林英烈传　陈水扬著　中央文献出版社2000年出版

不灭的流星　陈天缓主编；厦门市闽粤赣边区革命史研究会编　北京燕山出版社2002年出版

英雄安业民　朱良仪著　少年儿童出版社1960年出版

安业民　柏树主编　黑龙江人民出版社出版（出版时间不详）

叶飞回忆录　叶飞著　解放军出版社1988年出版

叶飞将军自述　叶飞著　辽宁人民出版社2001年出版

故乡征战纪实　叶飞著　福建教育出版社1990年出版

叶飞纪念文集　戴尔济主编；福建省新四军研究会编　中央文献出版社2001年出版

叶飞画册　福建省新四军研究会编　中国美术学院出版社2004年出版

罗明回忆录　伍洪祥主编　福建人民出版社1991年出版

党的儿女　胡冠中著　北京广播学院出版社1995年出版

陈嘉庚　郑良编著　新潮出版社1952年出版

陈嘉庚　全国政协文史资料研究委员会等编　文史资料出版社1984年出版

陈嘉庚　杨国桢编　人民出版社1987年出版

陈嘉庚　傅子玖编　花山文艺出版社1987年出版

陈嘉庚　赵力田编　新华出版社1990年出版

陈嘉庚　杨进发著　八方文化企业公司1990年出版

陈嘉庚　林志远著　中国文联出版社2004年出版

陈嘉庚传　陈碧笙、杨国桢著　福建人民出版社1981年出版

陈嘉庚兴学记　王增炳、余纲著　福建教育出版社1981年出版

陈嘉庚的故事　洪永宏著　鹭江出版社2002年出版

陈嘉庚年谱　陈碧笙，陈毅明编　福建人民出版社1986年出版

陈嘉庚之路　陈天缓、蔡春龙著　湖北人民出版社2005年出版

陈嘉庚在归来的岁月里　张其华著　中央文献出版社2003年出版
陈嘉庚：陈嘉庚先生诞辰110周年纪念　全国政协文史委员会编　文史资料出版社1984年出版
毛泽东、周恩来与陈嘉庚　厦门市委党史研究室等编　福建人民出版社1994年出版
爱国教育家陈嘉庚　李小丁等著　北京大学出版社1989年出版
教育事业家陈嘉庚　王增炳、骆怀东编　教育出版社1989年出版
回忆陈嘉庚　北京集美校友会编　中共中央党校出版社1994年出版
在陈嘉庚校主的扶掖感名下　叶帆风著　朝晖艺术及文化公司2005年出版
回忆陈嘉庚：纪念陈嘉庚先生诞辰一百一十周年　政协全国委员会文史资料研究委员会等合编　文史资料出版社1984年出版
陈嘉庚：华侨旗帜民族光辉　曾昭铎著　中央文献出版社1999年出版
陈嘉庚爱国主义思想研究　朱立文主编　今日中国出版社1993年出版
陈嘉庚与厦门大学　厦门市委党史研究室等编　中共厦门市委党史研究室、集美学校委员会、集美校友总会编　福建人民出版社1994年出版
陈嘉庚与抗日战争　厦门市委党史研究室等编　福建人民出版社1995年出版
陈嘉庚与福建抗战　厦门市政协文史资料委员会等编　鹭江出版社1993年出版
陈嘉庚与南侨机工　林少川著　中国华侨出版社1994年出版
陈嘉庚与集美学村　林懋义、陈少斌著　福建人民出版社1994年出版
陈嘉庚与集美鳌园　厦门市委党史研究室等编　中央文献出版社2000年出版
科教兴国的先行者陈嘉庚　中共厦门市委党史研究室编　中央文献出版社2001年出版
拳拳赤子：陈嘉庚　于建坤著　山东画报出版社1998年出版
杰出的改革家陈嘉庚　曾讲来等著　福建人民出版社1994年出版
民主堡垒 革命摇篮：集美学校与厦门大学　中共厦门市委党史研究室编　中央文献出版社2001年出版
华侨旗帜民族光辉：陈嘉庚纪念胜地　陈毅明编著　中国大百科全书出版社1998年出版
鳌园春晖　林忠阳著　黑龙江人民出版社2003年出版
回忆我的父亲陈嘉庚　陈国庆著；中共厦门市委党史研究室编　中央文献出版社2001年出版
陈嘉庚精神　雷克啸著　福建人民出版社1999年出版
陈嘉庚精神文献选编　黄金陵、王建立主编　福建人民出版社1996年出版
华侨领袖陈嘉庚　中共厦门市委党史研究室编　中央文献出版社2001年出版
回忆陈嘉庚文选　中共厦门市委党史研究室编　中央文献出版社2001年出版

陈嘉庚研究文集　杨进发编　中国友谊出版公司1988年出版
陈嘉庚的故事　陈国良著　鹭江出版社1993年出版
陈六使百年诞辰纪念文集　王如明主编　南大事业有限公司1997年出版
李光前　李远荣著　暨南大学出版社1997年出版
殖产橡胶拓荒人　吴体仁著　世界书局有限公司1966年出版
林文庆的思想：中西文化的汇流与矛盾　［新加坡］李元瑾著　新加坡亚洲研究学会1991年出版
爱国华侨黄丹季　任镜波、陈经华编　海潮摄影艺术出版社1999年出版
黄奕住传　赵德馨著　湖南人民出版社1998年出版
侨魂：李清泉传　李锐著　海南出版社1999年出版
风雨萍踪十五载　叶帆风著　胜友书局1996年出版
独木成林：孙炳炎和他生活的年代　陈毅明主编　中国工人出版社1992年出版
从鼓浪屿到新加坡：一位外籍华人的历程　黄望青传　朱立文编著　厦门大学出版社1995年出版
槐台弦歌：第1—4集　厦门市教育委员会、厦门市教育基金会编　福建教育出版社1993年—2002年出版
南强风采　白蓝著　厦门大学出版社2002年出版
语文现代化先驱卢戆章　许长安著；厦门市语言文字工作委员会办公室编　厦门大学出版社2000年出版
王亚南与教育　王岱平、蒋夷牧编　福建教育出版社1981年出版
王亚南治学之路　王增炳、余纲编　福建人民出版社1984年出版
李登辉传　钱益民著　复旦大学出版社2005年出版
教泽流长：叶振汉校长纪念集　任镜波编　海峡文艺出版社1990年出版
纪念林惠祥文集　汪毅夫、郭志超主编　厦门大学出版社2001年出版
陈村牧与集美学校　蔡鹤影著　中央文联出版社2004年出版
陈村牧执教集美学校六十周年　任镜波主编　经济导报社1992年出版
辜鸿铭传　严光辉著　海南出版社1996年出版
陈景润　沈世豪著　厦门大学出版社1997年出版
走近陈景润　旭翔选编　厦门大学出版社1997年出版
中国近代体育史的传奇人物：马约翰　傅浩坚编著　北京体育大学出版社1998年出版
马约翰纪念文集　清华大学《马约翰纪念文集》编辑部编　中国文史出版社1998年出版
体育界的一面旗帜：马约翰教授　鲁牧著　北京体育大学出版社1999年出版
别了2.29米　倪志钦著　人民体育出版社1985年出版

更高更远：郑达真与邹振先　郭宝臣著　人民体育出版社1988年出版
鲁迅在厦门　陈梦韶著　作家出版社1954年出版
鲁迅在厦门　厦门大学中文系编　福建人民出版社1978年出版
鲁迅在厦门资料汇编：第一集　厦门大学中文系　福建人民出版社1976年出版
林语堂传　林太乙著　中国戏剧出版社1994年出版
林语堂传　林太乙编　联经出版公司1989年出版
林语堂传　万平近著　海峡文艺出版社1998年出版
林语堂传：我心中的父亲　林太乙著　陕西师范大学出版社2002年出版
闲话林语堂　王兆胜著　中国国际广播出版社2002年出版
鲁迅与林语堂　董大中著　河北人民出版社2003年出版
林语堂在海外　施建伟著　百花文艺出版社1992年出版
林语堂：两脚踏中西文化　王兆胜著　文津出版社2005年出版
永远的纪念：高云览和《小城春秋》纪念集　高迅莹编　鹭江出版社1996年出版
高云览传　高迅莹著　海峡文艺出版社2000年出版
许斐平纪念文集　彭一万主编　中国文联出版公司2002年出版
友谊地久天长　彭一万著　江西人民出版社1998年出版
林巧稚　吴崇其、邓加荣著　中国青年出版社1985年出版
林巧稚　吴崇其著　福建科学技术出版社1997年出版
林巧稚　张清平著　百花文艺出版社2005年出版
林巧稚传　马雨农、王武著　光明日报出版社1985年出版
爱国奇人张圣才　蔡燕生著　当代中国出版社2003年出版
在陈嘉庚故乡五十年　刘惠生著　天马图书有限公司2003年出版
鹭岛女人：第一辑　彭戈、黄哲真编著　海潮摄影艺术出版社2004年出版
郑成功族谱三种　厦门郑成功研究会等编　福建人民出版社1987年出版
厦门文物志　厦门市文物管理委员会、厦门市文化局编　文物出版社2003年出版
凝固的岁月：厦门文物保护单位概览　厦门市文物管理委员会、厦门市文化局主编；陈娜等编著　福建美术出版社1999年出版
厦门涉台文物古迹调查　厦门市台湾艺术研究所、厦门市闽南文化研究所、厦门市文物管理委员会办公室编　福建美术出版社2003年出版
厦门考古与文物　吴诗池著　鹭江出版社1996年出版
天风海涛室遗稿：纪念林惠祥先生百年诞辰　林惠祥著；蒋炳钊编　鹭江出版社2001年出版
厦门摩崖石刻　厦门市政协文史和学习宣传委员会编　福建美术出版社2001年出版

厦门碑志汇编　何丙仲编纂；厦门市文物管理委员会、厦门市文化局主编　中国广播电视出版社2004年出版

琴音鼓浪　卜凡、捷奢撰文摄影　中国画报出版社2005年出版

厦门窑　陈娟英著　福建美术出版社2005年出版

厦门民俗　陈耕、吴安辉编著　鹭江出版社1993年出版

2. 地理类

厦门市地名志　厦门市民政局编　福建省地图出版社2001年出版

同安县地名志　《同安县地名志》编纂委员会编　编者1998年刊行

厦门经济特区地理　厦门市地理学会编　厦门大学出版社1995年出版

厦门景观　李熙泰等编著　鹭江出版社1996年出版

厦门新貌　汪方文总编辑　鹭江出版社1996年出版

厦门指南　厦门市人民政府新闻办公室编　五洲传播出版社2001年出版

厦门概览：英文版　刘雨沧等编　鹭江出版社1989年出版

思明情思　黄娇灵主编　海潮摄影艺术出版社2003年出版

魅力鼓浪屿：中英对照　[美]潘维廉(William Brown)著；《厦门日报(双语周刊)》编辑部译　厦门大学出版社2005年出版

魅力厦门：英文　[美]潘维廉(William Brown)著　厦门大学出版社2000年出版

魅力思明：老潘看思明　[美]潘维廉(William N.Brown)著；朱庆福摄影；厦门市思明区人民政府编　海潮摄影艺术出版社2004年出版

外国人看厦门：英汉对照　陈奔编译　厦门大学出版社2001年出版

集美　郑高荻主编　中央文献出版社2005年出版

走近厦门：摄影集　陈宗团主编；厦门市创建国际花园城市办公室编　海洋出版社2002年出版

鼓浪屿听涛：厦门　李春梅编著　远方出版社2004年出版

厦门风光　彭一万等著　福建人民出版社1981年出版

厦门二十名景　彭一万著　福建人民出版社2001年出版

圣山春秋　厦门市海沧青礁慈济东宫董事会、管委会编　海峡文艺出版社1998年出版

厦门　中国旅游出版社1983年出版

厦门　郭坤聪编著　北京旅游出版社1989年出版

厦门　厦门市旅游局编　中国旅游出版社1997年出版

厦门概况：英文版　郑翼棠编著　鹭江出版社1986年出版

我在鼓浪屿和厦门港的日子　翁忠展著　厦门大学出版社2002年出版

厦门旅游　郭坤聪著　北京旅游出版社1989年出版
厦门：旅游指南　彭一万著　鹭江出版社1986年出版
厦门旅游便览　彭一万著　鹭江出版社1996年出版
中国旅游指南·厦门　中国旅游指南编委会　中华书局2000年出版
厦门导游词　郭叔周主编；厦门市旅游局编　中国旅游出版社2001年出版
厦门导游手册　龚洁、刘扬演编写　中国旅游出版社1982年出版
中国厦门：实用导游词　龚洁著　海洋出版社2001年出版
游遍厦门：景点导游词　龚洁编著　鹭江出版社2000年出版
厦门之旅　郭坤聪著　中国文联出版公司2001年出版
游乐厦门　中国地图出版社、中华地图学社编　地图出版社2003年出版
魅力厦门：厦门指南：中文版　[美]潘维廉著；潘文功等译　厦门大学出版社2003年出版

魅力厦门：Guide to Xiamen：英汉对照　[美]潘威廉（William N. Brown）著　厦门大学出版社2003年出版

自助游厦门　黄白水主编　国际文化出版公司2000年出版
今日厦门　福建之窗编辑室编　北京周报社1988年出版
海上花园鼓浪屿　龚洁著；政协鼓浪屿区委员会编　鹭江出版社2001年出版
鼓浪屿览胜　罗怡芳主编；厦门市鼓浪屿区人民政府编　福建人民出版社1990年出版

海上花园厦门岛　厦门市文联、厦门人民出版社编　厦门人民出版社1959年出版
海上花园——厦门　上海人民美术出版社1962年出版
到鼓浪屿看老别墅　龚洁著　湖北美术出版社2002年出版
水月风花鼓浪屿　任中亚文；Air图　机械工业出版社2005年出版
集美学村　林懋义、陈少斌、陈国良执笔　鹭江出版社1993年出版
海之旅：厦门思明旅游指南　赵正根、朱庆福、吴惟心主编　海潮文艺出版社2005年出版

欢迎您到厦门来　陈晓雯编著　鹭江出版社1993年出版
中国厦门　李秀纪编　华艺出版社1989年出版
厦门地图　西安地图出版社、厦门市土地房产局编制　西安地图出版社2000年出版

厦门市区图　福建省地图出版社等编　福建省地图出版社1998年出版
厦门市政区图　福建省地图出版社编制　福建省地图出版社2000年出版
厦门市实用地图册　福建省地图出版社主编　编者1997年出版
厦门市地图册　福建省地图出版社编　福建省地图出版社2005年出版
厦门市游览图　福建省测绘局编　福建省地图出版社1984年出版

厦门市交通旅游图：英汉对照　福建省地图出版社编制　福建省地图出版社2003年出版

五、自然科学文献

厦门科技史话　刘青泉著　鹭江出版社1998年出版
厦门市科学技术志　此书编委会编　厦门大学出版社1999年出版
同安气象志　同安县气象局编　编者1994年刊行
发展蓝色产业建设海上厦门：厦门海洋经济发展战略　徐模主编　海潮摄影艺术出版社1998年出版
厦门市园林植物园概览　本书编写组编　厦门大学出版社2000年出版
同安医药卫生志　李挺生主编　厦门大学出版社1995年出版
同安县计划生育志　同安县计划生育委员会编　编者1993年刊行
厦门妇幼保健志　厦门市卫生局编　编者刊行
厦门卫生检疫125周年纪念：1873—1998　杨伯谦、张人参主编　《中国贸易报》厦门新闻发展中心信息企划部1998年出版
厦门市卫生志　本书编委会编　厦门大学出版社1997年出版
厦门百草：闽南常用中草药验方　陈裕编著　中国文联出版公司2003年出版
厦门动植物检疫局志　厦门动植物检疫局编著　鹭江出版社1999年出版
厦门同安县内田维管植物区系研究　厦门大学编　厦门大学出版社1994年出版
厦门兰谱　严楚江著　厦门市科学技术委员会1964年刊行、厦门大学出版社1990年出版
厦门盆景　耐翁主编；傅泉撰稿　厦门大学出版社1998年出版
厦门花卉博览　厦门市园林管理局、厦门花卉协会编　厦门大学出版社1993年出版
同安县林业志　厦门市同安区林业局编　编者1995年刊行
同安水产志　吴伟明主笔　本书编写领导小组1994年刊行
中国近代建筑总览：厦门篇　汪坦等编　中国建筑工业出版社1993年出版
吃遍厦门　龚洁、杨纪波、黄种成编著　鹭江出版社2001年出版
厦门名菜名厨名店　柯盛世主编　厦门大学出版社1999年出版
福建菜谱：厦门　厦门市饮食业公司编　福建科学技术出版社1985年出版
厦门美食佳肴　杨纪波著　福建人民出版社2001年出版
翔安美食荟萃　苏文田、黄福丽编　当代中国出版社2005年出版
厦门饮食　石文年著　鹭江出版社1998年出版
鼓浪屿建筑丛谈　龚洁著　鹭江出版社1997年出版

到厦门看红砖厝　龚洁著　湖北美术出版社2004年出版
深基坑支护技术：厦门市深基坑支护工程实例　厦门市建设委员会主编　中国水利水电出版社1999年出版
厦门市工程造价管理的改革实践　厦门市建设工程造价管理站、天津理工学院造价工程师培训中心编　南开大学出版社2002年出版
鼓浪屿建筑艺术　吴瑞炳、林荫新、钟哲聪主编　天津大学出版社1997年出版
陈嘉庚建筑图谱　朱晨光主编　天马出版有限公司2004年出版
鼓浪屿建筑概览　蔡望怀主编　鹭江出版社1995年出版
厦门规划纵横：上、中、下　厦门市规划管理局主编　中国翰林出版公司2001年出版
厦门规划图集　马武定主编　中国翰林出版社2001年出版
厦门城市建设志　厦门城市建设志编委会编　鹭江出版社1992年出版
厦门城市建设志　厦门城市建设志编委会编　中国统计出版社2000年出版
厦门市城市规划与建设　李茂荣主编；厦门市城乡建设委员会、厦门市城市规划管理局编著　环华商务拓展公司1991年出版
思明　吴瑞炳主编　鹭江出版社1996年出版
厦门市水资源合理配置与对策研究　厦门市计划委员会等编　中国水利水电出版社2001年出版
厦杏摩托车　厦门厦杏摩托有限公司编著　北京理工大学出版社1999年出版
自由港某些政策实施时期厦门市环境保护战略与对策　厦门市环境科学学会等编　鹭江出版社1995年出版
从筼筜港到筼筜湖　卢昌义主编　厦门大学出版社2003年出版
循环经济——厦门在行动　《循环经济——厦门在行动》编委会编　厦门大学出版社2005年出版
厦门港赤潮调查研究论文集　国家海洋局第三海洋研究所编　海洋出版社1993年出版
香港与厦门港湾污染沉积物研究　洪华生等著　厦门大学出版社1997年出版

后 记

　　历经十五春秋，《厦门文献志》终于可以杀青了。我怀着惴惴不安之心情，将其呈现于读者面前。

　　2003年，我调任厦门市图书馆。一日，陪同我的学长、刚上任不久的市社科联书记胡福宝先生，拜访另一位学长、地方文史专家何丙仲先生。闲聊之中，丙仲兄建议将地方文献的整理列为图书馆的文献开发之中，并罗列出一溜儿厦门古籍书目。从事图书馆工作近二十年，我较多的精力是放在业务管理之上，与古籍文献较少打交道，然深感此项工作乃图书馆的重要职责之一，而作为业务管理者，当应身体力行。于是，我开始留意起地方文献，找出《同安县志》《厦门志》等志书翻检查阅，遇上我的老师、老馆长江林宣则抓紧请教。

　　不久，林宣老师到我的办公室来，说起早些时期，厦门市图书馆几位前辈曾计划修纂《厦门文献志》，然囿于诸多因素而未果。他随身带来一沓资料，是当年拟订的《厦门文献志》编修大纲和部分书目，郑重地将这些资料交付与我，勖勉我来完成这件事。当时，我虽正着手搜集地方文献书目，却不敢想到作志，故颇感惶惶，如此庞然之作业实在是有点勉为其难。然而，面对老师的期待目光，我是很难推托的，于是立意成行。

　　我先是从厦门古代文献入手，于各类典籍、志乘以及各地图书馆馆藏目录中，广泛搜寻厦门古代文献书目。作为地方的宝贵文化遗产，厦门地方古籍的文化价值一直受到研究者的关注。明代以来，屡有用心者，鸠探括访，辑为书目，以供利用。在清代的《鹭江志》《同安县志》《厦门志》《金门志》和民国的《厦门市志》《同安县志》等方志艺文中，即辑有地方书目；而民国时期刊物《厦门图书馆声》中，亦曾见前辈专文介绍厦门文献。但是，这些书目及专文，或辑录嫌简，无以阐明其义；或仅志一隅，难窥群籍之貌；或未著存佚，不便寻查检索。于是，我萌发了一个想法：编辑一份较为完整的厦门地方古籍提要。

　　厦门面积虽然不大，然地处海疆要冲，历代战乱频仍，士庶播迁流离，故文献毁荡散佚颇多，如今见之于方志经籍的书目，其佚失者十有六七，而幸存者又分散各地，难以尽悉索阅。因此，我除了从馆藏古籍及各种古籍影印丛书中查找外，还向兄弟馆求援。福师大图书馆方宝川馆长、泉州市图书馆许兆凯

后　记

馆长、上海图书馆典藏中心樊兆鸣主任、福建省图书馆林永强主任等给我寄来了他们馆藏的厦门古籍序跋、目录书影；金门文化局的郭哲铭先生为我提供其个人编纂的金门古籍提要；我的同事李跃忠、陈红秋到国家图书馆学习时，也帮我拍摄了数种书影。这些序跋与目录书影虽未能窥视全貌，但作用于书目编纂，亦起到辨章考镜之功。

而那些无可稽考、疑似佚失的厦门古籍，我则尽力从方志艺文以及有关的别集文献中去寻觅，不仅获得不少有关的信息，而且搜得多部著述的序跋。如明代同安名士李春芳的《白鹤山存稿》今已佚失，而我从蔡献臣的《清白堂稿》、陈如松的《莲山堂文集》和池显方的《晃岩集》中，分别查得他们三人为《白鹤山存稿》所作的序。由此，李春芳其人其书从中可窥一斑了。此外，明代黄伟的《海眼存集》、纪文畤的《尚华集》，清代胥贞咸的《鹤巢吟草》、林树梅的《啸云铁笔》等佚书，都是从他人别集中收录的序跋而获得这些著作的信息。

通过对厦门古籍存书以及序跋、目录的辨章考镜，并核对各馆书目数据查明存佚，历经二载寒暑，我终于完成提要式的《厦门古代文献初考》，于《厦门图书馆声》连篇刊载。

完成了古代厦门文献提要的编写，我又把目光转向近代厦门文献。近代厦门文献没方志艺文可鉴，只能广泛撒网，从各图书馆馆藏书目数据库中去查寻。一是以《厦门人物辞典》的近代人物姓名为检索词，查找地方人士著作；二是以"厦门""同安"等为检索词，查找涉及厦门地方政治、经济、文化、历史诸方面的文献。并且通过在检索过程中发现的相关线索再查找有关文献。功夫不负有心人，我终于又花了几年的时间，编制出《民国时期厦门文献知见录》，同样在《厦门图书馆声》连篇刊载。

两份提要式书目的连篇刊载，其目的在于抛砖引玉。不少热心的读者，有的提供书目线索，有的提出修改建议，帮我完善这两份提要。十余年来，不断地补充、修改，最终整合成为《厦门文献志》。它采用志书"纵写史实、横排门类"的形式，即概述厦门文献的兴起与发展历史，更以叙录体提要的形式，侧重揭示自唐代至民国各时期的各种门类之厦门文献，以全面反映厦门文献的概貌，为厦门地方文献之研究保存可供查考的资料。

感谢诸多前辈与同行的关心与支持；尤其是责任编辑薛鹏志勤力校理，尽瘁编务，付出甚多艰辛劳动。

鉴于水平有限，书中的疏漏与错误之处定当不少，敬祈八荒专家有以教之。

著　者

2019年10月25日于浮屿芸香斋